国家社会科学基金项目“基于责任共担的基层干部激励机制优化研究”
(项目批准号:20BDJ036)的阶段性研究成果

新时代国有企业负责人激励机制优化研究

徐　钧　著

山东大学出版社
SHANDONG UNIVERSITY PRESS
·济南·

图书在版编目(CIP)数据

新时代国有企业负责人激励机制优化研究 / 徐钧著. 济南 : 山东大学出版社, 2024. 9. -- ISBN 978-7-5607-8400-7

Ⅰ. F279.241

中国国家版本馆 CIP 数据核字第 2024H3Q497 号

责任编辑 邵淑君
封面设计 蓝海文化

新时代国有企业负责人激励机制优化研究

XINSHIDAI GUOYOU QIYE FUZEREN JILI JIZHI YOUHUA YANJIU

出版发行 山东大学出版社
社　　址 山东省济南市山大南路 20 号
邮政编码 250100
发行热线 (0531)88363008
经　　销 新华书店
印　　刷 济南乾丰云印刷科技有限公司
规　　格 720 毫米×1000 毫米 1/16
　　　　 12.75 印张 222 千字
版　　次 2024 年 9 月第 1 版
印　　次 2024 年 9 月第 1 次印刷
定　　价 52.00 元

目　录

第1章　绪　论

伴随改革开放开始的国有企业改革，已从最初以实行经济责任制为主的效率提升改革阶段，进入到如何加快实现高质量发展、建设有竞争力的世界一流企业新阶段。不断提高企业核心竞争力和增强国有企业核心功能是国有企业改革持续推进并取得成功的关键。这是一个系统工程，涵盖提升国有企业为社会创造价值、为股东创造价值的能力；提高资产使用效率，提升净资产创利能力和收益水平；落实国有资产保值增值责任，关注可持续经营能力的提升，推动国有企业实现高质量发展；鼓励国有企业大力投入科技创新、推动技术转化、促进新型产业发展；细化考核指标，对标世界一流企业；通过深化改革最大限度地发挥国有企业员工的价值创造能力等诸多方面。

综合来看，国有企业改革要形成内部有效制衡的公司法人治理结构，要通过推进负责人的契约化管理，实行职业经理人制度，加强审计、纪检、巡视、上市公司监管等监督机制，逐步把优秀的国有企业培育成有竞争力的世界一流企业。为实现国有企业改革目标，需要强化国有企业负责人的社会责任担当，提升国有企业负责人的管理运营水平，激励国有企业负责人以实现股东利益最大化为最大追求。实现国有企业改革目标要落实到人。

实现对国有企业负责人的有效监督和构建科学的激励机制是国有企业全面提升竞争力的重要内容。国有企业在管理机制上存在多重委托—代理关系。委托—代理理论认为，委托人和代理人之间存在信息不对称，委托人需要通过机制设计去激励代理人从委托人利益出发，选择对委托人最有利的行动，该机制被称为“激励机制”。如何减少信息不对称的影响，全面优化国有企业负责人激励机制，是本书研究的主要内容。

1.1 国有企业改革：回顾与展望

国有企业改革始于1978年年底，我国于1978年开始实行扩大企业自主权的改革。1981年10月，国务院批转国家经济委员会、国务院体制改革办公室《关于实行工业生产经济责任制若干问题的意见》，要求全面实行经济责任制。实行经济责任制主要包括两方面内容：一是国家对企业实行经济责任制，解决企业经营好坏一个样的问题；二是建立企业内部经济责任制，解决职工干好干坏一个样的问题。实行经营责任制是国有企业改革的一个阶段性标志，以此为开端，中国国有企业开始了探索现代化企业制度建设的征程。

党的十二届三中全会提出要实现所有权与经营权适当分开，使企业成为相对独立的经济实体，1984年在国有企业中开始了股份制试点工作。虽然股份制试点工作仍然存在许多亟待解决的重大问题，但整体来看，股份制这种企业组织形式有利于从根本上转变企业经营机制，使企业成为自主经营、自负盈亏的市场主体，有利于增强企业活力。

1988年颁布的《中华人民共和国全民所有制工业企业法》提出，全民所有制企业的所有权与经营权可以适当分离，全民所有制企业开始了从"国营"向"国有"的转变，以激发国有企业经营者自主经营为核心的激励机制开始建立起来。1993年，国有企业改革开始了建立现代企业制度的实践，到1994年11月初，国务院出台了《关于选择一批国有大中型企业进行现代企业制度试点的方案(草案)》。国家和地方组织的试点结果显示，建立现代企业制度试点工作在制度创新和提高经济效益等方面都取得了重要进展。1997年党的十五大以来，中央多次提出要用三年左右的时间，力争大多数国有大中型骨干企业初步建立现代企业制度。1997年以来，党和政府在推进政企分开、鼓励兼并、规范破产以及加快社会保障制度建设等方面进一步采取措施，加快国有大中型企业改革，到2001年，三年改制任务基本完成。现代企业制度的基本框架初步建成的标志是：国有企业改制面不断扩大，政企初步分开，企业法人产权制度和法人治理结构初步建立，投资主体多元化不断取得进展，在积极探索国有资产管理的有效方式、加强对国有企业的监管方面也取得了重要进展。[①]

2000年3月，朱镕基总理在第九届全国人民代表大会第三次会议上所作的政府工作报告中指出，要抓紧制定符合我国国情的现代企业制度的基本规范，使企业有所遵循。2000年10月，国家经贸委下发《关于贯彻落实〈国有大中型企业建立现代企业制度和加强管理基本规范〉（试行）的通知》，为国有大中型企业建立现代企业制度提供了指导。该规范从政企分开到企业内部战略决策和创新管理，从职工队伍建设到党组织作用等，都提出了规范性要求，国有企业的现代企业制度建设走向深入。[②] 党的十六大进一步明确了深化国有资产管理体制改革的基本原则：一是坚持政企分开，政府公共管理职能与国有资产出资人职能分开；二是落实国有资产保值增值责任；三是坚持所有权与经营权分离，维护企业经营自主权和法人财产权；四是中央政府与地方政府分别代表国家履行出资人职责，实行分级监管。

在国有企业的现代企业制度建设中，国有企业出资人缺位引发的问题日益突出。2003年3月，十届全国人大一次会议通过《国务院机构改革方案》，决定建立国务院国有资产监督管理委员会（以下简称“国资委”）。2003年5月，国务院发布《企业国有资产监督管理暂行条例》，规定由国资委代表国务院向国有独资企业和国有独资公司派出监事会，作为公司治理的一项重要内容，尝试通过监事会解决国有企业的出资人缺位问题。从此，外派的监事会开始代表国有企业出资人对企业国有资产履行监管职责。[③]

国资委成立后，大力推进国有企业公司制改革和股份制改革，加强国有企业改制和职工持股的政策规范与监督。伴随国有企业改革持续深入，国资委逐步认识到对国有企业负责人进行有效管理的重要性，并推出了一系列治理措施，进行股权激励试点，规范董事会建设等，其中一个重要课题就是管理层持股问题。2005年4月，国资委联合财政部发布《企业国有产权向管理层转让暂行规定》，明确规定在已经建立国有资产监督管理机构的地区或部门，可以探索中小型国有及国有控股企业国有产权向管理层转让，限制（禁止）大型国有及国有

① 汪海波．中国国有企业改革的实践进程（1979—2003年）[J]．中国经济史研究，2005(3)：103-112.

② 邵宁．国有企业改革实录（1998—2008）[M]．北京：经济科学出版社，2014：379-380.

③ 邵宁．国有企业改革实录（1998—2008）[M]．北京：经济科学出版社，2014：403.

控股企业及所属该大型企业的重要全资或控股企业的国有产权和上市公司的国有股权向管理层转让行为。国资委通过对管理层收购进行规范,堵住国有资产流失漏洞,完善出资人责任。

2008年9月,国资委印发《关于规范国有企业职工持股、投资的意见》,就国有企业职工持股、投资制定了规范性政策。该意见肯定了职工参与中小型国有企业改制、科技骨干参股科研院所改制对完善公司法人治理结构、增强企业活力的重要作用,明确了国有企业职工持股投资的基本原则,提出了"分红权"概念,国有大型科研、设计、高新技术企业改制中作出突出贡献的科技和管理骨干经批准可以取得企业股权。股权激励政策为国有企业长远健康发展提供了政策支持。

国有企业改革逐步深入的一个重要节点是建立业绩考核机制,解决国有企业负责人干好干坏一个样的问题。要从根本上解决国有企业效率低下的问题,就要从制度上建立起严约束、强激励机制。经过近30年的国有企业改革实践,政府深刻认识到考核机制比资产负债表更重要。2003年5月,国务院颁布《企业国有资产监督管理暂行条例》,加强国有资产经营责任制,建立科学的经营业绩考核体系。11月,国资委颁布《中央企业负责人经营业绩考核暂行办法》,着手推动建立业绩考核,这是对国有资产监督制度的改革创新,也是出资人必须履行的重要职责。对企业负责人实行业绩考核,是国资委成立后推出的一项重大制度创新。

2013年11月召开的党的十八届三中全会通过了《中共中央关于全面深化改革若干重大问题的决定》(以下简称《决定》),对国有企业改革提出了新要求。党的十八届三中全会指出,要积极发展混合所有制经济,国有资本、集体资本、非公有资本等交叉持股、相互融合的混合所有制经济,是基本经济制度的重要实现形式,允许更多国有经济和其他所有制经济发展成为混合所有制经济。允许混合所有制经济实行企业员工持股。健全协调运转、有效制衡的公司法人治理结构。建立职业经理人制度,更好发挥企业家作用。建立长效激励约束机制,强化国有企业经营投资责任追究。探索推进国有企业财务预算等重大信息公开。国有企业要合理增加市场化选聘比例,合理确定并严格规范国有企业管理人员薪酬水平、职务待遇、职务消费、业务消费。

《决定》是指导我国经济体制改革的一个重大历史性文献。当时,国有企业改革已经进行了近40年，取得了巨大成功，但仍有一些重大理论和实践问题需要认真研究。比如，国有企业出资人的性质和行为边界问题，国资委自身也存在一个行为的合理边界问题。设立国资委专门管理经营性国有资产，解决了原有体制下多头管理、责任不清的问题，但国资委是政府的下属部门，由公务员身份的党政干部组成，是政府性质的出资人。国有企业改革要想解决政企分开问题，就要避免国资委对国有企业形成行政干预，国资委不适合介入企业的经营性活动。在国有企业管理问题上，国资委的出资人监管职能与管理国有企业的股东职能应该分离，这是需要认真研究的重要问题。随着国有企业改革的持续深入，国资委推进了一些大的制度建设，但企业仍反映管得过多、过细，这说明国资委的职能边界还需要进一步清晰化。[①] 国资委监管机制存在多重委托—代理关系，如果国资委既管资产又管经营，那么国资委充当政府委托人的代理人之后，面对国有企业，它的角色不再是一个纯粹的委托人，而实质上成为国有企业委托人与代理人混合的角色。但在国有资产管理机制设置上，国资委是作为纯委托人出现在国有企业面前的，国有企业管理机制对国资委管理人员并没有市场化激励安排，这样，原有机制就与实际情况有了较大差距。国资委既管国有企业资产又介入国有企业经营性活动是不合适的，原有的管理机制存在偏差，影响了国有企业治理。

国资委对国有企业经营的监督职能需要有所约束，那么是否有其他方法能够对国资委监督国有企业经营的职能予以补充？本书探讨了通过市场完善对国有企业负责人监督的问题，国有企业还可以通过市场化运营，优化对国有企业负责人的监督和激励。

从国资监管和国有企业改革的角度看，国有企业改革还存在很多不到位的问题，比如国有企业内部竞争不完善，存在没有破解的“大锅饭”“铁饭碗”问题。随着人才的市场化选拔越来越普遍，国有企业高管的入口日趋多样化，市场化选人越来越被国有企业接受，但国有企业负责人的市场化退出推进很慢，只进不出的局面未能实现突破性进展，“铁饭碗”始终没能被充分打破。这种状态造成的弊端是多方面的。《决定》指出，国有企业要合理增加市场化选聘比例，建立职业经理人制度。《决定》提出要形成出资人代表机构、资本运营公司或投资

① 邵宁．十八届三中全会《决定》与国有企业改革[J]．现代国企研究，2014(C1)：8-23.

公司、国有控股或参股企业三层架构，资本运营公司和投资公司领导人员的改革方向由行政任命向逐步市场化过渡；企业层面的高管用人制度实行职业经理人制度，市场化选任、市场化退出，建立国有企业经理人的市场化管理机制是大势所趋。

日本制度经济学家青木昌彦曾经指出，在经济转轨时期的中国国有企业改革过程中，经理人（称为“内部人员”）往往获得对国有企业相当大的控制权，如果对“内部人控制”失去控制，就会导致效率降低和资源浪费。[①] 青木昌彦讲的“内部人控制”失控的问题实际就是公司治理结构中“所有者缺位”与剩余控制权和剩余索取权不相匹配的问题。这种情况在我国改革开放后的相当长时间内广泛存在，到党的十八大之后，党内大力开展对国有企业的巡视，强调全面从严治党、强力反腐，强调国企内党委的领导和监督作用，缓解了国有企业的“内部人控制”失控问题，但仍然难以消除。

在传统的经济体制下，微观经营机制的主要弊端是国有企业没有经营自主权和缺乏竞争，经过改革开放后对国有企业的多轮改革，国有企业经营机制中的这两个主要弊端都在一定程度上得到了缓解，即通过放权让利式的改革，国家对企业的干预逐渐减少，企业权益日益增大，但同时外部监督的成本并没有降低，国有企业所有权和经营权的矛盾反而日益激化。林毅夫等认为，国有企业改革的核心应该是为企业创造公平竞争的市场环境，政府只需要对企业经营状况进行监督，如果利润水平持续低于其他企业甚至亏损，就表明经理人员经营管理不善，国有企业经理人就应该受到惩罚。国有企业现代企业制度改革的重点是创造这样的竞争环境，使企业在同等条件下参与竞争，优胜劣汰。[②]

国有企业治理中出现的代理人问题，其实质源于所有权与控制权的分离。所有权与控制权分离意味着重要的决策机构并不对决策所产生的经营风险承担责任，即决策功能与风险承担功能事实上发生了分离，而现代企业制度是建立在所有权与控制权分离的基础上的。在这种情况下，需要在所有权方和代理人方之间建立激励相容机制，通过契约化管理有效激励和约束代理人。

---

① 青木昌彦，张春霖. 对内部人控制的控制：转轨经济中公司治理的若干问题[J]. 改革，1994(6)：11-24.

② 林毅夫，蔡昉，李周. 国有企业改革的核心是创造竞争的环境[J]. 改革，1995(3)：17-28.

1.2 国企负责人高薪问题、限薪政策与委托—代理契约优化

由于我国国有企业治理缺乏对经理人的有效激励和监督机制，随着国有企业市场化改革的持续推进，国有企业内部出现了比较严重的代理问题。国有企业存在“所有者缺位”“内部人控制”等制度性缺陷，“天价薪酬”事件、高管超额在职消费等问题是国有企业委托—代理成本高的典型案例。

国有企业高管薪酬问题的主要表现有：一是国有企业高管与职工收入差距扩大，不同地区的国有企业高管薪酬差距扩大，不同行业的国有企业高管薪酬差距也在扩大。二是国有企业高管自定薪酬，随意性强，国有企业高管薪酬管理失控现象突出。在2014年限薪政策出台之前，国有企业负责人的薪酬标准制定程序大多数是企业自己定，主管机构审批，其中的决定性意见出自企业高层管理人员，导致“打工者”为自己制定高薪酬并在公司内部获得高票通过的怪现象。三是国有企业高管薪酬与绩效脱节，缺乏关联。据统计，我国相当一批国有上市公司高管的薪酬与上市公司业绩无关，不少国有企业高管在公司利润下降时自身薪酬还在增加。四是国有企业高管薪酬激励不足与激励不当共存。有些企业设立了考核标准，但不能很好地与经营者的努力程度相联系，薪金高低主要表现为与职位高低相联系，导致在职消费等隐性成本高企。国有企业中主要是薪酬激励，很少有股权激励等。五是国有企业高管薪酬考核绩效体系不健全，约束不力。绩效考核系统不能充分反映企业长期战略规划，考核体系的可操作性低。①

国有企业经理人薪酬问题一直是社会关注的热点问题。在改革开放早期，国有企业经理人薪酬受到严格管制，随着在国有企业中普遍实行契约化管理，其薪酬增加与业绩提升挂钩，国有企业经理人努力程度提升，薪酬激励不足问题得以缓解，但是又出现了“天价薪酬”问题。2009年政府出台的《关于进一步规范中央企业负责人薪酬管理的指导意见》，被市场称为第一部央企负责人“限薪令”，但研究发现，2009年的“限薪令”并没有使国有企业高管薪酬明显下降，

① 姜爱林. 国有企业高管薪酬管理若干问题研究[J]. 当代经济管理，2008(5)：9-14.

反而出现了更多的在职消费行为。[①] 2014 年,政府出台了被称为"第二部限薪令"的《中央管理企业负责人薪酬制度改革方案》。两次"限薪令"对央企负责人(其他参照执行)的基本年薪、绩效年薪与任期激励给出了明确框架,将央企负责人的薪酬限制为在岗职工平均工资的若干倍,以管控内部薪酬差距。

在国有企业治理问题上,国有企业股东的权力受到多方制衡,在制定所属子公司国有企业负责人的薪酬级别时,国有企业主管部门为避免麻烦,倾向于采取"一刀切"的行政级别式工资制,使薪酬对国有企业高管的激励作用不强,国有企业高管可能会通过增加在职消费和权力寻租等获利方式寻求补偿。[②] 另外,政府相关部门作为国有企业委托人,处于信息劣势地位,无法掌握企业真实经营情况,政府与企业经营者签订的契约很难起到有效激励作用。国有企业管理者利用权力有很大的寻租空间,管理层的管理权力可以凌驾于公司治理机制之上,管理层的寻租能力抑制了国有企业薪酬管理制度的作用,实行薪酬契约激励的效果因此受限。

权小锋等认为,管理层权力是制度转型的产物,其权力在企业弱化的公司治理机制下进一步膨胀,这种权力膨胀的直接指向就是自定薪酬,而权力操纵的直接后果就是损害公司价值。由于薪酬管制的存在,在职消费成为国有企业高管薪酬的替代性选择。[③] 一般来说,管理层权力越大,受到的监督越弱,就越可能实现更多的在职消费。国有企业管理层薪酬面临刚性约束,但伴随着管理层权力增加,管理层利用其职位权力有动机也有能力追求个人利益。个人利益既包括货币薪酬,也包括非货币性收益和消费,对管理层的刚性管制表现出更强的激励不相容性。

近 20 年来,国资委颁布和修订了多个版本的《中央企业负责人经营业绩考核办法》,基本思路都是围绕国有企业高管薪酬与业绩的关系进行调整。业绩考核办法围绕基薪、绩效薪金和中长期激励单元构成的主线进行,绩效薪金和中长期激励单元与经营业绩考核结果挂钩,以基薪为基数,根据企业年度经营

---

① 陈信元,陈冬华,万华林,等. 地区差异、薪酬管制与高管腐败[J]. 管理世界,2009(11):130-143,188.

② 蔡贵龙,柳建华,马新啸. 非国有股东治理与国企高管薪酬激励[J]. 管理世界,2018,34(5):137-149.

③ 权小锋,吴世农,文芳. 管理层权力、私有收益与薪酬操纵[J]. 经济研究,2010,45(11):73-87.

业绩考核级别及考核分数确定。党的十八届三中全会通过的《中共中央关于全面深化改革若干重大问题的决定》也指导性地提出了调整国有企业经理人薪酬结构与水平、强化高管薪酬激励的原则。

党的十八大以来，国有企业薪酬改革的标志性节点有：2013 年 2 月，国务院办公厅出台《关于深化收入分配制度改革重点工作分工的通知》，提出要加强国有企业高管薪酬管理，建立与企业领导人分类管理相适应、选任方式相匹配的企业高管人员差异化薪酬分配制度，综合考虑当期业绩和持续发展，建立健全根据经营管理绩效、风险和责任确定薪酬的制度；对行政任命的国有企业高管人员薪酬水平实行限高，推广薪酬延期支付和追索扣回制度，缩小国有企业内部分配差距。

2014 年 8 月，中共中央政治局审议通过了《中央管理企业负责人薪酬制度改革方案》《关于合理确定并严格规范中央企业负责人履职待遇、业务支出的意见》，央企薪酬改革迈向新阶段。《中央管理企业负责人薪酬制度改革方案》将央企负责人的薪酬由基本年薪和绩效年薪两部分构成调整为由基本年薪、绩效年薪、任期激励收入三部分构成，对不同行业的央企负责人原则上确定相同的基本年薪。同时，该方案将薪酬管理中对中央管理企业负责人重点考核生产经营业绩，调整为对履职情况进行全面综合考核评价。上述两份文件也被业界称为对国有企业负责人的“限薪令”。

《中央管理企业负责人薪酬制度改革方案》在规范中央管理企业负责人薪酬秩序方面有重大突破。该方案要求绩效年薪与企业负责人年度考核评价结果相联系，要求设置绩效年薪调节系数，绩效年薪要根据央企负责人年度考核的不同等次并结合绩效年薪调节系数确定，调节系数与国有企业的功能性质、行业以及经营规模相联系。绩效年薪要考虑到不同企业的经营难度及其负责人承担的经营责任、经营风险等方面的差异。

央企负责人“限薪令”下，地方国有企业也迅速跟进，各级国有企业负责人的薪酬从之前的高低悬殊状态进入相对规范阶段，缩小国有企业内部分配差距成为各级政府国有企业管理部门的共识。但国有企业普遍都承担着政策性负担，要想从根本上实现国有企业改革的成功，就必须坚持市场化改革方向，剥离国有企业的政策性负担，减少各级政府官员对其所控制的国有企业薪酬决策的行政干预，实现真正意义上的政企分开和政资分开。

政府直接干预国有企业薪酬分配的负面影响主要是弱化了国有企业使用薪酬这一有效手段进行人力资源管理的力度，影响了薪酬的激励作用并降低了国有企业对优秀人才的吸引力。随着党的十八大之后党内反腐力度的增大，国有企业高管的在职消费行为已有较大收敛，第二部“限薪令”相对来说效果比较明显，但如何调动国有企业高管的积极性又成为新时代国有企业内部治理的新问题。

王曾等认为，政治晋升是薪酬激励的一种替代性激励机制。在国有企业中，可以让以政治升迁为主的政治激励成为高管推动业绩提升的主要动力，相对弱化薪酬激励或股权激励的作用。①

蔡贵龙等认为，混合所有制改革可以提升国有企业高管薪酬对业绩的敏感性。混合所有制改革是国有企业改革的重要方向。国有企业通过引入民间资本或其他国有资本，可以形成对国有控股股东的权力制衡和对国有企业高管“内部人控制”的监督，从而明晰国有企业产权和改善国有企业治理结构。蔡贵龙等研究发现，非国有股东委派高管能显著提高国有企业高管的薪酬业绩敏感性，而单纯的非国有股东持股无此效应。而且，非国有股东委派高管对国有企业高管薪酬业绩敏感性的提升作用在竞争性国有企业和处于外部市场化发展程度较低地区的国有企业中更加显著；非国有股东治理还能有效抑制国有企业高管的超额薪酬和超额在职消费等代理问题。②

把行政任命的国有企业高管薪酬与市场化聘任的国有企业管理人员的薪酬标准区别开来也是一种替代性管理思路。从国有企业高管薪酬总体状况看，确实存在很多不合理因素。很多国有企业高管来自政府行政任命或委派，本身兼具国家公务员性质，把市场化的薪酬标准用在行政任命制官员身上，缺乏科学性和合理性。目前学界比较赞同分类管理，将国有企业经营者分为国家雇员和企业雇员两大类：政府任命的董事会代表，薪酬按照公务员并参考经营状况进行管理；而央企、国企市场化聘任的职业经理人，聘任与薪酬均可以按照市场化标准进行，最终实现有效激励的目标，这是值得借鉴的思路。

---

① 王曾，符国群，黄丹阳，等. 国有企业 CEO“政治晋升”与“在职消费”关系研究[J]. 管理世界，2014(5)：157-171.

② 蔡贵龙，柳建华，马新啸. 非国有股东治理与国企高管薪酬激励[J]. 管理世界，2018，34(5)：137-149.

1.3 政策性限薪推动国企负责人激励机制建设进入新阶段

新的限薪政策下如何维持国有企业负责人的经营积极性、保持国有企业的创新活力，是新一轮改革背景下优化国有企业负责人激励机制需要重点考虑的问题。

1.3.1 限薪政策背景下国企负责人激励机制建设面临的新问题

国有企业改革至今，委托人与代理人之间的信息不对称仍然存在，如何在国有企业实施限薪的薪酬改革背景下化解委托人与代理人关系不顺畅的影响，是新时代优化国有企业负责人激励机制需要考虑的主要问题。

目前国有企业激励约束机制有很多不到位的地方，表现在多个方面，既有对国有企业负责人监督管理的问题，也有国有企业核心人才流失等问题。为通过深化改革完善国有企业激励机制，政府主管部门作出了一系列尝试，推动职业经理人薪酬制度改革试点，探索实行市场化薪酬分配机制。2013 年，国务院办公厅出台《关于深化收入分配制度改革重点工作分工的通知》，为解决反映比较集中的国有企业内部高管人员和普通职工的薪酬分配问题规划了基本框架。企业可以依照有关法律法规，落实国有企业内部分配自主权，结合企业实际自主决定。优化激励机制的核心内容之一是探索国有企业负责人的中长期激励模式。良好的中长期激励模式可以形成对企业干部员工的强有力激励，通过员工持股等方式将企业干部员工利益与企业发展紧密结合起来，引导企业干部员工重视企业长远发展。国有企业分配制度改革应注意不要搞层层降薪，减少企业短期行为，进一步增强国有企业的内在活力。

李予阳认为，尤其要注意建立宽容失败、鼓励创新的容错机制，对于一些周期长、投入大、风险高但具有重大意义的领域，要建立更加科学的考核制度，区别主观故意的国有资产流失和一般性经营失误，消除不敢作为、不敢担当的顾忌，为企业人员放手改革、大胆创新提供制度保证；同时加大正向激励力度，对在企业改革发展中作出贡献的人员要及时表彰和提拔重用，构建持久有效的激励机制。[①]

市场化的薪酬本质上是出资人对企业职业经理人的激励。现代企业制度下企业高管的薪酬是由企业的董事会代表出资人确定的，薪酬是对企业经理人的重要激励手段。作为现代公司的决策者，董事会可以充分利用这种激励手段，激励企业负责人为实现企业的经营目标而努力。但在目前的管理体制下，国有企业负责人的身份与市场化的薪酬难以统一，国有企业负责人并不是完全职业化的。在国有企业的薪酬契约制定过程中，国资委与董事会有着根本区别，国资委不直接承担企业经营目标责任，其在企业负责人薪酬管理问题上缺乏必要的动力和压力。国资委实际上是一个行政性机构，很难像董事会那样去管理企业。国资委决定薪酬与竞争性国有企业的市场化改革方向不一致，薪酬中存在的问题需要通过市场化改革逐步予以解决。[②]

我国国有企业类型多样、分布广泛，不适合对国有企业负责人激励机制采取统一模式。目前的主流观点是对国有企业负责人实行分类激励管理，通过区分国有企业的不同类型以及负责人的不同来源和职责优化激励机制。[③]由政府部门任命的国有企业负责人，要按照国家的有关政策给予薪酬激励；对于国有企业通过市场自主选聘的各级子企业负责人及其他管理人员，要坚持去行政化改革，实行市场化的薪酬激励机制。

1.3.2 限薪政策下完善国企负责人激励机制的若干探索

国有资产管理体制在改革中不断完善，近年来薪酬管理成效显著，国有企业负责人薪酬管理的制度框架逐步完善，国有企业高管薪酬与业绩不匹配的问题得到明显改善，薪酬水平及增长趋于合理。

党的十八大以来，按照市场经济的规范做法，国有企业主管部门对竞争性国有企业确立了出资人决定出资企业负责人薪酬的机制，制定了国有企业负责

① 李予阳. 国企改革当用好激励约束机制[N]. 经济日报，2016-08-24(09).

② 熊志军. 国企薪酬制度改革的难点与解决思路[J]. 中国党政干部论坛，2012(5):14-17.

③ 陈霞，马连福，丁振松. 国企分类治理、政府控制与高管薪酬激励：基于中国上市公司的实证研究[J]. 管理评论，2017,29(3):147-156.

人薪酬管理办法，各级国资委行使出资人权力，从总体上对国有企业负责人的薪酬水平、增长幅度以及高管与职工的收入差距进行了调控，薪酬背离企业真实发展水平的状况得到扭转。各级政府在国有企业负责人薪酬管理问题上积极执行中央制定的限薪政策，国有企业负责人的薪酬年均增幅呈下降趋势，薪酬水平趋于合理，在防止收入差距过大方面取得了一定成效，国有企业职工的年均收入逐年增长，国有企业负责人薪酬与职工的收入差距呈缩小趋势。已初步建立起薪酬与效益挂钩的激励机制，有效推动了市场化激励在国有企业管理中的实践，竞争性质不同的国有企业，其负责人之间的薪酬水平差距大和增长机制不合理的问题得到缓解。

宋晶和孟德芳认为，市场内在机制推动企业在竞争中求生存，市场既可以从激励角度创新国有企业负责人的激励机制，也可以从监管角度创新国有企业负责人的监督机制。激励机制与监督机制是完善国有企业负责人管理体制的重要组成内容，前者是对国有企业负责人的正向监督，后者则是对激励机制发挥作用的有效保障，监督从不同角度对监督体制机制进行诠释。①

对国有企业实施分类管理，推进竞争性国有企业的混合所有制改革和上市进程，使国有企业能够向市场要效率，对竞争性国有企业负责人实行市场化薪酬制度，是限薪政策下完善国有企业负责人激励机制的重要思路。李锦认为，应该首先对国有企业进行分类，然后对国有企业负责人分别制定薪酬政策。他认为，应从三个层面对国有企业进行分类：一是将国有企业分为竞争性企业和公益性、保障性企业，竞争性企业负责人薪酬参照市场标准并略低于市场，公益性企业参照公务员薪酬标准，保障性企业在公益性基础上再细分；二是将高管分为组织任命和市场竞聘两种，前者薪酬略高于公务员标准，后者参考市场标准并且略低于市场标准；三是将国有企业负责人分为职业经理人与出资人代表，前者参照市场标准并略低于市场，后者参照公务员并略高于公务员薪酬标准。而具体到某一国有企业，也要依据政企分开与市场化方向原则进行细分。②李锦的观点在学术界和企业界具有一定的代表性，通过分类化解垄断资源和公益性目标对国有企业负责人业绩绩效评估的困扰，并通过提高薪酬来对承担较大经

① 宋晶，孟德芳. 国有企业高管薪酬制度改革路径研究[J]. 管理世界，2012(2)：181-182.

② 康伟. 建立现代化企业制度 推进央企薪酬调整：访中国企业研究院首席研究员、中国企业改革与发展研究会副会长李锦[J]. 北方经济，2014(10)：30-32.

营压力的竞争性行业国有企业负责人予以补偿。按照国有企业分类制定薪酬的方法是处理不同竞争环境下国有企业负责人激励问题的一种高效可行的安排。

国有企业混合所有制改革是党的十八大以来推进国有企业市场化改革的重要抓手。陆岷峰和汪祖刚认为,国有企业改革的进度决定着国有企业高管薪酬的市场化程度,推进国有企业的混合所有制改革,可有效推进国有企业高管薪酬激励与市场化运营对接。混合所有制改革的关键是从产权关系变化入手,推进市场化运作机制与激励机制,股权结构的调整是混合所有制改革的具体形式,而混合所有制改革真正要解决的还是深层次的经营机制问题。通过混合所有制改革完善国有企业的法人治理结构,推动政企分离,实现国有企业高管的市场化聘任,提高高管薪酬的市场化程度,同时以高管薪酬改革倒逼国有企业混合所有制改革和不断完善现代公司治理机制。①通过混合所有制改革,帮助国有企业建立科学合理的高管薪酬考核机制,完善国有资产监管体制,实现国有企业可持续发展。

在国有企业负责人激励机制的优化问题上,是选择压力激励为主还是正向激励为主?夏凡认为,国有企业内部激励机制要重视正向激励,激发微观主体活力。正向激励的特点是着眼于调动企业家、科研骨干和职工的积极性。国有企业负责人在企业经营中处于关键位置,通过正向激励政策及采用多种激励手段,激发和保护企业家精神,完善国有企业负责人薪酬体系,完善市场化收入分配机制,优化政治与经济激励、短期与长期激励等激励机制。对于企业的科研骨干人员,也要以正向激励为主,建立科学合理的利益分配机制,尊重知识产权,明确科研投入与成果转化的经济效益评估标准,构建科技骨干股权激励、研究成果的市场效益转化为股权激励、股权分红激励等中长期激励机制,提升对科技骨干的长期激励效果。对于职工队伍,要健全以工作贡献为依据的绩效薪酬制度,优化正向激励。对于关键技术岗位的技能型人才,要探索实行技术技能入股、技术岗位参与分红等多种长期激励机制,围绕技术要素贡献建立科学的分配激励机制,提升职工队伍的稳定性和实干精神。②

很多市场化运作的企业实施核心骨干员工持股的激励制度。对于未上市国有企业的股权激励问题,可以通过混合所有制改革优化股权激励,通过骨干

---

① 陆岷峰,汪祖刚.用改革的手段破解国企高管薪酬[J].企业研究,2014(21):60-63.

② 夏凡.国有企业收入分配要弘扬正向激励导向[N].学习时报,2020-01-15(5).

员工持股基金的形式使其获得部分国有企业股权激励，通过利润分红让员工分享企业收益，对新晋升的员工增资扩股，对老员工所持股份实施人走股退、内部流转。推动国有企业上市可以让股权激励真正发挥激励作用，对公司治理规范的企业，可加大对国有企业负责人的授权力度，充分落实企业的自主经营权。国资委层面，要准确把握国有资产出资人的职责定位，界定国资委与监管企业的权责边界，该管的绝不缺位，不该管的依法放权绝不越位。

《中央管理企业负责人薪酬制度改革方案》给出了国有企业负责人薪酬管理的总体思路：要推进企业负责人分类管理，综合考虑企业负责人的经营业绩和承担的政治责任、社会责任，建立符合中央管理企业负责人特点的薪酬制度，逐步规范企业收入分配秩序，实现薪酬水平适当、结构合理、管理规范、监督有效，对不合理的偏高、过高收入进行调整。①

在国有企业内部限薪的政策大背景下，国有企业负责人追求政治晋升激励成为顺理成章的替代选择。政治激励可以弥补限薪背景下薪酬激励下降造成的手段匮乏，增强激励的有效性，但也有不少负面作用。卢馨等研究表明，国有企业高管为追求政治晋升，往往采取若干政治迎合行为，比如超额公益性捐赠、过度媒体宣传、过度投资、减少研发投资、扩大非生产性支出等，政治迎合效应对国有企业长远发展构成负面影响。②王曾等认为，国有企业 CEO 的政治晋升和在职消费这两种激励方式之间存在非对称的替代效应。③ 宋增基等④、田妮等⑤也研究发现，政治激励和物质激励之间存在替代或互补关系。伴随着上述种种短期行为，国有企业又承担着多目标社会责任，而国有企业负责人绩效评估具有多目标考核的特点，如何科学评估国有企业高管的多目标工作绩效，是优化政治激励、减少政治迎合行为等的关键。

综上，国有企业负责人激励机制优化需要重点关注几个问题：一是绩效与薪酬的关系问题，二是长期股权激励机制问题，三是政治晋升激励效率问题。

---

① 韩秉志. 以薪酬改革规范企业收入分配秩序：访人力资源和社会保障部副部长邱小平[N]. 经济日报，2014-09-03(1).

② 卢馨，何雨晴，吴婷. 国企高管政治晋升激励是长久之计吗？[J]. 经济管理，2016，38(7)：94-106.

③ 王曾，符国群，黄丹阳，等. 国有企业 CEO“政治晋升”与“在职消费”关系研究[J]. 管理世界，2014(5)：157-171.

④ 宋增基，郭桂玺，张宗益. 公司经营者物质报酬、政治激励与经营绩效[J]. 当代经济科学，2011，33(4)：99-104，128.

⑤ 田妮，张宗益. 政治激励和薪酬激励是互补的吗？[J]. 上海经济研究，2012，24(11)：26-33.

解决上述问题需要监督国有企业负责人的努力程度以及优化契约激励条款，制定符合国有企业改革目标的绩效政策和政治激励政策，解决好国有企业负责人的绩效评估体系建设问题，通过建立起科学的多目标考核评估体系，构建激励机制优化的管理框架。

1.4 本书的主要思路与结构安排

前文探讨了在信息不对称下规范国有企业负责人激励与监督机制的大框架，但是仍有很多问题待解决。徐钧和段会川证明了与优化国有企业负责人激励机制相关的两个基础性命题：命题1认为，与不能有效区分代理人能力的管理机制相比，契约管理机制实现了激励机制的优化；命题2认为，增加代理人的可观察信息是对原激励机制的优化。[①]本书基于上述两个命题阐述的基本逻辑，从国有企业改革历程中的几个关键节点——国有企业负责人实施契约化管理、混合所有制改革、推动国有企业成为上市公司以及限薪制下政治激励机制对薪酬激励的补充与替代等入手，深入研究了国有企业改革不同阶段负责人激励机制中存在的问题及优化激励机制的理论与实践探索。

本书的结构安排如下。

第1章为绪论。我国的国有企业改革以全面实行经济责任制为开端，开始了探索国有企业现代化制度建设的历程。随着在国有企业中普遍实行契约化管理，国有企业负责人努力程度提升，其薪酬激励不足问题得以缓解，但是又出现了国有企业负责人“天价薪酬”问题。近20年来，国资委颁布和修订了多个版本的《中央企业负责人经营业绩考核办法》，基本思路都是围绕国有企业高管的薪酬与业绩关系进行调整。央企负责人“限薪令”下，地方国有企业也迅速跟进，缩小国有企业内部分配差距成为各级政府国有企业管理部门的共识。政治激励可以弥补国有企业负责人薪酬下降造成的激励手段匮乏，但也有不少负面作用。如何在国有企业实施以限薪为主的薪酬改革下化解委托人与代理人关系不顺畅的难题，是现阶段优化国有企业负责人激励机制需要考虑的主要问

---

① 徐钧，段会川.信息不对称、契约化管理与国企负责人激励机制优化：基于委托—代理理论的分析[J].山东社会科学，2019(6)：106-111.

题。本部分提出了需要重点关注的几个问题:一是绩效与薪酬的关系问题,二是长期股权激励政策和机制问题,三是政治晋升激励效率问题。通过对国有企业实施分类管理,推进竞争性国有企业实施混合所有制改革,推进国有企业改制发行上市进程,对竞争性国有企业负责人实行市场化薪酬制度等,是限薪政策下优化国有企业负责人激励机制的重要思路。后面章节主要围绕上述逻辑主线进行深度探讨。

第 2 章探讨了不对称信息下国有企业代理人激励机制研究的经济学理论基础。在委托人和代理人之间信息透明的情况下,最优契约只需规定好代理人需要完成的工作量和委托人需要支付的相应报酬即可,但在信息不对称情况下,没有合适的方法来确定代理人的工作努力程度,委托人需要设计出一种激励计划。该计划要能够激励代理人自觉采取有利于委托人的工作行动。本部分讨论了以下几个方面的理论结论:努力水平可观测时的最优合同,努力水平不可观测时的最优合同,努力水平不可观测时如何设计激励相容机制,国有企业代理人激励机制的优化问题。在信息不对称下实施契约管理机制,委托人可依据自身利益最大化设计契约,代理人将根据契约条款选择能使自身利益最大化的工作付出与相应报酬,委托人考核契约完成情况并给予与代理人工作努力水平相匹配的报酬。

第 3 章研究通过推行契约化管理,优化国有企业负责人激励机制。本部分首先对核心概念进行了界定,梳理了国有企业治理的变革历程,分析了应用契约化管理完善国有企业负责人激励机制面对的主要挑战,探讨了激励契约设计的几种理论框架,研究了通过契约的长期化和完善绩效考核指标体系优化国有企业负责人激励机制的问题;然后重点研究了央企负责人年度考核办法和考核指标体系调整问题。从近几年实践看,央企落实国家发展战略,增强了创新能力,提升了盈利水平。本部分关于央企负责人年度考核办法和考核指标体系调整的研究,比较全面地显示出国有资产管理部门对国有企业负责人通过契约管理构建激励机制的思路。

第 4 章研究混合所有制改革对国有企业负责人激励机制的优化问题。混合所有制改革为综合运用好各种正向激励政策和工具,建立健全多层次、系统化的正向激励体系提供了新机遇。从技术层面看,通过混合所有制改革优化国有企业负责人激励机制要重视构建分类化、差异化绩效评价体系。在混合所有制绩效评价体系中，对不同类型的投资运营平台，国有企业应采取分类绩效考核，注意区分社会效益指标与经济效益指标，提升绩效管理的有效性与权威性。从发展的角度看，混合所有制改革能够进一步优化国有企业的激励机制，而且，推动混合所有制国有企业成为上市公司能够在更大程度上优化国有企业负责人激励机制。

第5章研究推动国有企业上市对优化国有企业负责人激励机制的影响。国有企业改制成为上市公司可从信息透明度、股价波动等多方面对国有企业负责人产生影响。国有上市公司的内部管理机制是契约管理、混合所有制、上市公司三种机制的集合，国有上市公司治理除了满足公司法、国资委的法律法规及政策要求之外，还要满足上市公司监管的法律法规要求，需要考虑资本市场投资者的要求，要提升公司自身的投资价值，这些都促使国有上市公司提升内部治理水平，重视对国有企业负责人激励机制的完善。

研究表明，证券市场的交易过程可以泄露上市公司的部分内幕信息，相比于仅完成混合所有制改革的国有企业，国有上市公司信息更加透明，推动国有企业成为上市公司可以进一步优化公司的激励机制。相对于未上市的国有企业，国有上市公司负责人可以隐藏的内幕信息更少。委托人可以根据新观察到的信息改进契约条款，细化工作和报酬的对应关系，以国有企业利益最大化为目标优化契约设计，推动提升国有上市公司代理人的工作努力水平。相较于未上市的混合所有制国有企业，国有上市公司信息更加透明。按照徐钧和段会川关于增加代理人的可观察信息是对原激励机制的优化的研究结论，与未上市的国有企业相比，国有上市公司内部的契约管理机制是一种更加完善的激励机制，是对国有企业负责人激励机制的进一步优化。①

在国有企业改制上市的进程中，产权多元化不是目的。完善企业内部治理结构，激发国有制经济的活力，才是国有企业改革的真正目标所在。国有企业改制成为上市公司会大大增强企业参与市场竞争的力度，给国有企业负责人带来竞争压力，推动其提升内部治理能力。政府和相关部门应健全法律法规及相关制度，为国有上市公司优化负责人激励机制提供必要的政策支持，保障国有企业负责人激励目标的实现。

---

① 徐钧，段会川．信息不对称、契约化管理与国企负责人激励机制优化：基于委托—代理理论的分析[J]．山东社会科学，2019(6)：106-111.

第6章探讨限薪背景下国有企业负责人政治晋升激励机制及其优化问题。在我国的党政领导干部制度中，党政机关与国有企业事业单位之间的干部交流是常态，国有企业负责人的晋升包括国有企业体系内晋升与进入政党、政府体系择优晋升两个通道。与国有企业负责人的晋升通道相关联，国有企业负责人晋升的主要影响因素也有两类：第一类影响因素是企业业绩，提升企业业绩对国有企业负责人晋升具有直接作用；第二类影响因素是国有企业的社会责任，可以认为国有企业负责人接受绩效和社会责任双重考核。

在我国现行国有企业人事管理体制下，一部分国有企业负责人由国资委任命和管理，另一部分则由各级党委的组织部门任命和管理。由组织部门任命和管理的国有企业负责人与党政官员处于同一管理体系内，具备调任各党政部门任职的晋升通道；由国资委任命的负责人，原则上仅在国资委管理的国有企业体系内进行调动，实际上较难直接调任党政职务。

国有企业高管晋升有双轨制特征，两种通道对国有企业高管的晋升及任期考核有不同的侧重点。可以总结为，国资委考核更重视业绩，组织部门更看重国有企业高管对政策的执行情况。

在实施“限薪令”之后，对国有企业负责人的薪酬激励效应减弱，晋升激励成为刺激国有企业负责人承担风险的主要激励机制。相较于薪资增长，晋升激励具有“择优不劣汰”的特质，国有企业负责人可以借助政治晋升的长期选拔机制稳定现有职位及谋求更好的机会，国有企业负责人的晋升激励有了更大的吸引力。研究表明，晋升激励政策并非适用于所有企业，国有企业应该按照自己的实际情况采取适当的激励政策，对国有企业负责人的晋升激励应“因企施策”。政治晋升是对国有企业高管的有效激励方式，国资委等领导部门应通过优化政治晋升选拔机制，对政治晋升激励机制加强监督和约束，以实现激励相容，提高政治晋升激励的有效性。

第7章研究国有企业负责人跨期激励机制的优化问题。重点讨论了不完全契约下跨期激励和容错机制构建等问题。哈特认为，要签订一份包括能明确规定各方在任何一种可能发生的情况下的责任的合同是不可能的。[①] 对于不完全契约带来的问题，主要有两种研究思路：一种思路是，在绝大多数业务关系

① 哈特.企业、合同与财务结构[M].费方域译，上海：格致出版社、上海三联书店、上海人民出版社，2006：2-3.

中，契约履行所出现问题的解决是靠终止业务关系进行制裁；另一种思路是，如何利用契约条款设计最优的委托—代理契约，最大限度地激励交易者按契约行事。对于不完全契约引发的问题，可以在委托—代理模型中引入自我执行机制，自我执行机制强调对未明确写明的条款依据签约双方的共识来执行，对不履行未明确写明的契约共识的签约方实施终止业务关系的制裁，以此构建自我执行机制。

在国有企业负责人激励机制优化问题上，一是可以在国有企业代理人的合同中加入引导性条款，并在履约考核中要求执行者展示对上述引导性条款的执行情况（软约束）。二是在契约中给予放宽时间限制加特定报酬的安排，对国有企业代理人在未来某个时间对“不完全契约条款”再考核及规定该类考核对应的特定报酬，是在不完全契约理论框架下对代理人提供更加优化的激励契约条款的主要思路。进一步思考合同不完全的问题，可以通过设置弹性条款处理不完全契约的问题，也就是为契约参与方建立容错机制。

第 8 章研究多目标考核下国有企业负责人激励机制优化问题。应用随机过程理论研究风险因素对国有企业负责人业绩契约的影响，研究对国有企业负责人进行业绩评价及如何优化契约条款等问题。研究结论认为，考核目标因素的波动风险降低了国有企业负责人的预期收益，如果监管方不希望国有企业负责人采取变通措施应对考核变量波动导致利益损失，则需要在签订契约时考虑意外情况引发的契约不完全性问题，要对因契约不完全引发的国有企业负责人利益受损进行补偿，这个补偿是契约管理中应该明确的激励政策优化安排。

国有企业除了生产经营之外还担负了较多的社会职能。第 8 章研究认为，国有企业负责人的多目标考核评价问题可以参考金融市场中的多因素模型，构建一个以多目标考核因素为自变量的多因素线性模型，研究国有企业负责人多目标业绩考核及其激励问题。契约所界定的业绩考核应该能展示业绩变化过程和最终结果，用多因素模型从理论上讲可以趋近于形成完全性契约，或者说可以应用多因素模型推导出逼近完全性契约的契约条件。第 8 章根据金融学套利定价理论所阐述的思想，推论出在多目标考核契约问题上存在同样的无套利机制。以一律定价为基础，契约所制定的多目标考核因素应该遵循无套利原则，多目标因素之间无相互替代，契约确定的各目标因素的考核收益率之间无套利。以上可归纳为多目标考核的无套利原则。

第2章　不对称信息下国有企业负责人激励机制研究的经济学理论基础

在经济学理论框架中，不对称信息下的最优契约安排归属于信息经济学研究领域，也称为“契约理论”或“激励机制设计理论”。不对称信息可以从两个方面加以区分：一是不对称信息发生的时间，二是不对称信息的内容。研究契约签订之前信息不对称问题的模型称为“逆向选择模型”，这类不对称归于信号传递与信息甄别类，要防止因市场失灵出现逆向选择；研究契约签订之后信息不对称问题的模型称为“道德风险模型”。以签订合同时间为界，签订合同后的信息不对称问题需要通过优化合同设计来解决。

信息经济学研究中，一般将拥有更多信息的一方参与人归为代理人，不拥有代理人私人信息的另一方参与人归为委托人，信息经济学的分析模型可以置于委托—代理的框架下进行分析研究。

2.1　委托—代理关系中的信息不对称问题

签订合同后出现的信息不对称问题在签订合同初期并不一定存在，签约双方可能是在信息对称下签订的合同，但签约后的某个时刻会开始出现信息不对称问题，比如，企业所有者聘用职业经理人为代理人来管理企业，职业经理人就拥有更多关于企业经营状况的信息。合同提供方知道签约后会出现信息不对称，就需要通过修改合同设计加以解决。合同设计问题属于委托—代理问题。

从信息不对称的内容看，信息不对称问题一般有两类：一是由隐藏行动所引起的信息不对称，二是由隐藏信息所引起的信息不对称。在隐藏行动引起的信息不对称情形中，委托人无法观测到代理人的工作努力程度，也称为“道德风险”；隐藏信息情形指的是代理人比委托人拥有更多关于企业经营状况的信息，委托人与代理人之间关于企业经营情况的信息不对称，属于逆向选择问题。也有很多经济问题同时包含上述两种情况，解决问题时需要构建混合模型。

(1)隐藏行动的道德风险模型。在签约时契约双方拥有完全信息，即签约时信息是对称的。代理人的工作努力程度和外部工作环境相结合，导致某些可观测的结果，委托人只能观测到上述结果，而无法直接观测到代理人真实的工作努力程度和代理人的真实外部工作环境。委托人拥有的信息是不完全的。委托人需要设计一个激励合同，诱使代理人从自身利益出发选择对委托人最有利的行动。

(2)隐藏信息的道德风险模型。签约时信息是对称的，双方都有完全信息；签约后，代理人能够观察到他的外部工作状态，但委托人看不到，代理人根据他所观察到的外部状态选择工作努力程度，委托人能够观察到代理人的行动，但无法观察到代理人所处的工作环境和状态。委托人的解决方案是设计一个激励合同，以诱使代理人在给定的状态下选择对委托人最有利的行动，报告真实状态。①

也有学者将所有由参与人被代理人诱使选择错误行动所引起的问题称为“道德风险”，所有由参与人被代理人所报告的错误信息诱导选择错误行动所引起的问题称为“逆向选择问题”。②

道德风险问题和逆向选择问题经常是纠缠在一起的，例如，企业需要选出有能力的人，还要激励有能力的人努力工作，设计最优的治理机制是解决问题的根本方法。

信息经济学的委托—代理关系泛指不对称信息下的交易问题，其根本是，知情者的内幕信息影响不知情者的利益，不知情者被迫为知情者承担风险。委托—代理理论解决上述问题的逻辑是，委托人想让代理人按照委托人利益最大

---

① 莫里斯.詹姆斯·莫里斯论文精选：非对称信息下的激励理论[M].张维迎编.北京：商务印书馆，1997：5.

② 莫里斯.詹姆斯·莫里斯论文精选：非对称信息下的激励理论[M].张维迎编.北京：商务印书馆，1997：8.

化选择行动方案，但委托人无法观察到代理人的真实行动，只能观察到与代理人行为和结果有关的一些变量。这些变量只能反映代理人的一部分信息，只能反映关于代理人行动的不完全信息，委托人需要根据观测到的不完全信息设计机制，以激励代理人选择对委托人最有利的行动，使最终结果符合委托人利益最大化。委托人一般是设计一个包含激励计划的合同，合同约定根据最终产出结果对代理人进行奖励或惩罚。①

张维迎在探讨最优合同设计问题时重点提到了霍姆斯特姆首先提出的充足统计量问题，其主要指什么样的可观察变量应该进入激励合同。毫无疑问，利润 P 应该进入激励合同。假设除了利润之外，还可以观测到某个其他变量 S，比如该变量是银行对企业的贷款利率或者是同行业其他企业的利润，那么什么条件下委托人与代理人签订的合同不应仅依赖本企业的利润 P，还应该包括其他变量 S？霍姆斯特姆认为，如果引起变量 S 变化的自变量都已包含在企业利润 P 中，将 S 写进合同就没有意义，否则，合同既包括 P 也包括 S 就优于仅包括 P，这个结果被称为“充足统计量结果”。②

充足统计量结果对最优合同设计有重要意义。首先，它表明尽力搜集代理人信息是有意义的，因为代理人信息可以提供更多相关监督结果，减少委托人的不对称信息；更重要的是，充足统计量结果表明相对业绩比较是有意义的，如果合同涉及的企业业绩不佳，可能是由于职业经理代理人没有努力工作，也可能是外部因素的负面影响所致，通过将其他相关企业业绩与代理人业绩考核相关联并引入合同，可以更容易看清企业业绩与代理人工作努力程度的关系。③因此，“对标”相关企业也是减少信息不对称、优化代理人激励机制的一种重要方法。

---

① 安德鲁·马斯-科莱尔，迈克尔·D. 温斯顿，杰里·R. 格林. 微观经济学(上)[M].刘文忻，李绍荣主译.北京：中国社会科学出版社，2001：672；莫里斯. 詹姆斯·莫里斯论文精选：非对称信息下的激励理论[M]. 张维迎编. 北京：商务印书馆，1997：11.

② 莫里斯. 詹姆斯·莫里斯论文精选：非对称信息下的激励理论[M]. 张维迎编. 北京：商务印书馆，1997：17-18.

③ 莫里斯. 詹姆斯·莫里斯论文精选：非对称信息下的激励理论[M]. 张维迎编. 北京：商务印书馆，1997：18.

2.2　激励相容的合同设计

机制设计理论认为,任何合同只有当它满足对代理人的激励相容约束时才是可以实施的,这意味着代理人说实话时得到的效用比说假话时大。

在委托人和代理人之间信息透明的情况下,委托人设计的合同是比较简单的,只需规定好代理人需要完成的工作量和委托人需要支付的相应报酬即可。但在信息不对称情况下,没有合适的方法来确定代理人是否尽到了工作义务,不能有效界定代理人的工作努力程度,因而合同也就不能有效规定委托人支付的相应报酬情况。信息不对称情况下,委托人需要设计出一种激励计划,该计划要能够激励代理人自觉采取有利于委托人的工作行动。①

2.2.1　努力水平可观测时的最优合同

考察代理人努力水平可观测时的最优合同,应思考以下问题:

假设委托人提供给代理人一个合同,当代理人的努力水平可观测时,代理人愿意接受这个合同的条件是什么?

假设代理人市场是完全竞争的,且委托人提供给代理人一个双方都可以接受的合同,该合同符合委托人自身利益最大化需求。

假设代理人的期望效用需求是 $E(U)$,G 为委托人根据合同可获得的利润,合同规定代理人的工资与其为委托人创造的利润有关,工资为 $W(G)$。

如果代理人可以自己选择合同中规定的任一种努力水平,代理人可以获得的工资补偿会怎样?

研究认为,如果代理人是严格风险回避的,最优合同工资将是一个常数,即委托人向代理人支付与努力水平相关的某个固定工资为最优。②

从另一个角度看,上述问题可以转化为:代理人选择什么样的努力水平对

① 安德鲁·马斯-科莱尔,迈克尔·D. 温斯顿,杰里·R. 格林. 微观经济学(上)[M]. 刘文忻,李绍荣主译. 北京:中国社会科学出版社,2001:672.

② 安德鲁·马斯-科莱尔,迈克尔·D. 温斯顿,杰里·R. 格林. 微观经济学(上)[M]. 刘文忻,李绍荣主译. 北京:中国社会科学出版社,2001:674.

委托人来说才是最优合同？

研究指出，对委托人来说，其需要从代理人选择的努力水平可以给委托人带来多少利润的角度来考察，例如，$e(h)$和 $e(l)$哪种努力水平给委托人带来的利润最大，哪种努力水平就是最优。

对于代理人努力水平可观测时的最优合同，有如下命题。

命题 2-1： 在代理人努力水平可观测的委托—代理模型中，最优合同规定，如果代理人选择努力水平e^*，使$\int Gf(G|e)\mathrm{d}G - v[u+h(e)]$最大化，同时支付给代理人固定工资$w^* = v^{-1}[u+h(e^*)]$，如果对于所有的 G，有 $v''(u)<0$，那么这就是唯一最优合同。$h(e)$是努力水平为 e 时代理人的负效用。v 是代理人的效用函数。[①]

2.2.2　努力水平不可观测时的最优合同

当代理人的努力水平不可观测时，如果仍然支付给代理人固定工资，则无法保证代理人仍然选择努力水平e^*。出于自身效用最大化，代理人存在选择更低努力水平的道德风险，这样，努力水平的不可观测性导致了无效率。为解决上述问题，我们可以采取逐步逼近的思路思考。

首先，考虑在努力水平可以观测时，委托人可以提供多个努力水平上的最优合同，把努力水平的选择权直接留给代理人，此合同构成相应努力水平下的最优合同。按照此结论的逻辑思考问题，可获得如下命题。

命题 2-2： 在代理人为风险中性且代理人的努力水平不可观测的委托—代理模型中，一个最优合同所对应的代理人的努力程度应该与代理人努力程度不可观测时相同。[②]

命题 2-2 表达的思想是，如果合同能够让代理人获得依赖于自身努力所产生的全部回报，就可以实现对代理人的有效激励，这样的合同设计是满足所有者利益最大化的，同时也使代理人实现自身利益最大化。

---

① 安德鲁·马斯-科莱尔，迈克尔·D. 温斯顿，杰里·R. 格林. 微观经济学（上）[M]. 刘文忻，李绍荣主译.北京：中国社会科学出版社，2001：676.

② 安德鲁·马斯-科莱尔，迈克尔·D. 温斯顿，杰里·R. 格林. 微观经济学（上）[M]. 刘文忻，李绍荣主译.北京：中国社会科学出版社，2001：677.

我们需要知道，当代理人努力水平不可观测时，代理人所获得的工资期望值将严格大于代理人努力水平可观测时的工资值，对于这点可以简单阐述如下：因为代理人努力水平不可观测，委托人提供的合同中工资支付必须包含对克服道德风险的补偿，这意味着努力水平不可观测下的最优合同必须为代理人支付更高的工资。[①]

命题 2-3：在代理人努力水平不可观测时，如果代理人是风险回避的，并且有高和低两种努力水平可以选择，那么使得代理人选择高努力水平的最优补偿计划将支付比在努力水平可观测时更高的期望工资，使代理人选择低努力水平的最优补偿计划支付与努力水平可观测时相同的期望工资。[②]

如果高努力水平e_H是代理人在努力水平可观测下的最优努力水平，从命题 2-3可推知，当努力水平不可观测时，委托人需要支付更高的补偿才能让代理人实现同样的努力水平，这说明不可观测性会导致委托人的福利损失。

当代理人的努力水平不可观测时，对委托人来说，代理人存在不愿表明真实努力水平的道德风险，如果代理人故意将低努力水平说成是高努力水平，这种道德风险会降低委托人利润。这种风险情形下，什么是委托人所应提供的最优合同？

委托人可以给予代理人激励补偿，让代理人获得的工资是其实现利润的函数，把各种利润水平所对应的努力水平留给代理人自己选择，或者委托人制定工资表，并限制工资水平所对应的努力水平等。上述思考引出了委托—代理理论中的重要命题——显示原理。

2.2.3 努力水平不可观测时如何设计激励相容机制

显示原理：假设代理人所有可能的工作状态集合为 M，委托人可以设计最优合同，要求代理人满足如下条件：

(1)在状态 s 实现后，要求代理人宣布所发生的状态。

---

① 安德鲁·马斯-科莱尔，迈克尔·D. 温斯顿，杰里·R. 格林. 微观经济学(上)[M]. 刘文忻，李绍荣主译.北京：中国社会科学出版社，2001：682.

② 安德鲁·马斯-科莱尔，迈克尔·D. 温斯顿，杰里·R. 格林. 微观经济学(上)[M]. 刘文忻，李绍荣主译.北京：中国社会科学出版社，2001：683.

(2)对于每一种可能的宣布，$s \in S$，合同规定一个与该状态对应的代理人工资结果$[W(s), e(s)]$。

(3)在每一种状态 $s \in S$ 下，代理人会发现宣布真实状态是最优选择。[①]

上述显示原理可以实现的条件是，委托人需要知道代理人的工作状态集合 H，这是设计最优合同的基础条件。

按照显示原理设计合同，要求代理人自我宣布工作状态，并使工资结果和各种可能的宣告联系起来。委托人能够运用显示机制，使得代理人总是宣布真实状态。具有让代理人说实话特征的显示机制被称为“激励相容的显示机制”。运用显示原理可以构建极其广泛的激励机制。对于显示机制可以激励代理人说实话的内在机制，可以理解如下：

假设代理人的状态为低状态s_L，按照显示原理约定，合同的补偿计划为$W(G)$，因此，在状态s_L下，代理人如果宣布努力水平为e_H，他获得的补偿将是与其努力水平相对应的结果，即 $W[G(e_H), e_H]$。当显示机制将选择权交给代理人自己时，他选择了e_L的努力水平，这说明对代理人来说，在状态s_L下，结果$W[G(e_L), e_L]$至少与 $W[G(e_H), e_H]$一样好，由此，在显示机制下，代理人宣布真实状态是最优选择。

2.2.4　激励相容的约束条件

考察显示原理的约束条件，我们可对激励相容机制有进一步的认识。

首先看代理人的个人理性约束：

$$w_L - h(e_L, s_L) \geqslant v^{-1}(\bar{u}) \tag{2-1}$$

$$w_H - h(e_H, s_H) \geqslant v^{-1}(\bar{u}) \tag{2-2}$$

式(2-1)、式(2-2)被称为“代理人的保留效用”或“代理人的理性约束”，即合同约定的代理人收入减掉努力成本必须大于等于能让代理人获得期望效用$\bar{u}$的净收入。

① 安德鲁·马斯-克莱尔，迈克尔·D.温斯顿，杰里·R.格林. 微观经济学(上)[M]. 刘文忻，李绍荣译. 北京：中国社会科学出版社，2001：691.

其次看代理人的激励相容约束：

$$w_H - h(e_H, s_H) \geqslant w_L - h(e_L, s_H) \tag{2-3}$$

$$w_L - h(e_L, s_L) \geqslant w_H - h(e_H, s_L) \tag{2-4}$$

式(2-3)、式(2-4)表达出代理人在不同状态下的激励相容约束，即在式(2-3)、式(2-4)成立的条件下，代理人说实话是最优选择，即激励相容合同必须达到这样的水平。对高能力的人来说，他故意降低努力水平所获得的净收入将低于如实报告所能获得的净收入；低能力的人故意夸大努力水平也无法达到提升净收入的目的。①

2.2.5 国有企业代理人激励机制的优化问题②

委托—代理机制下，委托人与代理人之间存在信息不对称。实施契约管理机制后，委托人可依据自身利益最大化设计契约，契约约定代理人工作努力程度与报酬的对应关系，代理人将根据契约条款选择能使自身利益最大化的工作付出与相应报酬，委托人通过考核契约完成情况可以获知更多关于代理人工作努力水平的信息。由此可得如下命题：

命题 2-4：与不能有效区分代理人能力的管理机制相比，契约管理机制实现了激励机制的优化。

研究假设：委托人知道代理人有高能力者θ_H和低能力者θ_L两种类型，但签订契约时委托人无法有效区分这两种人，只能假设所有代理人的能力为θ，$\theta_L < \theta < \theta_H$。

(1)假设考核期内，企业利润为$\pi(e)$(含代理人报酬)，支付给代理人的报酬为$\omega(e)$，代理人的工作努力程度为e。企业收益可表达为：

$$U = \pi(e) - \omega(e)$$

(2)假设高能力代理人能够为企业创造更多净利润，即：

$$\pi(e_H) - \omega_H > \pi(e_L) - \omega_L$$

---

① 安德鲁·马斯-科莱尔，迈克尔·D. 温斯顿，杰里·R. 格林. 微观经济学(上)[M]. 刘文忻，李绍荣主译. 北京：中国社会科学出版社，2001：693.

② 徐钧，段会川. 信息不对称、契约化管理与国企负责人激励机制优化：基于委托—代理理论的分析[J]. 山东社会科学，2019(6)：106-111.

所以企业委托人希望能够甄别出高能力代理人并雇用更多的高能力者。

(3)假设契约设计合理，契约内容的修订只针对新增事项，在契约条款上均为最优设计。

在目前状态下，委托人知道代理人能力有高、低两种，但无法清楚地辨别出谁是高能力者谁是低能力者。按照斯彭斯的观点[①]，在不能区分能力高低情况下，理性的委托人不会按照高能力者的标准支付报酬，但如果仅按低能力者标准支付报酬，将无法雇用到高能力者，于是委托人给出的报酬 ω_e 应该介于ω_H和ω_L之间。这样做的后果是引发逆向选择，能力高于报酬的代理人将降低工作努力程度，只付出 $e(\theta)$的努力$[e_L<e(\theta)<e_H]$。委托人通过工作反馈过程获知该结果，必然会降低平均报酬 ω，使其介于 ω_e 与ω_L之间$(\omega_L<\omega_e<\omega_H)$，多个循环下来，理性委托人最后只愿意按照最低努力程度e_L支付报酬 ω_L，代理人也只愿意付出最低努力e_L。企业收益为：

$$U_1=\pi(e_L)-\omega_L$$

实行契约管理后，契约约定了代理人能力、工作努力程度、相应报酬的对应关系，委托人对契约执行情况进行监督考核。显示原理表明，在契约条款框架内，代理人宣布他的真实能力属于其中哪种水平是最优选择。[②] 至此，委托人通过契约条款获知了代理人属于契约所界定的哪一种水平，代理人根据契约界定选择努力水平并获得相应报酬，契约管理机制在契约框架内区分出了代理人的真实能力，激励机制得以优化。

假设代理人中高能力者所占比例为$\lambda(0\leqslant\lambda\leqslant1)$，企业收益可表达如下：

$$U_2=\lambda[\pi(e_H)-\omega_H]+(1-\lambda)[\pi(e_L)-\omega_L]$$

按照第二条假设可知，$U_2>U_1$，至此，我们得出结论：能够区分出高能力者和低能力者的契约管理机制提升了企业收益。

上述分析表明，在无法有效区分代理人能力时，代理人仅能获得低能力者的报酬并在最低努力水平上工作。实行契约管理后，在契约约定的考核框架内，代理人能力及工作努力程度被有效识别，一部分人经过考核被确认为高能力者，获得高能力者的报酬，代理人在高努力程度上工作，企业整体收益得到提

---

① 谢康，乌家培. 阿克洛夫、斯彭斯和斯蒂格利茨论文精选[M]. 北京：商务印书馆，2002：19-41.

② 安德鲁・马斯-科莱尔，迈克尔・D. 温斯顿，杰里・R. 格林. 微观经济学(上)[M]. 刘文忻，李绍荣主译.北京：中国社会科学出版社，2001：691.

升。与全部代理人只付出低努力水平和只能获得低能力者报酬的管理机制相比，契约管理机制优化了代理人的激励机制。①

命题 2-5：增加代理人的可观察信息是对原激励机制的优化。

显示原理引理一：在任何最优合同中，低能力代理人的努力水平不会高于状态可观察情况下会出现的努力水平，高能力代理人的努力水平恰好等于能力可观察情况下会出现的努力水平。

显示原理引理二：在任何最优合同中，低能力者的努力水平必定严格低于状态可观察情况下会出现的努力水平。②

综合引理一和引理二可有如下推论，在最优契约中，可以观察到的代理人状态信息越多，与工作状态对应的最低报酬必随着可观察信息的增加而修改得越细，最低报酬与努力水平的对应关系更严格，对低能力代理人的要求也更严格。低能力者的报酬已是最低，但契约对报酬对应的最低努力水平的要求却随着可观察信息的增加而增加，低能力者的努力水平在被观察到的信息水平上无法再隐藏，因此，在最优契约假设下，如果有新的状态可被观察到，低能力者的努力水平必须提升，否则契约无法签订。

在最优契约中，高能力者获得的报酬和努力水平已达最优，可观察状态的变化不再对高能力者的努力水平有影响，但整体看，增加揭示代理人努力水平的可观察信息能够提升代理人整体的努力水平，优化激励机制。③

Grossman 与 Hart 认为，当一些外部条件使得契约某些条款失去效力，或出现了契约约定之外的情况，契约各方需要对问题内容进行再谈判并达成解决方案。在重新谈判的过程中，各方话语权并不相同。Grossman 和 Hart 的研究表明，在合作中资产所有方拥有话语权，因为产权人有权对资产进行任意处置，若再谈判达不成一致，产权人可以拒绝契约其他方使用资产，这样其他被剥夺了话语权的合作方可能会减少他们的前期投资，从而使得合作契约无法达到最

① 徐钧，段会川.信息不对称、契约化管理与国企负责人激励机制优化：基于委托—代理理论的分析[J]. 山东社会科学，2019(6)：106-111.

② 安德鲁·马斯-科莱尔，迈克尔·D. 温斯顿，杰里·R. 格林. 微观经济学(上)[M]. 刘文忻，李绍荣主译. 北京：中国社会科学出版社，2001：695，698.

③ 徐钧，段会川.信息不对称、契约化管理与国企负责人激励机制优化：基于委托—代理理论的分析[J]. 山东社会科学，2019(6)：106-111.

优水平。①

综合上述理论分析的基础性结论，要持续推进对国有企业代理人激励机制的优化，需要重点解决下面几个问题：一是对国有企业代理人全面实行契约化管理；二是持续推进国有企业现代化管理机制建设，持续推进国有企业负责人工作信息公开化机制；三是建设容错机制，解决契约不完全问题的困扰。后面各章主要基于本章的理论基础并围绕上述问题展开讨论。

① GROSSMAN S J, HART O D. The costs and benefits of ownership: A theory of vertical integration[J]. Journal of Political Economy, 1986(94):691-719.

第3章　契约化管理对国有企业负责人激励机制的优化

我国国有企业及其特殊治理方式是在中华人民共和国成立之初资金稀缺的历史条件下，为优先发展重工业、尽快实现中国的初步工业化所作出的制度安排。中华人民共和国成立之初的国有企业制度安排学习了苏联高度集中的计划经济模式，计划经济下的资源配置完全不理会市场机制，政府全面参与管理经济和企业，掌控从资源配置计划到资源价格安排以及国有企业利润分配等全部环节。这种模式是改革开放前我国国有企业的基本运作模式。在这种制度安排下，国有企业负责人没有经营自主权，国有企业负责人也无须承担经营风险，长期来看，如何调动国有企业负责人的积极性是个大问题。在上述国有企业运行机制下，政府并不实际经营企业，而是委托给国有企业负责人代理经营，国有企业所有者与经营者是分离的，经营者与政府委托人之间存在有关企业经营信息的不对称，两者之间存在激励不相容的问题。

国有企业改革始于改革开放。在计划经济体制下国有企业经营存在严重弊端，改革开放后，通过扩大国有企业的自主权，改进对国有企业负责人的激励机制，改善国有企业经营体制和内外经营环境，国有企业经营效率有了很大提升，但国有企业内外部之间信息不对称问题始终存在，没有得到真正解决。如何优化激励机制、解决好国有企业负责人的有效激励问题，是国有企业改革的关键之一。

本章首先对本书所涉及的若干基本概念进行界定，所涉概念包括国有企业、国有企业负责人、国有企业治理等；其次对中华人民共和国成立后国有企业的形成和改革开放后国有企业的改革历程进行回顾梳理；最后探讨用契约化管理完善国有企业负责人激励机制所面对的主要挑战。

3.1　国有企业相关基本概念界定

接下来介绍国有企业相关概念，包括国有企业、混合所有制国有企业、国有企业负责人、国有企业治理。

3.1.1　国有企业

国有企业指国有独资或国有控股企业。国有企业由国家对其资本拥有所有权或者控制权，是由国务院和地方人民政府分别代表国家履行出资人职责的国有独资企业、国有独资公司以及国有资本控股公司，包括中央和地方国有资产监督管理机构和其他部门所监管的企业本级及其逐级投资形成的企业。按照国有资产管理权限划分，国有企业分为中央企业（由中央政府监督管理的国有企业）和地方企业（由地方政府监督管理的国有企业）。国有企业作为一种生产经营组织形式，同时具有商业性和公益性的特点，其商业性体现为追求国有资产的保值和增值，公益性体现为国有企业的设立通常是为了实现国家调节经济的目标，起着调和国民经济各个方面发展的作用。

国有企业主要有以下四种。一是特殊法人企业。由政府全额出资并由国家通过专门法规和政策来规范，不受公司法规范，这类国有企业被赋予强制性社会公共目标，国防设施、城市公交、城市绿化、水利等领域的国有企业应该归入此类，这类企业没有经济性目标，主要是提供公共服务，需要由公共财政给予补贴才能维持正常运行。二是国有独资公司。由政府全额出资，受公司法规范，这类企业主要是自然垄断企业和资源类企业，如铁路、自来水、天然气、电力、机场等，以社会公共目标为主，经济目标居次。三是国有控股公司。由政府出资控股，受公司法规范，这类企业兼具社会公共目标和经济目标，主要是准自然垄断企业和国民经济发展的支柱产业，如电子、汽车、医药、机场等，这类企业不直接提供公共服务，而是通过向国家财政上交股息和红利间接提供公共服务。四是国有参股公司。政府在这类企业中只是普通参股者，这类企业受到公司法规范，由经济目标主导，没有强制性社会公共目标，类似于一般竞争性企业。

3.1.2 混合所有制国有企业

混合所有制国有企业指国有独资或控股企业引入新的其他国有股东及非国有股东参与运营但其自身仍是国有企业的新型企业模式，它是由公有制资本（国有资本和集体资本）与非公有制资本（民营资本和外国资本）共同参股组建而成的企业。在混合所有制国有企业中，国有资本通过控股、参股等形式，引进多元化投资主体，实现国有资本、集体资本、非公有制资本等交叉持股、相互融合的混合所有制经济，是基本经济制度的重要实现形式，有利于改善国有企业的产权结构，推动国有企业逐步建立规范的现代企业制度和市场化运作机制。

混合所有制有利于国有资本优化资源配置，对于放大国有资本的辐射能力，提高国有经济的控制力、影响力和带动力具有重要作用。对于国有资本在混合所有制企业中的地位，不同领域政策有所不同，在关系国民经济命脉的重要行业实行混合所有制改革，必须坚持国有资本的控股地位，在某些竞争性领域进行混合所有制改革国有资本可以仅参股。发展混合所有制不能导致国有资本在国民经济重要行业失去控股权，要坚持国有经济对国民经济发展的主导作用。

3.1.3 国有企业负责人

按照中央文件对国有企业负责人的相关界定以及国资委对中央企业负责人的界定，并从央企类推至地方国有企业，国有企业负责人指国有企业法定代表人及企业领导班子成员。国有企业负责人至少应包括如下岗位人员：(1)国有独资企业的总经理、副总经理、总会计师；(2)国有独资公司的董事长、副董事长、董事（不含外部董事和职工董事），列入国资委党委管理的总经理、副总经理、总会计师；(3)国有资本控股公司中作为国有股权代表出任的董事长、副董事长、董事，列入国资委党委管理的总经理、副总经理、总会计师；(4)国有企业党委领导班子成员以及经理领导班子成员（不重合计算）等。国有企业负责人是国有资产的代理人。

我国国有企业的基本管理机制是委托—代理机制。国有企业管理有如下四个主要委托—代理层次：全体人民、全国人民代表大会、政府（国资委及国有资本运营公司）、国有企业。[①]也可以看作人民和人民代表大会委托政府监管国有资产，政府的国有资产管理部门作为委托人将国有企业的经营决策权授予作为代理人的国有企业负责人，国有企业负责人作为国有资产代理人对企业进行管理运营。具体参与运营的实际上有两个层次：政府国有资产管理部门（委托人）和国有企业负责人（代理人）。委托—代理机制下，代理人为实现委托人的利益服务，并从委托人处得到授权获取报酬。国有企业负责人是委托—代理机制下的代理人。

3.1.4　国有企业治理

国有企业治理可以从一般公司治理的角度去理解。施莱弗等学者认为公司治理结构是公司融资者为确保投资收益所采取的诸种方式。[②] 黄少安和孙涛则认为公司治理就是在公司资产所有权和经营权分离从而形成委托—代理关系和（委托人和代理人）信息不对称条件下所有者（委托人）对经营者（代理人）的激励和约束，公司治理结构正是与这一激励和约束相关的制度安排。基于上述理解，黄少安和孙涛提出了研究公司治理要防止委托—代理关系泛化的观点。他们认为，委托—代理关系是广泛存在的，在公司内部存在多重委托—代理关系，尽管几乎所有的委托—代理关系中都存在信息不对称问题（委托人处于信息弱势，代理人拥有信息优势），但并非公司的所有委托—代理关系都是公司治理的对象。他们认为，应该明确界定，在分析公司治理结构时，只涉及出资人作为委托人与公司经营者即经理作为代理人的委托—代理关系。只有这种关系才是治理与被治理的关系。公司治理是有特定含义的，即公司所有者对经

---

① 王曙光，徐余江.混合所有制经济与国有资产管理模式创新：基于委托—代理关系视角的研究[J].中共中央党校学报，2016，20(6)：96-102.

② SHLEIFER A，VISHNY R W. A survey of corporate governance[J].Journal of Finance，1998，52(2)：737-783.

理的激励和约束，公司治理的主体和客体都必须是明确的、有限的、有界的。①

本书采纳黄少安等人的观点，在研究国有企业代理人激励机制优化问题时，只研究国有企业委托人（政府相关国有企业管理部门）与国有企业经营者即国有企业负责人之间的激励关系。

3.2 国有企业治理变革历程

要深入探讨国有企业改革问题，需要从国有企业的大规模设立阶段开始思考。我国国有企业的产生及其特殊的治理结构是与中华人民共和国成立初期社会主义改造完成时资金稀缺的历史条件相联系的。伴随着改革开放的历史发展进程，国有企业以放权让利为特征开始了改革征程。

3.2.1 我国国有企业的历史性制度安排与改革

中华人民共和国成立初期，要实现国家的初步工业化，维护新生的政权，推行重工业优先发展战略是一个关键选择，也由此催生了我国国有企业的历史性制度安排。在资金稀缺的条件下推行资金密集型的重工业优先发展战略，需要举国家之力全面推进。工业化初期我国采取了由政府出面压低产品和要素价格，从而形成扭曲的城乡二元价格结构，由此形成的宏观政策主导的资源配置机制就是主导我国改革开放前 30 年高度集中的计划经济体制。

在当时的历史条件下，从社会主义改造的历史经验中也可以看到，政府不但逐步主导了对国有企业产品的分配，还逐步主导了国有企业生产所需的原料来源。在传统的计划经济体制下，国有企业只需完成生产环节，不存在市场竞争，也没有建立可以有效监督和考核企业经营者的机制。传统国有企业治理结构的特点是不给企业经营自主权，对国有企业实行高度的集权管理。这种企业治理结构导致管理人员缺乏改进管理、推动技术创新的积极性。

改革开放之后，政府不再直接经营国有企业，而是逐步开始改革放权，由国

① 黄少安，孙涛. 物质资本主导下人力资本的治理诉求及其实现：关于公司治理理论的进一步思考[J]. 江海学刊，2017(2)：78-85，238.

家委托给经理人员代理经营，国有企业的所有者与经营者逐步分离。基于委托—代理理论，以政府为代表的国有企业所有者与作为企业代理人的经营者之间因为利益不完全一致就可能产生激励不相容的问题。经营者作为内部人，在掌握企业经营信息方面与所有者处于不对称状态，所有者和经营者的利益与所承担的责任是不对等的，这样经营者存在采取有道德风险行为的可能性，存在着经营者侵犯所有者权益的可能性。①

如果要完全依靠市场方法去解决问题，需要通过市场竞争展示企业经营状况，从而揭示出国有企业经营者的经营能力。政府作为全民所有制企业的所有者代表，据此对国有企业经营者予以奖惩，所有者进一步按照现代企业治理结构，通过董事会领导下的制度安排，监督、规范企业经理人的经营行为，并对经理人进行监督，以此减少信息不对称所导致的经理人隐藏信息的道德风险行为，逐步建立经理人与所有者的激励相容机制。

伴随着改革开放的历史发展进程，国有企业以放权让利为特征开始了改革征程。通过扩大企业自主权和改进激励机制，提高了国有企业的生产效率。但由于企业仍然受传统发展模式下的各种政策约束，国有企业的监督和评价问题仍然不能很好地得以解决，企业经营绩效信息并没有很充分地展现出来。这就给政府有效管理作为内部人的国有企业负责人带来困难，也就不能克服国有企业内部信息不对称问题，从而不能解决经营者与所有者之间的激励不相容问题。在这种情况下，放权让利的程度越深，国有企业经营者越容易以自身利益最大化为追求目标去侵害国有企业资产，出现了国有资产流失和企业亏损，以及因国有企业内部人控制所导致的企业被掏空问题等。

充分认识到上述国有企业可能被内部人控制的严重后果，政府管理部门对国有企业改革的认识从开始的强调以对国有企业放权让利为主，强调给予国有企业自主经营的法人地位，转为更多地强调产权或所有制改革的重要性，强调建立所有者与经营者激励相容的机制，并进一步探讨企业治理结构选择的问题，具有逐步深化的特征。

① 林毅夫，蔡昉，李周. 充分信息与国有企业改革[M]. 上海：格致出版社、上海三联书店、上海人民出版社，2014：12-20.

3.2.2 国有企业改革的历史进程及其特征①

国有企业改革最早是从扩大企业经营自主权开始的。当中国开始寻求突破计划经济体制的束缚时发现，计划经济体制严重束缚了国有企业的行为，要改革过度集中的计划体制，国有企业改革是必须首先面对的问题。要在过去的束缚下改革国有企业经营管理，首先要调动和激发企业内在动力，与市场接轨。

20世纪70年代末，中国政府高层开始讨论经济管理体制改革问题。政府高层认识到，让国有企业拥有独立的经营自主权是国有企业改革起步阶段最基本的选择。只有让各级国有企业拥有独立的经营地位，让企业能够独立进行经济核算，企业才能根据经济需要，改善经济绩效，提高劳动生产率。党内外很快对上述问题形成了改革共识。

1978年12月，党的十一届三中全会在北京举行。全会认为，我国现行经济管理体制权力过于集中，应该在国家统一计划指导下让地方和企业有更多的经营管理自主权，充分调动干部和群众的生产积极性；应该在党的领导下，解决党政不分、以政代企的现象，要把思想政治工作和经济手段结合起来，按经济规律办事，重视价值规律的作用，精简各级经济行政机构，把它们的大部分职权转交给企业；加强管理机构和管理人员的权限和责任，提高工作效率，实行考核、奖惩、升降等制度。全会发出解放思想的号令，党的工作重心向经济工作转移，国有企业全方位改革开始起步。

党的十一届三中全会之后，国有企业改革开始了各种放权让利的试点。例如，经批准，四川省不同行业地方国有企业率先进行"扩大企业自主权试点"，试行核定企业的利润指标及当年的增产增收目标，允许企业在年终完成计划以后提留少量利润作为企业发展基金，允许给职工发放少量奖金。小范围的扩大企业经营权试点迅速得到高层的支持，北京、上海、天津以及山东等地也开始了扩大国有企业经营管理自主权的改革试点。改革取得预想不到的效果，参与改革试点的企业当年都超额完成了计划，显示出企业蕴藏的巨大潜力。

---

① 邵宁.国有企业改革实录[M].北京：经济科学出版社，2014:8-41；汪海波.中国国有企业改革的实践进程(1979—2003年)[J].中国经济史研究，2005(3):103-112；林毅夫，蔡昉，李周.充分信息与国有企业改革[M].上海：格致出版社、上海三联书店、上海人民出版社，2014:34-51.

扩大企业自主权试点起步阶段的成功极大地鼓舞了改革者。随着第一批国有企业扩大自主权试点改革的成功，为进一步推进企业改革，中共中央工作会议明确提出，要在全国范围内推动以扩大企业自主权为思路的国营企业试点改革，中央和地方明确管理权限，推进统一领导、分级管理，把企业经营好坏同职工的物质利益多少挂钩。各地根据中央精神允许企业在国家计划之外根据市场需要制订生产计划，企业可以不经过物资部门直接在市场上订货和采购；给予企业一部分产品的自销权，在保证完成国家利益指标的前提下，企业可以根据经营情况获得利润留成，用于企业改造和企业集体福利；给予企业一定的选择中层干部、招工和辞退职工的人事权等。

中央指出，要在调整和改革中走出一条适合我国经济发展的新路子，使我国工业逐步由重型结构转为轻型结构，由“小而全”“大而全”转向专业化协作的社会化大生产，从消耗高、质量低、效益差转向产品适销对路、讲求效益。从1980 年起，国务院批准实行新的扩权企业利润留成办法，工业企业在完成产量、质量、利润和供货合同等计划指标后，可以按照核定和规定的留成比例提取利润留成资金。但企业提取利润留成资金之前，要按照核定的留成比例先提取生产发展基金、职工福利基金和职工奖励基金，并将上述基金分别管理和使用，然后从基数利润中提取利润留成资金。这样在国有企业改革起步阶段扩权和让利有了明确的政策依据，初步开始实行企业经济责任制。

20 世纪 80 年代初，先是国务院要求全面试行经济责任制，下发了《关于实行工业生产经济责任制若干问题的意见》，随后《关于实行工业生产经济责任制若干问题的暂行规定》出台，强调工业生产经济责任制是国家计划指导下责、权、利紧密结合的管理制度，企业单位必须保证全面完成国家计划，以提高经济效益为目的，保证完成上缴财政任务，上缴部分不能低于利润的 60%，留给企业的部分一般不超过 40%，有控制地发放奖金。随后中央几个部委又联合召开座谈会，讨论了《关于完善工业经济责任制的几个问题的报告》，提出贯彻计划经济为主、市场经济为辅的原则，努力搞好企业内部的经济责任制，正确处理国家、企业、职工三者的利益关系。国务院还要求各地结合本地区、本部门的情况，认真总结经验，寻找和创造出一套既能保证国家统一领导，又能发挥企业和职工积极性的制度与办法。

扩大企业自主权试点和实行经济责任制，解决了企业权限过小的问题，让企业的责、权、利紧密结合，以实现把企业搞活的目的。当时实行的经济责任制主要包括两个方面：一是着眼于国家和企业间的关系，解决企业干好干坏一个样的问题；二是建立企业内部的经济责任制，解决职工干好干坏一个样的问题。

1986 年 12 月，国务院发布《关于深化企业改革增强企业活力的若干规定》，提出要推行多种形式的经营承包责任制，给经营者以充分的经营自主权。1987 年，第六届全国人民代表大会第五次会议第一次明确肯定了承包制的经营模式。政府与企业之间的利益关系通过承包合同的方式固定下来，保证了政企双方的利益，受到企业的普遍欢迎。到 1987 年，承包经营已成为当时国营企业的主要经营形式。

1981 年，国家经济委员会根据邓小平同志讲话精神开始酝酿“工业企业法”初稿。1983 到 1986 年，中间经过多次讨论和修改，从中央到地方逐渐对国有企业中如何明确企业党组织、职工代表大会和厂长各自的责任制度形成共识，为实行厂长负责制创造了必要条件。1988 年 3 月，企业法(草案)提交党的十三届二中全会进行讨论，之后作为立法建议提交到 1988 年 4 月第七届全国人民代表大会第一次会议审议，获得了通过。企业法确立了国有企业是独立的法人主体，解决了国有企业的法律地位问题，使国有企业成为自负盈亏的责任主体。企业法提出要改变国有企业的领导体制，使厂长真正负起责任来，作为企业则必须自负盈亏、自主经营，把国营大中型企业推向市场。企业法是初步探索中国特色社会主义企业制度的成果，从法律上对国有企业的权力、地位、责任作出比较清晰的规定，从思想观念上说是一个大进步。

1993 年，党的十四届三中全会提出国有企业的改革目标是建立产权清晰、权责明确、政企分开、管理科学的现代企业制度。以此为标志，国有企业改革由过去旧制度框架下的局部调整转向按照建立社会主义市场经济的要求，全面系统地构建现代企业制度。国有企业改革方向明确了。

如果说 1978—1997 年国有企业改革是以放权让利为标志的改革探索阶段，那么 1997—2002 年是以三年脱困为标志的改革攻坚阶段。1997 年 9 月，党的十五大将“三年两大目标”确定为党和政府的工作目标。“三年两大目标”指的是从 1997 年开始，要用三年左右时间，通过改革、改组使国有大中型亏损企业摆脱困境，力争到 2000 年前后大多数国有大中型骨干企业初步建立起现代企业制度。改革的基本任务，一是逐步扭转纺织、煤炭、兵器等特殊困难行业的亏损状况；二是鼓励兼并重组、规范破产、下岗分流、减员增效，实施再就业工程；三是积极推进配套改革，加快建立健全社会保障体系。"三年两大目标"以建立现代企业制度为方向，切实转换国有企业经营机制，以"三个有利于"为标准，探索公有制的多种实现形式，把解决国有企业脱困问题与国家经济长远发展结合起来，为改革和发展奠定长远基础。2000年12月，时任国家经贸委主任盛华仁受国务院委托，向第九届全国人大常委会做的关于国有企业改革与脱困情况的报告表示，经过三年艰苦努力，国有企业改革与脱困取得明显成效，中央提出的三年脱困目标已基本实现。三年脱困改革攻坚战探索出了一条解决问题的路子和配套的政策措施，推动一大批国有企业走出困境，步入良性发展轨道，从战略布局上促进国有资产的优化配置，初步形成国有企业优胜劣汰机制，为寻求适合国情的改革办法作出了有益探索。

2003年以来，更多的是以国有资产管理体制推动国有企业改革。随着国有企业改革的逐步推进，我国从政府到国有企业对现代企业制度的认识也越来越深入。一般认为，现代企业制度的内涵涉及五个方面。第一，产权关系明晰。企业是法人实体，拥有出资者投资形成的全部法人财产权，依法享有民事权利、承担民事责任。第二，企业对出资者承担保值增值责任。企业依法照章纳税，依法自主经营，自负盈亏。第三，出资者按投入企业的资本额享有所有者权益以及参与重大决策和选择管理者等权力。现代企业按照公司法，破产时出资者只以投入企业的资本额对企业债务负有限责任。第四，企业按照市场需求组织生产经营，以提高经济效益为目的，政府不得直接干预合法运营企业的生产经营活动。企业在市场竞争中优胜劣汰，长期亏损、资不抵债的应依法破产。第五，建立科学的企业组织管理制度，企业所有者、经营者和职工之间形成激励和约束相结合的经营机制。随着从政府到国有企业对现代企业制度认识的逐渐深入，建立现代企业制度成为国有企业改革的主体思路。

3.2.3　进入新时代国有企业改革出现新特征

国有企业改革的进程也是国有企业逐步完善现代企业制度的过程。相较于改革开放前30年的改革历程，近十年来的国企改革更多地认识到在各类区域自由贸易机制下，如何平衡好国有企业独特的社会责任与国有企业参与全球竞争的关系是新时代国企改革的重要问题。新时代国企改革的主要特点，一是继续致力于现代企业制度的完善；二是国有企业如何更好地参与国内国际市场竞争，在中国进一步开放的大环境下，通过改革为国有企业全面参与类似CPTPP(《全面与进步跨太平洋伙伴关系协定》)等的新贸易规则做好准备。

1.混合所有制改革

混合所有制改革始于20世纪90年代提出的改革方案。1992年，我国开始允许国内民间资本和外资参与国有企业改组改革，国有企业正式引入民资。1993年，党的十四届三中全会通过了《关于建立社会主义市场经济体制若干问题的决定》，进一步明确了建立现代企业制度的目标和步骤，于1994年开始试点并逐步推广。在以国有企业改革为中心的市场经济体制改革中，先后主要配套进行了资本市场建设(证券期货市场、金融保险市场)和机构职能部门改革(财税系统改革、组建国资委、撤计委设发改委等)，逐步完善了系列法律法规政策(公司法、物权法、针对国有企业国资的相关制度与规定等)，以调动、规范、监督市场主体的经济行为。2005年，国有企业现代企业制度建设基本结束，很多改制成功的国有企业通过辅业剥离，以优质资产组建公司的方式轻装上市，部分解决了资金瓶颈问题。2013年召开的党的十八届三中全会明确提出，混合所有制是基本经济制度的重要实现形式，要积极发展混合所有制经济，推动国企完善现代企业制度。要大力发展混合所有制，以管资本为主，改革国资授权经营体制，组建若干国资运营公司，支持有条件的国企改组为投资公司，允许更多国有经济和其他所有制经济发展成为混合所有制经济，允许非国有资本参股国有资本投资项目，允许混合所有制企业员工持股。在混合所有制改革过程中，要准确界定国企功能，公益性企业加大投入，自然垄断行业继续控股，破除行政垄断，放开竞争性业务，在职业经理人、内部管理、激励约束、责任追究、重大信息公开、市场选聘等方面进行制度化建设。同时要制定具体办法让非公有制企业进入特许经营领域，鼓励发展非国有资本控股的混合所有制企业。

2.国有企业分类管理改革

2015年8月，中共中央、国务院印发了《关于深化国有企业改革的指导意见》，这是新时期指导和推进国有企业改革的纲领性文件，提出了分类推进国有企业改革的指导意见。

第一，要划分国有企业不同类型。根据国有资本的战略定位和发展目标，结合不同国有企业在经济社会发展中的作用、现状和发展需要，将国有企业分为商业类和公益类。通过界定功能、划分类别，实行分类改革、分类发展、分类监管、分类定责、分类考核，提高改革的针对性、监管的有效性、考核评价的科学性，推动国有企业同市场经济深入融合，促进国有企业经济效益和社会效益有机统一。按照“谁出资谁分类”的原则，由履行出资人职责的机构负责制定所出资企业的功能界定和分类方案，报本级政府批准。各地区可结合实际，划分并动态调整本地区国有企业功能类别。

第二，要推进商业类国有企业改革。商业类国有企业按照市场化要求实行商业化运作，以增强国有经济活力、放大国有资本功能、实现国有资产保值增值为主要目标，依法独立自主开展生产经营活动，实现优胜劣汰、有序进退。主业处于充分竞争行业和领域的商业类国有企业，原则上都要实行公司制股份制改革，积极引入其他国有资本或各类非国有资本实现股权多元化，国有资本可以绝对控股、相对控股，也可以参股，并着力推进整体上市。对这些国有企业，重点考核经营业绩指标、国有资产保值增值和市场竞争能力。主业处于关系国家安全、国民经济命脉的重要行业和关键领域，主要承担重大专项任务的商业类国有企业，要保持国有资本控股地位，支持非国有资本参股。对自然垄断行业，实行以政企分开、政资分开、特许经营、政府监管为主要内容的改革，根据不同行业特点实行运网分开，放开竞争性业务，促进公共资源配置市场化；对需要实行国有全资的企业，也要积极引入其他国有资本实行股权多元化；对特殊业务和竞争性业务实行业务板块有效分离，独立运作、独立核算。对这些国有企业，在考核其经营业绩指标和国有资产保值增值情况的同时，加强对服务国家战略、保障国家安全和国民经济运行、发展前瞻性战略性产业以及完成特殊任务的考核。

第三，要推进公益类国有企业改革。公益类国有企业以保障民生、服务社会、提供公共产品和服务为主要目标，引入市场机制，提高公共服务效率和能力。这类企业可以采取国有独资形式，具备条件的也可以推行投资主体多元化，还可以通过购买服务、特许经营、委托代理等方式鼓励非国有企业参与经营。对公益类国有企业，重点考核成本控制、产品和服务质量、营运效率和保障能力，根据企业不同特点有区别地考核经营业绩指标和国有资产保值增值情况，考核中要引入社会评价。

3.国企高管薪酬管理政策改革

2009 年 9 月，人力资源社会保障部会同中央组织部、监察部、财政部、审计署、国资委等单位联合下发了《关于进一步规范中央企业负责人薪酬管理的指导意见》，以建立健全中央企业负责人收入分配的激励和约束机制。

该指导意见主要从适用范围、规范薪酬管理的基本原则以及薪酬结构和水平、薪酬支付、补充保险和职务消费、监督管理、组织实施等方面，对中央企业负责人薪酬管理作出了规范。加强中央企业负责人薪酬管理，使中央企业负责人薪酬做到结构合理、水平适当、管理规范。明确企业负责人的薪酬主要由基本年薪、绩效年薪和中长期激励收益三部分构成。兼顾调动中央企业负责人积极性和调控企业负责人与职工工资收入差距两个方面，规定企业主要负责人的基本年薪与上年度中央企业在岗职工平均工资相联系；绩效年薪根据年度经营业绩考核结果确定。指导意见要求加强对企业负责人经营业绩的考核，将年度业绩考核和任期业绩考核结合起来，根据不同行业和企业的生产经营特点科学设计体现经营盈利与风险控制的考核指标，合理确定经营目标，规范考核程序，严格考核管理，根据业绩考核结果确定负责人绩效年薪。要求企业负责人的基本年薪按月支付。绩效年薪按照先考核后兑现的原则，根据年度经营业绩考核结果，由企业一次性提取，分期兑现。

但研究发现，2009 年的“限薪令”并没有使国有企业高管薪酬明显下降，反而出现了更多的在职消费行为。[①] 2014 年，政府又出台了被称为第二部“限薪令”的《中央管理企业负责人薪酬制度改革方案》。该“限薪令”对央企负责人(其他国有企业参照执行)的基本年薪、绩效年薪与任期激励给出了明确框架，以在岗职工平均工资为基准，限制央企负责人的薪酬相对于在岗职工平均工资的倍数，管控内部薪酬差距。

2015 年，政府率先在 72 家央企开始高管薪酬改革。按照改革方案，这部分央企高管的收入由基本年薪、绩效工资、任期激励三部分组成，而在改革之前，

---

① 陈信元，陈冬华，万华林，等.地区差异、薪酬管制与高管腐败[J]. 管理世界，2009(11)：130-143.

央企高管的收入只包括基本年薪、绩效工资。

国有企业用人体制主要是以组织任命为主，市场化选聘的职业经理人占比很低。本轮国有企业高管薪酬改革的重点主要是对组织任命的国有企业高管实行“限薪”。实施改革后，绝大多数国有企业高管的薪酬水平都会下降，有的下降幅度还比较大。对于组织任命的国有企业高管，下一步薪酬将由基本年薪、绩效年薪、任期激励收入三部分构成；对于通过市场化选聘的职业经理人，将实行契约化任期制管理，其薪酬结构和水平由董事会按照市场化薪酬分配机制来确定。对于在年度或任期考核中不合格的国有企业高管，是组织任命的，不得领取绩效年薪和任期激励收入；是市场化选聘的，则被解聘。已经实施改革的央企高管，基本年薪根据上年度央企在岗职工年平均工资的两倍来确定，对绩效年薪的要求是原则上不能超过基本年薪的两倍，而任期激励是指三年一个任期，在任期考核的基础上，再按照不同系数来确定任期激励部分的发放标准，要求是不能超过基本年薪和绩效工资合计收入的30%，改革后的央企高管薪酬将不会超过在岗职工平均工资的7—8倍。地方国有企业高管在基本年薪方面则与省属企业在岗职工的平均工资挂钩，根据上年度省属国有企业在岗职工年平均工资的一定倍数确定；对绩效和任期激励的考核，基本上与先行改革的72家央企高管的考核办法差不多。对于央企、国有企业中的职业经理人的薪酬，则由董事会按市场化薪酬分配机制来确定，均实行契约化管理制度，采取的是多种方式的中长期激励机制。在任期内考核不过关的，同样会被辞退。[①]

方芳和李实研究发现，企业规模是高管薪酬差距最重要的决定因素，它对高管薪酬差距基尼系数的贡献率在21%—43%。企业总资产收益率的差异是解释高管薪酬差距的又一个重要因素。高管薪酬与企业盈利水平之间保持着一定联系。然而，这种联系在国有企业与非国有企业之间有所不同。相比来看，国有企业的盈利水平对高管薪酬差距有更大的贡献率。[②] 这个研究结论对合理制定央企负责人和地方中等规模国有企业负责人的薪酬政策提供了思路。

---

① 柴刚. 新一轮国企高管限薪令敲定　高管薪酬将不超过在岗职工平均工资7—8倍[N]. 经济观察报，2015-10-31.

② 方芳，李实. 中国企业高管薪酬差距研究[J]. 中国社会科学，2015(8)：47-67.

3.3 完善国企负责人契约化管理激励机制的主要挑战

回顾改革开放以来国有企业的改革历程，国有企业从改革开放前的政企不分到改革开放之初的政府对国有企业放权让利，从企业承包责任制到出台企业法实行厂长负责制，再到建立现代企业制度，国有企业走到了以契约化管理为基础的现代企业委托—代理机制阶段，基本实现了所有权与经营权的分离，国有企业的现代企业治理体系也逐步完善。

改革开放 40 多年来，国有企业高管面对市场竞争和体制变革积极反应并发挥出企业家精神，在促进企业创新发展、维护职工稳定和就业方面起到了重要作用。在市场激烈竞争中生存下来的国有企业发展壮大，作为国有资产代理人的国有企业高管们功不可没。除了国有企业负责人自身素质提高外，国有企业治理机制的逐步完善也起到了重要作用。国有企业中引入委托—代理机制，降低了委托人缺位问题带来的负面影响。但同时，改革过程中国有企业内部现代企业治理机制的不完善，导致一系列相互矛盾的结果。这表明，改革开放以来对国有企业的治理存在成功的一面，同时也有治理不到位的一面。对国有企业负责人的激励机制同样存在有效与缺陷并存的问题。

3.3.1 契约激励机制不完善对国企负责人选人用人机制的负面影响

“政商跨界”是国有企业高管中常见的一种激励机制，国有企业高管可以在国有企业和政府部门间流动，国企负责人通常由政府监管部门任命、委派和聘用，任命制度使国有企业高管高度服从政府部门安排，愿意投入大量资源去沟通、协调与政府部门的关系。这种激励机制扭曲了国有企业高管的偏好，其可能更愿意追求短期表现从而达到政治晋升的目的。国有企业所有权存在监管缺位的问题，监管部门与国有企业一样也是全民所有制股权的代理人之一，监管部门对国有企业候选负责人的选择和任命契约与国有企业所有者的利益追求不一定完全一致，表明这个层面可能存在道德风险。

从委托—代理理论的视角看，国有资产监管部门可以视为全民所有制国有企业的委托人，国有企业负责人以代理人身份出现，监管部门在选人用人过程中存在不对称信息，同时国有企业负责人候选人对监管部门的考察选择也拥有不对称信息，双重信息不对称放大了国有企业负责人的选择风险。国有企业高管候选人要满足监管部门的选择标准，还要符合全民委托人的公开标准，如果监管部门和候选人联手利用不对称信息欺诈，会导致选择结果与全民所有权人的利益出现激励不相容。在这种多重代理机制下，相较于国有企业利润最大化，国有企业高管可能选择性地忽略企业发展，显示出契约管理不完善的用人机制弊端。

在国有企业负责人选用问题上隐藏的道德风险可能导致低能力候选人获得任用，由此引发逆向选择。最优秀的国有企业高管候选人因自身素质高，能够为企业带来更高效益而不愿为监管部门的私利让渡利益，存在被监管部门否定的风险。相反，本来无法获得任用契约的低能力候选人在多重委托—代理机制下，反而有可能获得高回报任用契约，形成国有企业负责人选人用人激励机制的逆向选择。上述道德风险的存在使得国有企业高管中的腐败行为难以消除。

3.3.2　国企承担过多非企业职能降低了负责人的激励效率

对于企业来说，经营利润是评价企业经营状况的最有效指标，实现对股东的最大回报是现代企业治理的目标，能够领导企业实现股东利益最大化的经理人是最有价值的代理人。但对国有企业来说，经营指标往往不是评价企业负责人的唯一指标。国有企业承担了较多的社会职能，比如，负责人的约束性指标除了经营业绩之外，往往还有稳就业、支持政府的发展目标等社会贡献指标。这样就给经营能力较低的国有企业负责人提供了避免因业绩不善而受影响的机会，他可以选择一个较容易实现的目标，将在努力工作和其他指标的完成之间分配时间和精力，一些高管更愿意将精力集中在容易显示政绩的非经营指标和短期行为上。

同样，对于政府监管部门来说，制定同时激励多个目标的契约并付诸实施比设计激励单一目标的契约困难得多。这样，某些能力低的国有企业高管可能会利用代理人的有利地位为自己谋取利益，不关心企业经营状况，热心完成上级监管部门关心的政治任务等，比如盲目并购并暗中进行利益输送，为自己的政治“作秀”扩大宣传以赢得政治声誉。在监管部门同样是代理人的多重委托—代理机制下，监管部门往往也存在很多机会主义行为，会滥用手中权力，某些国有企业代理人可能与监管部门串通为个人谋取私利。①

郑红亮认为，中国国有企业改革进程中出现的问题反映了如下的两难选择：给企业经营者以充分的经营自主权可以带来企业效率的提高，但同时也可能导致“内部人控制”失控，造成股东利益损失。国家作为大股东对企业进行监督和控制非常必要，但国家及其代理人所具有的特殊地位又使这种监督和控制难免带有行政色彩，导致对企业干预过多。解决这样的两难选择问题是我国建立有效的公司治理体制的根本目标所在。②

辛清泉等指出，行政干预的存在使得国有企业经常承担一些非经济性的目标，削弱了以业绩为基础制定薪酬契约的有效性。另外，政府部门对国有企业薪酬水平进行直接管制。例如，2000 年劳动和社会保障部规定国有上市公司的薪酬安排要满足两个条件，即工资总额增长幅度低于本企业经济效益增长幅度，职工实际平均工资增长幅度低于本企业劳动生产率增长幅度。这类管制的存在压缩了企业经理自主决定薪酬总量的空间，导致国有企业薪酬制度的激励效用无法同基于市场的薪酬契约相比拟。③

另外，政府和国有企业经营者签订契约的激励作用与管理层利用权力寻租的激励作用相比效果有限。陈冬华等研究国有企业发现，政府相关部门作为国有企业委托人，处于信息劣势地位，无法掌握企业真实经营情况，政府和企业经营者签订的契约激励效果有限。④ 国有企业实行薪酬契约激励作用有限，管理者利用权力有较大寻租空间。管理层权力在国有企业弱化的公司治理机制下进一步膨胀，导致高管可以利用膨胀的权力自定薪酬，其后果就是损害国有企业的公司价值。

国有企业经营者具有企业内部信息优势，政府处于信息劣势地位，这种情

① 曾威. 不对称信息下国企高管激励与腐败治理机制研究[J]. 财经问题研究，2013(12):126-131.

② 郑红亮. 公司治理理论与中国国有企业改革[J]. 经济研究，1998(10):21-28.

③ 辛清泉，林斌，王彦超. 政府控制、经理薪酬与资本投资[J]. 经济研究，2007(8):110-122.

④ 陈冬华，陈信元，万华林. 国有企业中的薪酬管制与在职消费[J]. 经济研究，2005(2):92-101.

形下政府很难与国有企业经营者签订有效的薪酬激励契约,基于绝对绩效水平的薪酬激励的有效性不高。从国有企业的所有者属性看,国有企业具有多重目标属性,经营者考核目标也因此具有多元化特征,利润最大化不是经营者的最主要努力目标,国有企业绩效与经营者努力之间的因果关系模糊,很难找到一个有效的指标对经营者进行客观评估。周权雄和朱卫平因此认为,为限制国有企业负责人利用委托—代理机制的不完善为自己寻租,很多时候政府只得用行政手段将经营者收入与企业职工工资水平挂钩,限制国有企业经营者为自己制定高薪酬的空间。政府可以利用人事任命和解职权力推行相对绩效评估,利用晋升锦标赛构建对经营者的激励机制。锦标赛机制是一种比较相对绩效的形式,在特定的制度环境下,国有企业经营者受到制度环境噪声影响可能会出现行为扭曲和目标偏离,锦标赛机制有助于摆脱环境噪声,比较经营者的相对绩效,增强对经营者评价的客观性,可以将其引入到国有企业治理及评价机制中并发挥有效作用。即使单个国有企业的绩效由于外部环境的干扰不一定能全面反映经营者个人努力情况,但只要这种不确定的外部环境对同行业内的国企影响基本相同,锦标赛机制下表现出的相对绩效就能较好地反映经营者个人努力情况,对经营者的激励机制就有效。在一定条件下通过国企锦标赛激励可达到最优激励。①

3.4　优化国企负责人契约化管理激励的理论机制与路径探索

现代企业普遍实行契约化管理机制,计划经济时代"大锅饭"式管理已无法适应现代企业的巨大规模。契约化管理使企业内部大量存在着委托—代理关系,这种关系中委托人和代理人的目标函数往往是不一致的,代理人有采取机会主义行为的动机,会追求自身利益最大化。亚当·斯密在《国富论》中提到,股份公司中的经理人员,使用别人而不是自己的钱财,不可能期望他们会有像私人公司合伙那样的警觉性去管理企业。因此,在这些企业的经营管理中,或

① 周权雄,朱卫平.国企锦标赛激励效应与制约因素研究[J].经济学(季刊),2010(2):571-596.

多或少的疏忽大意和奢侈浪费总会流行。① 为修正代理人的目标函数,使之与委托人的利益趋于一致,可以签订契约,要求代理人按照委托人利益最大化付出努力,同时契约要对代理人放弃利用信息优势获取利益的行为予以补偿。契约化管理强化了风险与报酬之间的相互关系,对有效约束代理人的信息不对称风险起到重要作用。

3.4.1 基于契约管理的激励机制设计

委托—代理理论认为委托人和代理人的目标函数不一致,一般将委托人与代理人之间的关系通过契约形式加以约束,以解决代理人追求自身利益最大化的问题。签订契约是为了明确风险和报酬之间的转换关系,通过机制设计将代理人与委托人的利益进行绑定,企业设计薪酬机制或股权激励机制等,使具有信息优势的代理人与委托人利益相一致,实现委托人与代理人的激励相容。

1.激励机制设计

在存在信息不对称的情况下,如何保证参与各方的利益和积极性? 各方通过签订契约以解决上述问题。契约是法治社会促进合作的工具,国家运用法律强制保障各方按照约定合作,保障契约的效力。但在契约签订之初,还需要准确评估各种风险因素并将其引入契约,需要以各方可以接受的谈判成本达成协议签订契约,其中还存在能否设计最优的合同安排,尽量减少当事人的道德风险和逆向选择风险的问题。②

Tirole 将契约可能存在的问题概括为预见成本、缔约成本和证实成本三类。这些成本的存在使得契约实质上成为不完全契约。③现实中,签订契约时一般不考虑契约的不完全问题,理论上可以用法律兜底的思路解决契约中的纷争。各方在博弈过程中存在道德风险问题,契约双方的委托—代理关系会因为

---

① 亚当·斯密.论国民与国家的财富[M].焦姝译,北京:光明日报出版社,2006:226-227.

② 闫妍,刘宜.2016 年度诺贝尔经济科学奖获得者 Oliver Hart 与 Bengt Holmström 研究工作评述[J].管理评论,2016(10):3-10.

③ TIROLE J. Incomplete contracts: Where do we stand? [J].Econometrica,1999,67(4):741-781.

道德风险的存在而导致契约失效。委托—代理理论认为,需要在契约关系中建立激励机制以解决这一问题。

2.简单委托—代理模型下的激励机制设计

当代社会的经济活动需要通过合作来完成,现代企业机制也是一种合作机制。简单委托—代理模型包括企业所有者聘请代理人管理企业以获得投资收益,双方通过签订契约约定彼此的权利义务,构成委托—代理关系。

在简单委托—代理模式下,一个委托方对应一个代理方,只考虑当期收益。简单委托—代理模式下,代理人的努力与收入的关系是直接且单一的,激励机制设计直接依赖于努力与收入变量。

基于委托—代理模型建立激励机制是通过契约将委托人与代理人的利益相捆绑,约定代理人工作努力程度与收入的关系。如果代理人工作努力使得委托人获得超额收益,委托人将给予代理人相应回报,代理人收入相应增加。契约约定对违反协议者予以处罚,为防止代理人隐瞒信息获得额外收入,委托人要通过契约约定代理人努力工作获得的超额回报大于其隐瞒信息所获得的收入,让代理人理性选择与委托人利益一致的活动。

委托人与代理人签订的契约无法穷尽所有问题,现实中的契约是不完备的。委托—代理问题就是由于契约的不完备引起的,通过不断完善契约能缓解这一问题。辛清泉和蔡贵龙等从标准的委托—代理理论推断,如果代理人的行动能够被观察到,则支付给代理人固定薪水即可构成最优薪酬契约,同时通过对其次优行动给予惩戒,委托人可实现有效治理。但现实中委托人无法完整观察到代理人的内部行动及其努力程度,将经理人薪酬与企业业绩挂钩是解决委托—代理问题的一个可行选择,因为通过企业业绩可以推测代理人努力的效果。①

国有企业经过多年的渐进改革,契约化管理机制已经被广泛采用。最优契约理论认为,委托人可以通过有效率的契约安排激励代理人实现股东利益最大化。从全世界来看,设计良好的高管薪酬契约是实现经理人目标和股东目标兼容的主要机制。业绩型薪酬契约将促使经理在追求个人报酬最大化的同时实

① 辛清泉,谭伟强.市场化改革、企业业绩与国有企业经理薪酬[J].经济研究,2009(11):68-81;蔡贵龙,柳建华,马新啸.非国有股东治理与国企高管薪酬激励[J].管理世界,2018(5):137-149.

现公司业绩、股东财富的最大化。但管理层权力理论认为,股东与股东利益的代表比如董事会等之间也存在代理问题,即存在“监督监督者”的问题,董事会并不会完全站在股东立场上去监管管理层薪酬契约的设计,管理层有能力影响自己的薪酬,有寻租空间。从管理层权力理论看,薪酬契约并不能真正解决代理问题,反而更可能是代理问题的另一种表现形式。①

在国有企业代理人激励机制问题上,何山等人通过研究代理人薪酬与激励契约之间的关系,表明由于交易成本低,国有企业负责人中普遍存在在职消费过度的问题。这属于一种隐性激励,而薪酬契约属于显性激励,与隐性在职消费属于不同的激励机制。在不能有效控制代理人隐藏的在职自利行为的情况下,代理人利益更多来自职位权力,契约激励作用弱,可以通过降低代理人薪酬与业绩的关联以减少企业损失。而在能够约束代理人在职消费时,可以通过提高代理人业绩与最优激励薪酬之间的关联,发挥契约的激励作用。②

3.双重委托—代理框架下的激励机制设计

对以股权集中为主要特征的上市公司治理问题,冯根福提出了双重委托—代理分析框架:对于控股股东掌握着公司实际控制权的上市公司,传统的全体股东与经理人之间的委托—代理问题转化为控股股东与经理人之间的委托—代理问题。此时第一重委托—代理关系是控股股东与经理人之间的,即控股股东将经营管理权交给经理人,并通过董事会对经理人进行监管;第二重委托—代理关系是中小股东与控股股东之间的,公众投资者和机构投资者等中小股东受监督成本过高和治理能力有限的制约,无法掌握公司的实际控制权,形成了对大股东事实上的委托。双重委托—代理问题的核心是设计最优的治理机制和结构,一方面能促进经营者按照全体股东的利益行事,另一方面能有效防止控股股东恶意侵害中小股东的利益。③

按照上述分析思路,在“一股独大”的背景下,设计激励方案对经理人进行适度的股权激励,可使其在作为控股股东代理人的同时也成为中小股东的委

① 权小锋,吴世农,文芳.管理层权力、私有收益与薪酬操纵[J].经济研究,2010(11):73-87.

② 何山,徐光伟,陈泽明.代理人自利行为下的最优激励契约[J].管理工程学报,2013(3):139-144,155.

③ 冯根福.双重委托代理理论:上市公司治理的另一种分析框架——兼论进一步完善中国上市公司治理的新思路[J].经济研究,2004(12):16-25.

托人。

黄健柏等指出，让经理人持股成为小股东，对抑制控股股东的利益侵害能起到一定作用，并且，经理人的公平偏好程度能影响到股权契约的设计，相较于自利的经理人，公平偏好感强的经理人对控股股东的利益侵害会更反感；控股股东面对这类持有一定股权的经理人，会适当收敛自己对中小股东的利益侵害。传统委托—代理理论无法解释在以股权集中为主要特征的上市公司中控股股东对中小股东的利益侵害行为，在双重委托—代理的分析框架下引入股权激励，可以看到，随着经理人公平偏好程度的加大，控股股东的利益侵占带来的效用损失将加剧，经理人在签订股权契约时将会要求更高的股权比例来补偿自己的损失以寻求公平。同时，随着经理人持股比例的增加，控股股东会逐渐收敛自己的侵害行为以避免和经理人之间的直接利益冲突。①

通过双重委托—代理模型完善股权激励机制的意义在于，对经理人进行股权激励是一种有效手段，可以减少“一股独大”的控股股东掏空上市公司的风险。经理人适度持股也有助于激励经理人降低委托—代理成本，为公司带来正面影响。在激励方面如果能更人性化地考虑经理人的公平偏好，可以使经理人付出更多的努力。从国有公司角度出发，给予经理人适度的股权激励，能够在一定程度上减少控股股东对中小股东的利益侵害，协调委托人与代理人之间的利益关系，降低代理成本。

4.复杂委托—代理模型下的激励机制设计

复杂委托—代理模型指的是一个委托人对应多个代理人的情形。一对多的情形下，如何管理委托—代理契约？某个代理人的契约收益应该与总收益相关还是与其创造的代理收益相关？如果与其创造的收益相关，又如何处理代理人之间的竞争与合作关系？如果仅与总收益相关，又要如何面对多个代理人不同的努力程度和能力水平？

Holmström 认为，只针对总收益进行激励是无效的，在多个代理人合作的情况下，存在其他代理人“搭便车”行为。最优选择是引入一个拥有剩余索取权的外部投资者，当代理人所取得的效益低于某个程度时，外部投资者将会获得

① 黄健柏，徐珊，刘笃池. 公平偏好下纳入股权激励的双重委托代理模型研究[J]. 软科学，2013(5)：124-129.

全部产出，这意味着如果多个代理人内耗严重，所有代理人都可能一无所获。例如，公司使用债务融资，当资不抵债时将启动破产程序，把资产所有权转移给债权人。然而，总收益与各个代理人的行为相关，能够作为信号，根据充分信息原则，总收益作为一个指标可以有效地过滤各个代理人表现中的噪声。①

Fama认为，在竞争性的雇用市场上，不同委托人在市场上存在竞争关系，有猎头公司在人才市场上为委托人寻觅高层次人才，一个优秀的代理人可能会收到多个委托人承诺的合同。代理人如果诚实、有魄力，即使薪酬一般，也努力为委托人赚取高额收益，那么在雇用市场上可以为其未来获得高收益赢得声誉。这种高声誉可以成为对代理人的激励，能够部分解决因信息不对称所造成的道德风险问题，前提是代理人自由流动的门槛要足够低。② 现代企业管理中的职业经理人制度符合上述人才竞争激励机制。而当代理人可以单方面毁约（辞职）时，契约双方处于不平等的地位，Harris与Holmström提出了不对称承诺模型以解释上述不平等契约。在该模型中，委托人对代理人的了解程度随着时间逐渐增加，此时最优的方法是如果市场对代理人的估值提高就同时提高代理人的收益，否则应保持代理人收益不变。③

黄群慧和张艳丽研究发现，多层委托—代理关系会造成信息传递的失真和延迟，给国有企业经营者带来“激励空缺”问题。④ 国有企业内部治理是从中央政府延伸至各级地方政府的多层级、多委托人的多层次代理关系，根据委托—代理理论，在每一个代理层级上都存在激励不相容带来的效率损失，可知，多层次代理关系必定造成更大的效率损失。

5.通过让代理人拥有部分剩余索取权构建正向激励机制

现代企业制度下委托人与代理人之间存在信息不对称，如何激励代理人追求委托人利益最大化，消除信息不对称带来的委托—代理风险，是构建激励机

① 闫妍，刘宜. 2016年度诺贝尔经济科学奖获得者Oliver Hart与Bengt Holmström研究工作评述[J]. 管理评论，2016(10)：3-10.

② FAMA E F. Agency problems and the theory of the firm[J]. Journal of Political Economy, 1980, 88(2):288-307.

③ HARRIS M, HOLMSTRÖM B. A theory of wage dynamics[J]. Review of Economic Studies, 1982, 49(3):315-333.

④ 黄群慧，张艳丽. 国有企业代理阶层的“激励空缺”问题初探[J]. 经济研究，1995(8)：13-15.

制要解决的主要问题。为了缓解委托—代理冲突，对代理人进行有效的激励是实现股东和代理人利益捆绑的主要机制之一。

代理人激励机制一般包括两部分：一是固定薪酬，该部分薪酬不与代理人努力程度直接挂钩；二是业绩薪酬，取决于代理人的工作绩效。因为代理人的努力程度难以直接观测，一般使用公司业绩这类可以观测的替代变量测量代理人努力程度。基于可观察的公司业绩指标设计薪酬合同，可以有效地评估代理人工作成绩，激励代理人努力工作。设计良好的委托—代理合同有助于缓解国有企业经理人自利行为引发的代理问题。理论上讲，让代理人拥有公司完全的剩余索取权可以消除代理成本，因此让代理人拥有一定比例的剩余索取权是构建激励机制、减少代理成本的有效方法。在国有企业内部通过设计合理的契约，实施一定范围内的股权激励机制，是构建有效激励机制的重要手段。合理的剩余索取权比例是激励机制设计需要考虑的主要问题之一。

设计有效的激励契约可以减少委托—代理成本，保证代理人按照委托人的利益行使委托权力。但国有企业经理人受政府直接监管，政府官员在监管众多国有企业代理人时存在严重的信息不对称，在某些情况下还可能存在有意识的道德风险，使得国有企业代理人利用手中权力谋取个人私利，一方面代理人可以利用手中权力非法侵占公司资源，另一方面可以利用工作职务之便享受过度的在职消费。国有企业承担的政治、经济及社会等多重责任也让契约激励机制的作用受到抑制，政府对国有企业薪酬的过多管制造成薪酬契约对代理人的激励机制部分失效。在此情形下，防止国有企业代理人非法侵吞公司利润或利用工作职务之便过度在职消费，成为构建国有企业代理人激励机制的重要关注点。

委托人提供激励契约是为了鼓励代理人提高工作努力程度，因为治理机制不完善，国有企业存在代理人贪腐、过度在职消费等自利行为，损害了企业利益，针对代理人制定激励契约要考虑其自利行为对委托人利益的损害。何山等认为，如果激励契约给予代理人的薪酬低于代理人自利行为带来的收益，这种契约下代理人并不会全面遵守委托人利益最大化并终止其自利行为；如果激励契约给予代理人的薪酬高于代理人自利行为带来的收益，激励机制会较好地发挥作用。如果国有企业内部加强现代企业治理，有效约束代理人的自利行为，委托人的激励契约将能够较好地发挥激励作用，或者委托人给予较高的激励薪酬,使代理人自愿约束自利行为,但从经济方面考虑,需要比较代理人发挥能力所带来的国企收益增加与付出高的激励薪酬哪个更高。[①]

6.通过契约化、市场化管理完善国有企业负责人激励机制

国有企业负责人的工作能动性和经营管理能力对企业发展有着重要意义。如何对国有企业负责人进行有效激励,充分发挥他们的经营潜力,进而提高企业经营业绩和市场竞争力,一直是理论界和监管层关注的重点。

对国有企业负责人进行有效激励必须考虑企业高管群体的特殊性。国有企业负责人职位竞争具有非市场化特征。国有企业负责人职位一般来自上级任命和行政决策,类似官员的政治晋升,负责人具有追求政治目标的动机,注重企业的短期效益,追求面子工程,主动追随上级领导意图。任命制也使得国有企业负责人需要做好短期业绩,以应对随时可能的提升机会。这使得国有企业负责人更关注以晋升为主的激励机制,追求能够带来职位晋升的短期业绩表现,不重视企业的长期效益。构建有效的职业经理人选择机制是保证国有企业长远发展的重要制度,通过培育职业经理人市场,引入竞争机制,推进国有企业高管的市场化选任,改变国有企业高管的任命模式,去除行政化,实现优胜劣汰。市场选择的力量能够有效约束任命模式下高管的各种机会主义行为,增强契约机制的约束力,减少国有企业内部经理人的自利行为。

张维迎依据产权理论认为,国有企业效率不高、国有企业经营者努力程度不够的原因在于经营者在企业没有剩余索取权或剩余索取权所占份额过低,导致经营者产权激励强度不够。[②] 林毅夫等基于竞争理论认为,国有企业经营者缺乏充分的竞争激励是企业效率不高的根源。国有企业承担的政策性负担过多,利润率无法反映经营者的努力程度,政策性制度环境改变了经营者的绩效评估体系,经营者绩效度量和评估充满噪声,很难准确反映经营者行为,经营者也就缺乏充分的竞争激励,结果是经营者与政府之间信息不对称和激励不相容的难题难以克服,国有企业效率低下和国有资产流失的现象也就不可避免。在国企经营者缺乏充分竞争激励的情况下进行所有制改革,信息不对称、激励不

① 何山,徐光伟,陈泽明.代理人自利行为下的最优激励契约[J].管理工程学报，2013(3):139-144,155.

② 张维迎.国有企业改革出路何在?[J].经济社会体制比较，1996(1):13-19.

相容和责任不对等问题得不到解决，企业效率依旧得不到保障。[①]可以通过构建激励机制治理国有企业高管腐败，国有企业高管腐败问题的治理首先是通过依法监管，实施政治约束。另外，也可以通过设计有效的薪酬激励制度，减少国有企业高管腐败案件的高发。

要构建更完善的国有企业负责人激励机制，可以从规范企业发展的外部环境入手，建立健全对国有企业的监督制度，建立起职业经理人市场。职业经理人用以显示自我能力的工作履历以及伴随履历的职业声誉起着与斯宾塞关于教育文凭的观点[②]相似的作用，在职业经理人市场上，以职业经理人的履历和声誉为信号构建激励机制，对职业经理人形成正向选择。相较于依靠行政命令任命国有企业负责人的制度，职业经理人市场的存在及信号传递机制抑制了部分职业腐败，有助于构建选择职业经理人的正向激励机制。

基于委托—代理理论，完善的公司治理结构需要建立科学的激励与监督机制，保证国有资产监督机构作为国有资产的出资人代表既要代表国家利益又要不越位，尊重国有企业的内部治理机制，让国有企业实现市场化经营，通过理顺政企关系，减少政府干预，完善国有企业公司治理机制是主要选择。

3.4.2　国企负责人激励契约优化的主要路径

委托—代理关系是利用契约去调整委托人和代理人的关系。代理人问题是委托—代理理论的核心问题，当代理人与委托人的利益最大化目标不一致时，代理人可能会为增进自身利益而损害委托人利益，委托人需要提供一种报酬机制以协调委托人和代理人的利益最大化目标。

1.通过契约的长期化优化国有企业负责人激励机制

多重委托—代理机制下，国有企业委托人与代理人之间存在信息不对称，代理人掌握更多有关自身工作能力、工作努力程度及企业经营状况的信息，委托人通过对负责人的业绩考核实施监督。实施契约管理可以让委托人根据自

---

① 林毅夫，蔡昉，李周．充分信息与国有企业改革[M]．上海：格致出版社、上海三联书店、上海人民出版社，2014：90-94．

② 谢康，乌家培．阿克洛夫、斯彭斯和斯蒂格利茨论文精选[M]．北京：商务印书馆．2002：19-41．

身利益最大化设计契约，契约约定代理人工作努力程度与报酬的对应关系，代理人将根据契约条款选择能使自身利益最大化的工作付出与相应报酬，委托人通过考核契约完成情况可以获知更多关于代理人工作努力水平的信息。

任勇和李晓光认为，第一，委托人可以和代理人建立一种长期的合作关系。如果委托人和代理人都有足够的耐心能够保持长期关系，那么帕累托一阶最优风险分担和激励是可以实现的。这是由于长期的契约关系消除了代理人的后顾之忧，基本上使代理人的失业风险降到最低。另外，由于是长期契约，委托人可以比较准确地监督代理人的工作努力程度，督促代理人努力工作。第二，利用代理人的市场声誉督促代理人努力工作。如果代理人在市场上出入的时间足够长，代理人市场就会对代理人行为产生约束作用。代理人现在的价值主要取决于以前的工作表现，从长期看，不用采取很多激励手段，代理人市场的约束作用会促使代理人努力工作。第三，利用众多代理人的相对绩效来激励代理人。当委托人面对众多代理人而代理人之间的工作又具有很多联系性时，代理人的绩效就有了可比性。这种绩效评估方法在无形中促进了代理人之间的竞争。[①]

2.完善绩效考核指标体系，优化国企负责人激励机制

在对国有企业负责人进行绩效考核时，主管部门往往比较注重对其政治思想方面的考察，关注对负责人执行上级政策的考察，这些属于比较容易观察到的指标，而对国有企业经营业绩和企业创新等关系到企业长远发展但短期难见效的一些经营指标，目前的绩效考核体系重视程度不够，由此构建的绩效考核激励体系难以准确测量负责人对企业长期价值的贡献和真实经营管理能力。

有效激励要重视对国有企业负责人的能力考核。国有企业负责人激励要重视契约考核激励方式，首先制定经营业绩考核指标，通过与管理层签订契约，约定负责人收入分配与经营业绩挂钩，给予年薪或者股权方式的激励，使国有企业负责人自身利益与国有企业所有者的利益趋于一致，从而达到有效激励的目的。这种物质分配方式将高层管理者的收入与企业的经营业绩联系在一起，实现国有企业负责人收入高低与普通员工薪酬计算方式的区分，同时突出了高

① 任勇，李晓光.委托代理理论:模型、对策及评析[J].经济问题，2007(7):13-15.

管经营能力和努力程度的重要性，对高层管理者起到较好的激励作用。[①]

要实现有效激励，必须优化目前的绩效考核体系，引入能更准确反映国有企业高管经营能力的指标，对经营业绩严格考核，处理好高管的激励机制问题。在优化薪酬激励的同时，也要善用股权激励、晋升激励、职业保障激励等，综合应用多种激励形式，提高高管工作努力程度。股权激励可以使管理层从国有企业所有者的利益出发，以实现企业利益最大化为目标，将管理层的个人收入与企业发展挂钩，激励高管层努力工作，为企业创造更多的利润，保证企业的可持续发展。同时通过完善国有企业信息披露制度，促进高管的薪酬等财务信息披露，尤其是对于非上市公司，通过完善契约考核和审计制度，强化对高管的职务监督，防止腐败，也有助于将高管所得与企业经营绩效进行比对，从而评判企业薪酬的合理性，监督高管的职务消费，探讨强制性公开国有企业高管薪酬，使国有企业高管的薪酬总额、薪酬确定依据、股票期权行权情况等关键指标受到社会监督，提高财务监督的透明度。这样不仅可以有效降低监督成本，还能在一定程度上约束高管行为，提升国有企业高管的经营自律，推动国有企业可持续发展。

对国有企业负责人采取契约化管理可以优化激励机制，在多元目标下还可以考虑其他多种激励方式。除薪酬和股权激励等物质型激励手段外，国有企业还可以采用政治晋升等隐性激励手段，挖掘负责人的潜力。锦标赛式激励和晋升激励在国有企业有很大的激励力度，隐性激励在国有企业中往往带来较好的效果，通过激发负责人的工作热情，组织目标更容易实现。通过完善监督机制，约束国有企业负责人为追求个人目标损害企业目标的行为。国有企业在发挥内部监督的基础上，还要进一步完善外部的监督机制，引入社会力量参与公司治理等，这样可以完善负责人之间进行有效监督的机制。健全监督机制可以保障激励效果的有效实现。

---

① 石冠儒. 国有企业高层管理者激励机制论略[J]. 山东社会科学，2017(3)：139-142.

3.5 基于契约化管理优化激励机制的国企改革实践

为提升对国有企业的监管效率，优化激励机制，国资委、财政部等相关部门先后出台了一系列考核评价规则和制度。财政部于1993年颁布《企业财务通则》、1999年颁发《国有资本金效绩评价规则》和《国有资本金效绩评价操作细则》，国资委于2003年颁布《中央企业负责人经营业绩考核暂行办法》，开始通过契约管理央企负责人，随后地方国资委也纷纷出台考核办法，通过契约管理地方国企负责人。

3.5.1 央企负责人年终考核契约化管理及其激励机制优化

以2003年《中央企业负责人经营业绩考核暂行办法》的出台为分界线，政府对央企的契约化监管可简单划分为两个阶段。1999—2002年实行效绩评价，效绩评价对国有企业负责人管理起到了一定的积极作用，但用评价的方式实施管理不具有法律约束力，责任人不明确，评价规则明确提出结果仅供参考，评价结果与报酬没有体现为契约式对应关系，在区分代理人能力及其工作努力程度上存在较多模糊空间，激励作用较弱。

国资委2003年出台《中央企业负责人经营业绩考核暂行办法》，开始以签订经营业绩责任书的形式对央企负责人进行契约管理，并在年终时对负责人完成契约的情况进行考核确认等级。这一办法随后分别在2006年、2009年、2012年进行三次修订，在此基础上，2016年以国务院国有资产监督管理委员会第33号令发布了《中央企业负责人经营业绩考核办法》。一再修订的央企负责人考核办法表明，随着契约不断完善，代理人工作信息透明度越来越高，委托人可以更准确地根据企业负责人的工作业绩调整报酬。上述几个版本的考核办法展现了国资委对央企负责人激励管理机制逐渐优化的过程。

下文从契约条款细节分析契约管理的激励作用。2003—2012年，四个版本的《中央企业负责人经营业绩考核暂行办法》均只有五章，分别是第一章“总则”，第二章“年度经营业绩考核”，第三章“任期经营业绩考核”，第四章“奖惩”，

第五章“附则”。其中某些条款属于程序性条款，其他条款则分别为描述工作任务的条款、描述报酬的条款、描述工作完成质量的条款。描述工作任务的条款分布在第一章至第三章，第四章主要列出了报酬及工作完成质量，第五章列出考核中的各种例外事项，可视为程序性条款。在此基础上，2016 年出台了正式的业绩考核办法《中央企业负责人经营业绩考核办法》，内容有了较多增加，由五章增加到七章，条目也有了调整。

剔除该办法中的程序性条款，比较 2003—2016 年五个版本中对央企负责人从工作内容到业绩评估及报酬的条款，可以看到央企负责人激励机制的变化。与以前各版本的内容相比，2016 版考核办法增加了较多引导性条款。比如，第一章“总则”第一条就增加了“建立健全有效的激励和约束机制，引导中央企业提质增效升级，实现做强做优做大”等描述。第二章“考核导向”共六条，为新增加的内容，该章全部为引导性内容，比如第五条为“突出发展质量，引导企业牢固树立创新、协调、绿色、开放、共享的新发展理念，主动适应和引领经济发展新常态，不断改善经营管理，实现高质量、可持续的发展”等引导性要求，为在不完全契约背景下央企负责人通过自我执行机制完成契约提供了行动指引。不过第六章“奖惩”内容中并没有出现明确地对应第二章导向内容的考核奖惩办法，这点削弱了《中央企业负责人经营业绩考核(暂行)办法》中引导性内容的激励力度。

在进行条款比较时，我们遵循如下原则：首先在界定工作任务条款时，所有涉及考核内容的条款在本章中都归于负责人需要完成的工作任务，所有涉及对企业工作的要求，比如有关企业经营导向的要求、对增强企业竞争力的要求等，属于代理人需要完成的工作，也归于工作任务。对工作任务变量数值的获取需要考察工作所涉及的多个方面，需要使用多种方法，这些数据都属于工作任务条款。工作任务的项数以考核办法中相应的“条”数为准，“条”里面再分出来的要点不计入。报酬条款主要来自《中央企业负责人经营业绩考核(暂行)办法》中有关奖惩的条目。基于上述认识，我们获得了自 2003 年以来国资委作为委托人对作为代理人的央企负责人激励机制的思路变化，如图 3-1 所示。

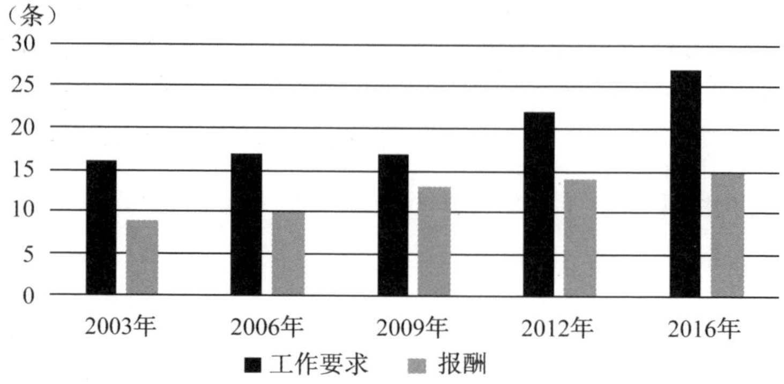

图 3-1　2003—2016 年央企考核管理的工作要求与报酬变化

图 3-1 显示了各版本的考核办法中工作要求条款和相应的报酬条款数量的变化，主要条款的变化表明，对央企负责人的工作内容要求越来越细，对应的奖惩措施也越来越清晰，代理人会展现出越来越多原来被隐藏的工作状态信息，按照命题一和命题二可知，激励机制逐步优化。①

3.5.2　政府对央企负责人契约化管理激励的新思路

2019 年 3 月，国资委颁布了新的《中央企业负责人经营业绩考核办法》，这一新版考核办法出台于党的十九大之后，相较于前面五个版本有了较多修改，在此单独拿出来与 2016 版进行比较。

2019 版考核办法在"总则"部分即表明，该版本的修改是为了更好地坚持以习近平新时代中国特色社会主义思想为指导，全面贯彻党的十九大精神和党中央、国务院关于深化国有企业改革、完善国有资产管理体制的一系列重大决策部署，切实履行企业国有资产出资人职责，维护所有者权益，落实国有资产保值增值责任，建立健全有效的激励约束机制，引导中央企业实现高质量发展，加快成为具有全球竞争力的世界一流企业而制定的考核办法。

相较于 2016 版，首先 2019 版的企业负责人经营业绩考核遵循的原则有了较大修改，2019 版考核办法强调要牢固树立新发展理念，以供给侧结构性改革

---

①　徐钧，段会川. 信息不对称、契约化管理与国企负责人激励机制优化：基于委托—代理理论的分析[J]. 山东社会科学，2019(6)：106-111.

为主线，加快质量变革、效率变革、动力变革。坚持市场化方向。遵循市场经济规律和企业发展规律，健全市场化经营机制，充分发挥市场在资源配置中的决定性作用，强化正向激励，激发企业活力。坚持国际对标行业对标。瞄准国际先进水平，强化行业对标，不断提升企业在全球产业发展中的话语权和影响力，加快成为具有全球竞争力的世界一流企业。坚持业绩考核与激励约束紧密结合。

在考核导向问题上，2019版强调突出效益效率，引导企业加快转变发展方式，优化资源配置，不断提高经济效益、资本回报水平、劳动产出效率和价值创造能力，实现质量更高、效益更好、结构更优的发展。突出创新驱动，引导企业坚持自主创新，加大研发投入，加快关键核心技术攻关，强化行业技术引领，不断增强核心竞争能力。突出实业主业，引导企业聚焦主业做强实业，加快结构调整，注重环境保护，着力补齐发展短板，积极培育新动能，不断提升协调发展可持续发展能力。突出服务保障功能，引导企业在保障国家安全和国民经济运行、发展前瞻性战略性产业中发挥重要作用。鼓励企业积极承担社会责任。在问责机制问题上，要求对央企负责人健全问责机制，引导企业科学决策，依法合规经营，防范经营风险，防止国有资产流失，维护国有资本安全。

同时，2019版坚持按照竞争性行业、重要关键行业及公益性行业进行分类考核，考核目标也有所变化，从2016年的年度利润总额转为2019年的年度净利润。由此看出，2019版考核办法更加关注降成本的效果。这也与近几年中央推动的“三去一降一补”政策相吻合。其他有关考核实施及奖惩激励等内容，两个版本相差不大。

近年来，为推动中央企业加快实现高质量发展，国资委还通过细化考核指标体系引导央企负责人充分认识提高企业核心竞争力的重要性。在国资委的指导下，2020年，首次形成“两利三率”中央企业经营指标体系。“两利”指企业净利润和利润总额，“三率”包括营业收入利润率、资产负债率和研发经费投入强度等三项相对指标。2021年，为引导中央企业提高生产效率，又增加了全员劳动生产率指标，指标体系调整为“两利四率”。2022年，为充分利用“两利四率”指标体系考核结果来指导央企提升管理绩效，又进一步提出“两增一控三提高”的总体要求，并通过预算管理和业绩考核等不同阶段的工作考核，将指标分解到每一家中央企业，统领和推进各项重点工作。[①]

从近几年实践看，“两利四率”指标体系在引导国有企业负责人积极作为，引领推进央企实现量的壮大、效的提升以及质的改善等方面取得了明显成效。在精细化指标体系管理的推动下，央企落实国家发展战略，增强创新能力，提升盈利水平。

党的二十大强调发展是党执政兴国的第一要务，要坚持高质量发展。基于中央对深化国资国企改革、提高企业核心竞争力和增强核心功能等方面工作的重点要求，国资委对中央企业 2023 年主要经营指标体系又进行了进一步的优化调整，将“两利四率”调整为“一利五率”。具体指标的调整有以下几点。

一是用净资产收益率替换净利润指标。原有的“两利”指标中，保留了利润总额指标，主要考虑利润总额能直观反映为社会创造的价值，同时将净利润调整为净资产收益率，以更好地反映企业为股东创造价值的能力，有利于引导中央企业负责人更加注重投入产出效率，提高资产使用效率，提升净资产创利能力和收益水平。

二是用营业现金比率替换营业收入利润率指标。考核营业现金比率能够更好地体现国资委“要有利润的收入和要有现金的利润”的监管要求，推动中央企业负责人更加关注现金流的安全，提高企业经营业绩的“含金量”。

三是继续保留资产负债率、研发经费投入强度、全员劳动生产率等三个指标。从近年来监管实践看，国资委对资产负债率的考核很好地约束了部分企业负责人盲目扩张的冲动，研发经费投入强度指标反映了高质量发展的内在要求，在鼓励科技创新、推动技术转化、促进新型产业发展方面发挥了积极作用，需要继续坚持并加大投入强度。[②]

总的来看，此次央企负责人考核指标体系从“两利四率”到“一利五率”的调整虽然幅度不大，但基本形成了一个更加严谨、科学、成熟的体系。目的在于激励中央企业负责人聚焦于提高企业的核心竞争力，加快实现高质量发展。关于央企负责人年度考核办法和考核指标体系调整的研究，比较全面地显示出国有资产管理部门对国有企业负责人通过契约管理构建激励机制的思路。

① 袁野. 优化中央企业经营指标体系　推动加快实现高质量发展[J]. 国资报告. 2023(1):11-14.

② 袁野. 优化中央企业经营指标体系　推动加快实现高质量发展[J]. 国资报告. 2023(1):11-14.

第 4 章 混合所有制改革对国有企业负责人激励机制的优化

国有企业改革进入关键期和深水期，怎样深化？从党的十六大明确深化国有资产管理的原则到党的十八大国有企业资产管理体制改革提速，从党的十八届三中全会提出要积极发展混合所有制经济，到 2016—2017 年国有企业混合所有制改革快速稳妥推进，2020 年 6 月，中央全面深化改革委员会审议通过了《国企改革三年行动方案（2020—2022 年）》，标志着更深层次的国企改革全面推进。

4.1 混合所有制改革是深化国企改革的重要选择

近年来，我国在发展混合所有制经济方面积极探索，取得了明显进展。积极发展混合所有制经济是当前国有企业改革的重要内容。党的十八届三中全会通过的《中共中央关于全面深化改革若干重大问题的决定》提出，要积极发展混合所有制经济，国有资本、集体资本、非公有制资本等相互融合的混合所有制经济是我国基本经济制度的重要实现形式。《国务院关于国有企业发展混合所有制经济的意见》指出，发展混合所有制经济，是深化国有企业改革的重要举措。为应对日益激烈的国际竞争和挑战，推动我国经济迈向中高端水平，要深化国有企业混合所有制改革，推动完善现代企业制度，健全企业法人治理结构，促进国有企业转换经营机制，实现各种所有制资本取长补短、相互促进、共同发展。

4.1.1 混合所有制改革成为新一轮国企改革的重点内容

2002年11月,党的十六大召开,明确了深化国有资产管理体制改革的基本原则:一是坚持政府公共管理职能与国有资产出资人职能分离;二是坚持权利、义务和责任相统一,管资产与管人、管事相结合;三是坚持所有权与经营权分离,维护企业经营自主权和法人财产权;四是在国家所有的前提下,中央政府与地方政府分别代表国家履行出资人职责,分级代表,分级监管。[①] 2003年3月,国务院国有资产监督管理委员会成立,这是新中国成立以来第一次在中央政府层面上实现了政府的公共管理职能与国有资产出资人职能的分离,是为了解决长期存在的国有资产出资人缺位和国有资产多头管理问题。这是我国经济体制改革的一个重大突破。

党的十八大之后,国有企业资产管理体制改革进一步提速,混合所有制改革成为国有企业改革的重点内容。党的十八届三中全会通过的《中共中央关于全面深化改革若干重大问题的决定》指出,经济体制改革是全面深化改革的重点,核心问题是处理好政府和市场的关系,使市场在资源配置中起决定性作用,更好发挥政府作用。

对于坚持和完善基本经济制度,《中共中央关于全面深化改革若干重大问题的决定》指出,要完善产权保护制度。产权是所有制的核心,应健全归属清晰、权责明确、保护严格、流转顺畅的现代产权制度。积极发展混合所有制经济,国有资本、集体资本、非公有资本等交叉持股、相互融合的混合所有制经济,是基本经济制度的重要实现形式,有利于国有资本放大功能、保值增值、提高竞争力,有利于各种所有制资本取长补短、相互促进、共同发展。允许更多国有经济和其他所有制经济发展成为混合所有制经济。国有资本投资项目允许非国有资本参股,允许混合所有制经济实行企业员工持股,形成资本所有者和劳动者利益共同体。完善国有资产管理体制,以管资本为主加强国有资产监管,改革国有资本授权经营体制,组建若干国有资本运营公司,支持有条件的国有企业改组为国有资本投资公司。国有企业总体上已经同市场经济相融合,必须适

① 邵宁.国有企业改革实录(1998—2008)[M].北京:经济科学出版社,2014:405.

应市场化、国际化新形势，以规范经营决策、资产保值增值、公平参与竞争、提高企业效率、增强企业活力、承担社会责任为重点，进一步深化国有企业改革。推动国有企业完善现代企业制度。健全协调运转、有效制衡的公司法人治理结构。建立职业经理人制度，更好发挥企业家作用。深化企业内部管理人员能上能下、员工能进能出、收入能增能减的制度改革。建立长效激励约束机制，强化国有企业经营投资责任追究。探索推进国有企业财务预算等重大信息公开。国有企业要合理增加市场化选聘比例，合理确定并严格规范国有企业管理人员薪酬水平、职务待遇、职务消费、业务消费。

《中共中央关于全面深化改革若干重大问题的决定》鼓励非公有制企业参与国有企业改革，鼓励发展非公有资本控股的混合所有制企业，鼓励有条件的私营企业建立现代企业制度。2014 年政府工作报告进一步提出要“加快发展混合所有制经济”。国企民企融合成为新一轮国资国企改革的重要形式。回顾我国国有企业改革历程，可以看到以混合所有制改革为特征的新一轮国有企业改革的重要价值。

首先，混合所有制改革有助于减少我国经济活动中国有资本垄断经营和不公平竞争所带来的问题。改革开放以来实践探索形成的国有企业改革模式在新时代依然面临挑战，相当一部分国有企业占据着市场垄断地位，有利的市场地位为这些国有企业带来高额利润，同时也因市场竞争不充分，很多国企治理水平低下的问题得以长期隐藏，形成国有企业对民营企业的不公平竞争优势。新一轮混合所有制改革有望改善上述不公平环境。

其次，混合所有制改革推动国有企业进行股份制改造。在已经进行的混合所有制改革中，有很多国有企业集团或者国有企业控股公司改制上市，这样就可以借助资本市场激励已上市国有企业提升治理水平，减少负责人的代理人风险。很多国有企业通过混合所有制改革成功引入内部职工股东、其他国有资本股东以及外部民营资本等多种资本形式，实现了国有企业股权的多元化，较好地实现了混合所有制改革目标。部分国有企业通过上市实现了更为彻底的资本“社会化”。实现国有企业的股权多元化、资本社会化是新一轮混合所有制改革的重点。

再次，混合所有制改革通过引入其他性质的外部股权投资，提高国有资本运行效率。从众多国有企业的混改方案看，通过引入战略投资者，企业获得资金投入。近年来的国有企业混改方式主要有股权转让、增资扩股、员工持股、市场化改革等,其中引进外部资本增资扩股的同时实现内部员工持股以及股权转让给战略投资者的同时实现增资扩股这两种混改模式比较受欢迎,既实现了引资入企,又改善了股权结构。通过混合所有制改革引入民营或其他外部资本,有利于改善国有企业的治理结构,优化经营环境。混合所有制改革如果同时引入了新的资金投入,更是扩大了国有企业资产规模,改善了国有企业财务状况,为国有企业实现突破式发展及实现国有资产保值增值目标提供了良好条件。

最后,混合所有制改革有助于推动国有资产管理实现从经营企业到经营资本的理念转变,实现国有资产的保值增值。传统的国有资产管理体制着重于对国有企业进行经营管理,国资委对国企负责人进行考核,考核结果对负责人晋升有重要影响。同时,国资委拥有对国企负责人的人事任免权,通过对负责人的考核和人事任免权对企业经营施加实质性影响。国有企业受到国资委的约束,经营自由度小、创新空间小,国有企业所有权与经营权无法真正分离。新一轮混合所有制改革为改变传统的国有资产管理体制创造了条件。在对国有企业进行混合所有制改革化的同时,对国有资产管理体制进行改革,改组组建国有资本投资、运营公司,国有资产监管机构授权国有资本投资运营公司对授权范围内的国有资本履行出资人职责,推动国有资产管理从管经营向管资本过渡。国资委对国有资产的管理责任更多地聚焦于国有资产的保值增值上,把经营权更多地归还给企业自身。这样的制度设计将改变以往国有资产监管机构直接对所监管企业履行出资人职责的模式,改由国有资本投资、运营公司对所授权的国有企业履行出资人职责,形成政府和市场之间的隔离带,有助于促进国有企业转换经营机制,实现各种所有制资本的相互促进、共同发展。

4.1.2 快速稳妥推进混合所有制改革的政策思路

混合所有制经济在我国出现和发展,关键在于寻找国有经济体制如何更好地同市场经济相结合的形式和途径。混合所有制有利于国有资本放大功能、保值增值、提高竞争力,是国有企业改革的重要支撑。

学术界观点认为,混合所有制经济应包含两层含义:一是从整个国民经济的所有制结构来看,既有国有和集体所有等公有制成分,还有其他非公有制经济成分，形成一种以公有制经济为主、联合多种所有制经济共同发展的格局；二是就企业的产权结构而言，除了有国家所有、集体所有成分外，还有其他的非公有制成分，形成国有资本、集体资本和非公有资本交叉持股、相互融合的状态。① 我们讲混合所有制改革，是指企业层面的国有和其他经济成分股权混合交叉持股。

随着近年来国有企业混合所有制改革持续稳妥推进，相关的政策体系也日趋完善。但也应该看到，无论是在理论认知层面，还是在实践操作层面，混合所有制改革仍存在一些误区，围绕混合所有制改革的争论也一直没有停止。国有企业经过多年的股份制改造，虽然很多国有企业早已变成混合所有制，国资占比已较低，但政府干预仍随处可见，公司治理不达标，行政化垄断体制未真正打破，对民企的准入限制仍未真正放开。国资国企改革是一项复杂的系统工程，需要创新思路、周密策划及稳妥实施，才能取得较好效果。

随着国资国企改革的政策体系逐步形成，中央多次要求全面推进国有企业改革的文件落地见效，力求在重点领域和关键环节取得实质性突破。近年来混改试点继续扩大范围，第三批和第四批混改试点已陆续启动，区域性国资国企综合改革试点、国有企业改革“双百行动”“科改示范行动”等也相继开始实施，国有企业改革范围逐步扩大，并呈现向纵深推进的态势。2020 年 6 月，中央深改委审议通过了《国企改革三年行动方案（2020—2022 年）》，明确了 2020—2022 年三年国有企业改革各项重点任务的时间表和路线图。2020 年 9 月 27 日，全国国有企业改革三年行动动员部署电视电话会议在北京召开，新一轮更大范围的国有企业改革开始启动。

按照《中共中央、国务院关于深化国有企业改革的指导意见》和《国务院关于国有企业发展混合所有制经济的意见》，发展混合所有制经济的主要政策思路如下。

1.国有企业混合所有制改革的目标

为了提高国有资本效率、增强国有企业活力，要完善国有资产监管体制，做强做优做大国有企业，不断增强国有经济活力、控制力、影响力、抗风险能力。

① 黄速建. 中国国有企业混合所有制改革研究[J]. 经济管理，2014(7)：1-10.

国有资本、集体资本、非公有资本等交叉持股、相互融合的混合所有制经济，是基本经济制度的重要实现形式。通过深化国有企业混合所有制改革，推动完善现代企业制度，健全企业法人治理结构，促进国有企业转换经营机制，实现各种所有制资本取长补短、相互促进、共同发展。

2.国有企业混合所有制改革的基本原则

第一，要坚持政府引导、市场化运作，尊重市场经济规律和企业发展规律。以企业为主体，充分发挥市场机制作用，把产权多元化与完善企业法人治理结构结合起来，探索国有企业混合所有制改革的有效途径。第二，要以保护产权、维护契约、统一市场、平等交换、公平竞争、有效监管为基本导向，切实保护混合所有制企业各类出资人的产权权益，调动各类资本参与发展混合所有制经济的积极性。第三，要坚持依法依规，规范操作。要完善市场定价机制，切实做到规则公开、过程公开、结果公开。强化交易主体和交易过程监管，防止暗箱操作、利益输送等，杜绝国有资产流失。第四，对通过实行股份制、上市等途径已经实行混合所有制的国有企业，要着力在完善现代企业制度、提高资本运行效率上下功夫；对适宜继续推进混合所有制改革的国有企业，要充分发挥市场机制作用，坚持不设时间表，一企一策，成熟一个推进一个，确保改革规范有序进行。

3.分类推进国有企业混合所有制改革

第一，对于主业处于充分竞争行业和领域的国有企业，混合所有制改革要以增强国有经济活力、放大国有资本功能、实现国有资产保值增值为主要目标，充分运用整体上市等方式，积极引入其他国有资本或各类非国有资本实现股权多元化，使混合所有制企业成为真正的市场主体。第二，对主业处于关系国家安全、国民经济命脉的重要行业和关键领域、主要承担重大专项任务的商业类国有企业，要遵循保持国有资本控股地位，支持非国有资本参股的原则；对自然垄断行业，实行以政企分开、政资分开、特许经营、政府监管为主要内容的改革。根据不同行业特点实行网运分开、放开竞争性业务，促进公共资源配置市场化，同时加强分类依法监管，规范营利模式。

4.建立健全混合所有制企业治理机制

要健全混合所有制企业法人治理结构，推行混合所有制企业职业经理人制度。通过健全多层次资本市场，完善国有企业混合所有制改革的政策，加快建立健全法律法规制度，加强产权保护，营造国有企业混合所有制改革的良好环境。在组织实施过程中，各级政府要加强对国有企业混合所有制改革的组织领导，加强混合所有制企业党建工作，建立工作协调机制，开展不同领域混合所有制改革试点示范，坚持“两个毫不动摇”。健全公司法人治理结构，充分发挥董事会的决策作用、监事会的监督作用、经理层的经营管理作用、党组织的政治核心作用，重点推进董事会建设，规范董事长、总经理行权行为，实现规范的公司治理。

《中共中央、国务院关于深化国有企业改革的指导意见》和《国务院关于国有企业发展混合所有制经济的意见》强调发展混合所有制经济，以管资本为主推进国有资产监管机构职能转变，改革国有资本授权经营体制，改组组建国有资本投资、运营公司，探索有效的运营模式，完善国有资产管理体制，以促进国有企业转换经营机制，放大国有资本功能，提高国有资本配置和运行效率，实现各种所有制资本取长补短、相互促进、共同发展为目标，稳妥推进国有企业混合所有制改革。

4.2　混合所有制改革优化国企负责人的长期激励机制

国有企业通过混合所有制改革引入外部国有股东和民营企业股东，推动国有企业从委托—代理层面入手，进一步完善国有企业内部监督，增强国有企业内部治理的透明度，缓解国有企业内部人控制问题，优化国有企业负责人激励机制，提高国有企业治理效率，从股东层面完善治理，从市场化选择国有企业负责人等方面具体实践，制定政策，探索机制，用好混合所有制改革带来的制度优势。

4.2.1　国企治理中存在激励机制效率低的问题

1.国有企业内部人控制问题

国有企业高管经常出现过度在职消费及获取隐藏收益等行为，这些行为源于国有企业的内部人控制问题。内部人控制问题出现时,高管更容易利用手中权力谋取个人私利。

国有企业的内部人控制行为扭曲了企业激励机制。内部人控制行为对高管在职消费、谋取私利等行为提供激励,同时增加了代理人成本。在提高自身激励水平方面,在职消费水平可能表现为能够促使国企高管增加政治努力投入而非经济努力投入,主要原因在于国企高管在职消费行为是在能够稳固其高管职位的前提下发生的,而且国企高管特殊的政府行政任命机制使得其更倾向于进行政治努力的投入来满足政府股东委托人的期望。此外,国企高管在职消费行为侵占了企业资源,必然会间接影响到经济产出,增加的经营成本由委托人承担。国有企业的内部人控制特征使得国企高管掌握了公司的实际控制权,中央巡视组对央企的巡视工作报告中对央企内存在的“以权谋私”“利益输送”等问题均有所揭露。国有企业经理人有很多方式利用在职职位谋取私人收益,比如经理人利用手中权力转移公司资源,或者经理人为了提高个人薪酬水平操纵公司盈余等。国有企业中以“党管干部”和“政府委任制”为主导的国企高管选拔任免制度及国企高管“亦官亦商”的特殊身份,使得对国企高管的激励问题更加复杂。①

2.国有企业激励机制存在的主要问题

国有企业治理存在多任务的目标冲突。由于其特殊地位,国企不仅具有一般企业的特征,而且承担了众多的社会责任,比如稳定物价、促进就业、维护社会稳定等。国企在很多时候被用作政府经济社会治理的工具,比如利用国企作为反经济周期的手段,为稳定就业及经济发展强制国企在衰退期扩大投资;为制止通货膨胀而强制国企产品降低价格,或者为避免失业而使国企增加雇用工人;在对外经济政策中,国企还被用来作为应对国际竞争的重要“武器”;等等。为实现政府的政治经济目标,国企需要服从国家经济建设和社会发展的大局,多任务阻碍了企业自身的有效运行,使国企成为一个行政和市场的混合体,无法集中力量完成企业为股东创造利润的任务。

现阶段我国并没有形成统一公开的职业经理人市场,职业关注和经理人声

---

① 王垒,刘新民,丁黎黎.异质委托情境下国企高管自利行为对激励契约的影响分析[J].上海经济研究,2015(9):41-48.

誉等经理人市场运作机制无法发挥预期的作用。郑志刚等研究发现，在1271个样本观测值中，有896个观测值的经理人来自内部晋升，占样本期全部更迭经理人的70.50%；有232个观测值的经理人来自所在企业集团内部的岗位轮换，占18.25%。如果把内部晋升和岗位轮换产生的经理人理解为广义的“内部人”，则我国上市公司在2005—2011年所更迭的经理人中有近90%的经理人不是来自企业外部，而是来自内部。只有143个观测值的经理人来自外部聘用，仅占11.25%。这表明我国外部职业经理人市场尚处在发展早期，目前并没有形成统一公开的职业经理人市场。①

杨瑞龙等认为，我国国有企业人事管理体系中存在激励扭曲。伴随着国有企业控制权的独特安排，我国逐步形成了独具特色的国企高管人事任免体系。在国有企业“自上而下”的人事任免体系下，国企高管一方面是企业管理层及企业经营发展计划的制订和实施者；另一方面则具有一定的政治级别，与政府官员一样存在政治晋升的可能与渠道。这使得身兼“经济人”与“政治人”的国企高管更像是政府官员而非职业经理人。政治晋升会给他们带来更大的权力、薪酬和社会资源，因此国企高管有很强的动机提高自己获得政治晋升的概率，他们更关注企业的短期绩效，但从长期看却不利于企业持续稳定发展。②

国有企业中这种“自上而下”的人事任命体系事实上给作为公司治理权威的董事会带来了挑战，破坏了基于职业关注和经理人声誉运作的职业经理人市场识别经理人能力的有效性。由于良好的业绩并不能保证现任经理人长期在位，导致了现任经理人注重短期绩效，缺乏长期积极性。较之西方国家成熟的外部经理人市场，我国的“上级任命”制度降低了上市公司经理人的职业化程度，使职业关注和经理人声誉等经理人市场运作机制无法发挥预期的作用。③

如果混合所有制改革能够实现所有权和经营权的真正分离，避免政府监管部门对职业经理人经营管理的干预，则可以大大提升企业的运行效率。

---

① 郑志刚，梁昕雯，吴新春.经理人产生来源与企业未来绩效改善[J].经济研究，2014，49(4)：157-171.

② 杨瑞龙，王元，聂辉华.“准官员”的晋升机制：来自中国央企的证据[J].管理世界，2013(3)：23-33.

③ 郑志刚.国企公司治理与混合所有制改革的逻辑和路径[J].证券市场导报，2015(6)：4-12.

4.2.2 混合所有制改革使国有资产委托—代理关系发生新变化

随着混合所有制经济改革深入，国有资本投资运营平台改组组建加速，国有资产委托—代理关系发生了新的变化，对国有资产管理模式创新提出了新要求。王曙光等人认为，我国国有资产管理中存在四重委托—代理关系。①

第一重委托—代理关系：全体人民与全国人民代表大会。从法律上讲，我国国有资产属于全民所有，但是作为个体的公民无法直接对国有资产进行管理与运营，现行制度安排下，通过委托全国人民代表大会代理国有资产管理，由此形成全体人民作为委托人、全国人民代表大会作为代理人的第一重国有资产管理委托—代理关系。

第二重委托—代理关系：全国人民代表大会与国有资产监督管理委员会。在这重委托—代理关系中，全国人民代表大会作为委托人，将国有资产委托给国有资产监督管理委员会进行管理，全民所有财产通过全国人民代表大会授权，国资委成为全民所有财产的天然代理人。

第三重委托—代理关系：国有资产监督管理委员会与国有资本投资运营公司。国资委作为政府部门，同样不具备直接的国有资产投资运营管理的职责和能力，国有资本投资运营公司作为市场化资产管理代表，具有专业化的代理能力。由此，国资委授权国有资本投资运营公司代理管理，形成国资委与国有资本投资运营公司的第三重委托—代理关系。这一层委托—代理关系中，国资委既是上一层级的代理人，也是这一层级的委托人。

第四重委托—代理关系：国有资本投资运营公司与国有企业。国有资本投资运营公司作为股东，投资企业形成国有独资公司或股份有限公司，由国有企业的经营者具体对企业进行经营和管理。

在国有资产的多重委托—代理关系中，如何通过市场化代理人制度避免摊薄委托人控制权，是国有企业资产管理中多层级委托—代理关系中存在的共性问题。从初始委托人到最终代理人链条过长导致对最终代理人的约束不够，产

---

① 王曙光，徐余江. 混合所有制经济与国有资产管理模式创新：基于委托—代理关系视角的研究[J]. 中共中央党校学报. 2016,20(6):96-102.

生委托—代理问题。单纯从缩短代理链条看，近年来学术界提出将部分国有企业股权划拨至全国社保基金理事会的观点，认为这样有助于解决社会保障等问题，还可以增强全体人民作为初始委托人共享国有资产红利的幸福感。从解决国有企业中的委托—代理问题看，国资委作为国有资产代理人，如果法律、政策层面缺乏相应监管，可能存在代理人道德风险。可以通过法律手段，明确国资委相应的责、权、利，形成能够执行的考核制度，避免代理人的道德风险。应该重视国有资产红利分配机制的构建，通过改善国有企业的利益分配机制，优化国有企业负责人激励机制，建立起信息约束与反馈机制，形成有效激励约束机制。

国资委与国有资本投资运营公司之间是行政性委托—代理关系，更多地体现为上下级关系，关系的市场化程度低，其激励与约束机制不完善。国资委既是监督者，又是政策制定者，造成国有资本投资运营公司的激励机制不足。这一重委托—代理关系引发的问题较多，国资委并不直接参与企业经营，对企业监督存在信息不对称，国有资本投资运营公司不拥有国有企业的剩余所有权，也不在企业第一线，监督国企运行的主动性不足，如果在这一层级引入市场竞争机制，国资委制定政策标准，推动设立存在竞争关系的投资运营公司，构建市场化、竞争性的运营公司激励机制，则可以有效降低委托—代理风险。

4.2.3　混合所有制改革为国企优化激励机制带来独特优势

通过比较国有独资企业与引入民营资本和其他国有资本的混合所有制国企的竞争优势可以发现，混合所有制国有企业具有独特的优势。一是在引入民企及其他国有资本入股国有独资企业后，可以在一定程度上减少由于多级委托—代理和政企不分所导致的效率损失，优化激励机制，改善国有企业的治理结构；二是较低的融资约束，即混改后的国有企业可以继续凭借其地位获得较低的融资成本；三是较高的市场势力，即混合所有制国有企业所处行业通常具有一定的垄断性，其垄断地位可帮助企业获得不同程度的市场竞争优势。

在国有资本投资运营公司与国有企业负责人的委托—代理之间，存在双重道德风险和激励机制不完善的问题。按照赵宸元等对多重委托—代理关系激励机制构建的观点，由于信息不对称，在每一重委托—代理关系中，委托人都应该给予代理人一定比例的绩效奖励进行激励，但是如果政策限制较严，导致代理人的风险规避程度过大，激励效果就会不明显。上层委托人给中间委托人（同时也是代理人）越多的固定收入，或者中间人给予纯代理人越多的固定收入，中间委托人和纯代理人就会反馈越多的努力回报。在各级委托—代理关系中，如果委托人对代理人友善一些，那么代理人也会用努力工作来回报委托人。在实际中，如果管理者给予被管理者多一些人性化的关怀，那么被管理者也会用实际行动进行回报，这是一个双赢的管理方式。[①] 如果国有投资公司想解决国企负责人在信息不对称下的激励问题，提高绩效分享比例是一个可行的方法。

回顾国有资产管理体制改革历程，我国先后进行了政府和国有企业之间的利润分成激励、税收改革激励、对国企实行承包责任制、国企的股份制改造等一系列改革，期望解决国有企业各级委托—代理关系中的激励不相容问题，构建委托人和代理人之间的激励与约束机制。

混合所有制改革使国有企业形成更为合理有效的股权结构和公司治理结构，实现所有权与经营权的分离，避免不懂经营的出资人对职业经理人经营管理的过多干预，理顺经营管理机制，提升企业的运行效率。但仅有管理机制上的变化还不够，还需要利用更多技术手段，要重视构建分类化、差异化、绩效评价体系来评估混合所有制国有企业的问题。混合所有制绩效评价体系涉及国资委、国有资本投资运营公司、国有企业等诸多方面，不同类型的投资运营平台及国有企业应采取分类绩效考核，注意区分社会效益指标与经济效益指标，有助于提升绩效管理的有效性与权威性。

赵斌斌和钱士茹认为，当股权性质相同时，由于股权结构太过集中，股东之间可能会达成共谋以分享控制权收益，从而其行为决策表现出高度的一致性，这种一致性限制了企业的创新能力。对于分散的股权结构，每个股东持有的股份性质都不一样，从不同的方面考虑公司的运营情况，其股权制衡达到理想程度，公司所有的收益由全体股东共享，“搭便车”的行为会明显减少，有利于企业创新绩效的提升。此外，不同性质的股权所具有的资源禀赋是不一样的，股东之间的资源互补，内部的信息交流会增加，从而有利于企业创新水平的提高。

① 赵宸元，蒲勇健，潘林伟. 链式多重委托—代理关系的激励：基于完全理性与过程性公平偏好模型的比较[J]. 中国管理科学，2017(6)：121-131.

混合所有制程度较高的企业具有国有资本、集体资本、非国有资本等交叉持股、相互融合的特征，它能享受国有企业体制下的资源优势和资金优势，也因此能够减少资本单一引起的经费短缺问题和缓解技术资源不足的问题。①

胡一帆等通过对 700 家公司的研究发现，国有企业的所有制改革能够明显提高公司绩效。国有企业引入非国有资本后，会更加倾向于采用以绩效为基础的激励机制或控股措施，从而提升公司绩效。具体来说，国有企业引入社会资本后，企业会更加注重公司绩效，同时企业员工的薪酬也更加与绩效挂钩，有助于提升企业员工的工作热情，提升公司的经营效率。②

推进国有企业混合所有制改革也是减少政府股东干预的有力途径。信息的公开程度与透明度的提高，会减少政府干预和内部人控制问题，增强社会股东参与企业治理的动机和能力，可以间接约束国企高管的在职消费行为。加强外部治理监督也是约束国企高管获得隐藏收益等自利行为的有效手段，强化党内巡视制度有助于遏制国有企业经营中的腐败行为。

一般而言，一项成功的国有企业混合所有制改革使得国有资本和民间资本都能有利可图。国有资本最根本的利益是促进国有资产的保值增值，而针对民间资本参与混合所有制改革的最大担心集中于国有资本对民间资本权益的可能侵害。如果国有资本处于控股地位，就存在国有控股股东以关联交易、资金占用和贷款担保等方式掏空所控制公司、损害外部小股东的利益的风险。要使民营资本在混合所有制改革中"有利可图"，就需要建立激励相容的"制度安排"。对于民营资本而言，如何建设激励机制、激励国有资本履行承诺，是民营资本参与国有企业混合所有制改革成功的关键。

混合所有制改革能为国有企业带来几个重要变化。首先，能够聚集产业资源，实现优势互补。混和所有制改革能帮助企业聚集产业资源，为企业提供链接其他企业产业资源和运营能力的机会，帮助企业拓展战略空间，实现资源互补、竞争优势互补。其次，国有企业混合所有制改革可以帮助优化资本结构。引入新的国有或民营战略投资者，实现多元持股，从而使股权更为分散，避免原

---

① 赵斌斌，钱士茹. 混合所有制是否有利于国有企业绩效提升：基于制造业上市公司的实证研究[J]. 北京邮电大学学报(社会科学版)，2017，19(1)：64-70.

② 胡一帆，宋敏，郑红亮. 所有制结构改革对中国企业绩效的影响[J]. 中国社会科学，2006(4)：50-64.

来的单一国有股东“一股独大”现象进而为企业带来增长新动力。好的混合所有制改革能够为企业带来新的发展机遇，对绩效产生正向影响。最后，可以优化国企激励机制，激励员工努力工作。混合所有制改革可以优化国有企业治理机制，推动改善企业内部运行机制，完善董事会治理模式，克服单一国有股东过度管控带来的弊端，鼓励加强市场化运营，实现员工长期激励和企业捆绑发展的利益相一致，激励员工努力工作。

4.2.4 基于混合所有制改革优化国企负责人激励机制的政策探索

1993 年 11 月，党的第十四届三中全会通过《中共中央关于建立社会主义市场经济体制若干问题的决定》，明确提出要探索在国有企业中建立产权明晰、权责明确、政企分开、管理科学的现代企业制度。从国有企业治理的角度看，建立国企经理人与企业利益相一致的激励约束机制是国企改革的长期目标。1999 年，《中共中央关于国有企业改革和发展若干重大问题的决定》提出“允许和鼓励资本、技术等生产要素参与收益分配……少数企业试行经理（厂长）年薪制、持有股权等分配方式”，开始了对国有企业负责人和技术骨干的股权激励。

《上市公司股权激励管理办法（试行）》、《国有控股上市公司（境内）实施股权激励试行办法》（国资发分配〔2006〕175 号）、《关于规范国有控股上市公司实施股权激励制度有关问题的通知》（国资发分配〔2008〕171 号）等一系列政策文件，逐步规范了国有上市公司股权激励行为。国有上市公司实施股权激励，应建立完善的业绩考核体系和考核办法。业绩考核指标应包含反映股东回报和公司价值创造的综合性指标、反映公司营利能力及市场价值等成长性指标、反映企业收益质量的指标等，上述三类考核指标形成国企股权激励行权的业绩三指标考核体系。

2016 年 2 月出台的《国有科技型企业股权和分红激励暂行办法》及 11 月出台的《关于做好中央科技型企业股权和分红激励工作的通知》，对混合所有制改革下的国有科技型企业股权激励予以了专门规范。

2017 年以来，国企混合所有制改革稳步推进，在电力、石油、天然气、民航、电信以及军工等重点领域均开始混改试点。参与混改试点的国有上市公司在实施股权激励政策时具有明显的行业特征，比如，2016、2017 年公告股权激励计划的沪市国有上市公司多属竞争性商业类国企。

2017 年，国家发展改革委联合财政部等发布《关于深化混合所有制改革试点若干政策的意见》(以下简称《意见》)，为更加卓有成效地推动混合所有制改革，就混合所有制改革试点中的相关政策问题提出指导意见。《意见》对混改中的国有资产定价机制、妥善解决混改所涉及的国有企业职工劳动关系、员工持股等九个前期试点中出现的主要问题提出了处理意见。员工持股涉及国有企业的发展激励问题。《意见》要求，(员工持股)要坚持依法合规、公开透明、立足增量、不动存量、同股同价、现金入股、以岗定股、动态调整等原则，积极推进混合所有制改革试点企业员工持股，有效实现企业与员工利益和风险绑定，强化内部激励，完善公司治理。《意见》还要求有关部门抓紧研究制定来自重要领域混合所有制企业开展员工持股试点的意见，明确相关政策，加强规范引导。

按照《中共中央、国务院关于深化国有企业改革的指导意见》和《国务院关于国有企业发展混合所有制经济的意见》的要求，要通过对国有企业混合所有制改革，逐步完善国有企业负责人选择任命的实现形式，进一步优化对国有企业负责人的激励机制。通过坚持党管干部原则与董事会依法产生、董事会依法选择经营管理者、经营管理者依法行使用人权相结合，不断创新国有企业负责人管理的有效实现形式，建立国有企业领导人员分类分层管理制度，推行职业经理人制度，推行企业经理层成员任期制和契约化管理，严格任期管理和目标考核。

在混合所有制国有企业内部，建立健全与劳动力市场基本适应、与企业经济效益和劳动生产率挂钩的工资制度和正常增长机制，对国有企业领导人员实行与经营业绩挂钩的差异化薪酬分配办法。对党中央、国务院和地方党委、政府及其部门任命的国有企业领导人员，合理确定基本年薪、绩效年薪和任期激励收入。对市场化选聘的职业经理人，实行市场化薪酬分配机制，可以采取多种方式探索完善中长期激励机制。健全与激励机制相对称的经济责任审计、信息披露、延期支付、追索扣回等约束机制。

深化企业内部用人制度改革。建立健全企业各类管理人员公开招聘、竞争上岗等制度，建立分级分类的企业员工市场化公开招聘制度，切实做到信息公开、过程公开、结果公开。建立健全以合同管理为核心、以岗位管理为基础的市场化用工制度，构建和谐劳动关系。进一步优化完善国有企业负责人激励机制。

4.2.5 国企混合所有制改革的主流模式

近几年的国有企业混合所有制改革，催生了许多不同类型的央企和地方国企改革模式。仔细分析可以看到，竞争压力越大的企业，参加混合所有制改革的积极性越高，由此显示出混合所有制改革对企业经营效率的促进作用及对企业内部的激励作用。

国务院发布的国有企业混合所有制改革政策指出，要按照分类原则推进不同类型国有企业混合所有制改革。分类混合所有制改革的主要思路为：在公共产品领域，国资委对国有企业履行管企业与管资产并重的职能，以管企业为主；在自然垄断领域，国资委对国有企业履行管资产与管资本并重的职能，以管资本为主；在竞争性领域，国资委对国有企业履行管资本的职能。在分类混合所有制改革的基础上，可分类构建对应的国有企业负责人激励机制。在公共产品领域，对国有企业领导人可采取晋升激励与薪酬激励相结合的方式，以职务晋升激励为主；在自然垄断领域，对国有企业高管应以职务晋升激励为主，薪酬激励为辅，对于国资委与地方政府任命的高管应兼顾职务晋升激励与薪酬激励，对于市场招聘的职业经理人应采用市场化的薪酬激励；在竞争性领域，对国有企业经营者应主要采用市场化的薪酬激励。①

国有企业混合所有制改革在实际运作中改革模式多样，既有以中国联通为代表的集团整体改革，也有中石化、东航、国航、中核、兵器工业等对企业二级板块进行混合所有制改革的例子；既有中粮、宝武钢铁、中车集团等对新发展板块进行混合所有制改革，也有以中海油、长江三峡等为代表的企业对下属单位进行改革。

党的十八大以来混合所有制改革中，下面几种模式具有一定的代表性。

1.云南白药模式——集团层面引入投资者

云南白药采用在集团层面引入投资者的模式进行混合所有制改革。混合

① 王翠娟. 如何以分类改革原则推进国企改革[N]. 学习时报，2017-04-17(A6).

所有制改革之前，云南白药控股是云南省国资委 100%控股的国有集团公司，云南白药控股有限公司持有上市公司云南白药股份 41.52%的股权，是最大股东。混合所有制改革后，云南白药引入了新华都实业集团股份有限公司。新华都是民营企业，增资云南白药控股有限公司 254 亿元人民币，使得云南白药集团公司从 100%国有变成了 50%国资委、50%新华都的股权架构。由于云南白药是上市公司，新华都在二级市场上购买了云南白药约 2%的股票，使得表面上 50%对 50%的股权架构变成了国有股东放弃第一大股东身份的股权架构，构成云南白药集团母公司股权多元的混合所有制改革模式。①

2.东航模式——集团从上市公司回购业务再引入投资者

东航模式具有一定的代表性。东航集团混合所有制改革主要发生在东方航空的货运业务方面，通过混合所有制改革推动东航物流提升竞争力。东航集团之所以选择东航物流来进行改革，首先是因为东航的物流业务面对市场内其他物流公司的激烈竞争。一方面，中国民航货运行业面临运货量增高但运价下跌的窘境；另一方面，顺丰等快递公司的物流业务对航空公司的货运业务施加很大的市场挤压。从财务指标来看，东航物流的收入不少、利润很少，资产不少、权益很少，这就使得它在混合所有制改革的时候，盘子没那么大，投资成本不高，收入又很高，具备了典型的混合所有制改革要素。

东航集团混合所有制改革主体是东航物流公司。东航物流本身就是上市公司东航股份下属 100%的企业资产。但是，因为货运业务亏损，从战略角度出发，东航集团在 2016 年 11 月专门成立了东航产业投资公司，从上市公司东航股份手中购买东航物流 100%股权，将东航物流变为直属集团的全资子公司，然后进行混合所有制改革。此次东航混合所有制改革的投资方为联想控股、普洛斯、德邦物流和绿地金融。东航物流本身拥有物流行业稀缺的航空货运资源，此次与几家公司的联手更是实现优势互补，产生战略协同，为其打通国内航空货运、地面快递网络、物流地产和电商平台等多个航空物流产业链的上下游资源提供了条件。按照混合所有制改革时的设想，准备把东航物流单独推向资本市场上市，2021 年 6 月，东航物流按照计划在上交所挂牌上市，这是中国 A 股

① 何振红，周春林，周斌，等. 云南白药的混改探索[N].经济日报，2020-11-10(09).

市场国有上市公司分拆业务再上市的典型案例。[①]

3.联通模式——上市公司定向增发引入战略投资者

联通混合所有制改革有其特点。联通混合所有制改革并不是在集团层面进行的,而是在股份公司层面进行,稀释了国有股权。

中国联通原本的股权结构是联通集团母公司持有60%股权,混合所有制改革方案是:通过A股上市公司增发股票引进战略投资人,对员工发行限制性股票,联通集团再将原先持有的联通A股股权做老股转让给中央企业产业调整基金,混合所有制改革后联通集团母公司的持股比例降低至36%。该方案实现了两个突破:一是突破了证监会新的股票定向增发规定;二是第一次实现老股转让,通过存量转让而不是增量稀释,为混合所有制改革模式带来新意。[②]

4.中化化肥模式——聚焦于销售业务变革

相较于联通的全方位混合所有制改革方案,中化化肥混合所有制改革主要聚焦于推动销售网络变革。作为中化集团旗下的核心业务子公司,中化化肥是中国最大的化肥供应商和分销服务商。中化化肥的业务主要由两大部分组成——覆盖各省份的17家销售分公司和14家参控股生产企业。中化化肥产业链结构发展特点为"以分销为龙头,沿产业链上下游延伸",即在产业链中以销售网络为核心,以生产企业为业务支撑,为销售网络提供持续货源。针对这些业务结构特点,混合所有制改革时中化化肥选择将其核心业务即销售网络保留,仅对业务支撑部分即生产体系层面进行混合所有制改革,在该层面做资源对接延伸。中化化肥混合所有制改革体现出"为我所用"的企业体系整合思路。[③]

---

① 闫永,郭大鹏,任腾飞.中央企业基业长青之东航重塑:从"烂苹果"到"金苹果",改革焕发新生[J].国资报告,2020(1):68-82.

② 中国联通:关于混合所有制改革有关情况的专项公告[EB/OL].(2017-08-21)[2023-03-01].http://stock.stockstar.com/notice/JC2017082100000410.shtml.

③ 中化混改再提速 产业金融服务链条注入新活力[EB/OL].(2018-04-04)[2023-03-01].https://ccnews.people.com.cn/n1/2018/0404/c141677-29906707.html.

5.中粮模式——独立下属公司引入投资者

中粮混合所有制改革模式是中粮集团将公司围绕粮食大宗产品交易、农业保险、期货、基金等方面的金融业务板块剥离出来成立了中粮资本有限公司，作为中粮集团的二级公司进行混合所有制改革。中粮资本的混合所有制改革方案有三个目标：一是把中粮的持股比例降低至 70%，二是引进投资人持股 27%，三是探索 3%的员工持股。中粮的混合所有制改革是一个不上市的公司独立进行混合所有制改革的例子。[①]

6.宝武钢集团下属子公司宝钢金属的混合所有制改革模式

宝武钢集团下属子公司宝钢金属通过上海联合产权交易所公开挂牌宝玛克科技增资项目，成功引入 4 家战略投资者，同步开展了员工持股计划。宝钢金属与 4 家战略投资者签署增资协议，这四家战略投资者分别是 2 家具备产业链互补优势的战略投资者、1 家产业投资基金和 1 家属地战略投资者。根据协议，宝玛克科技战略投资者持股比例为 41.5%，员工持股平台持股比例为 5%。该混合所有制改革项目实现了公司与战略投资者优势互补、协调发展，有利于进一步提升国有资产运营效率。宝钢金属以宝玛克科技为平台，通过混合所有制改革引资、采用增资扩股的方式，积极引入产业协同、优势互补、实力雄厚的外部投资者，稳步推进宝玛克科技混合所有制改革实施，这是宝钢金属作为“双百企业”改革的重要内容，也是推动战略落地和业务战略成长的重要举措，宝钢金属首个混合所有制改革项目取得标志性成果。

4.2.6　混合所有制改革主流模式对国企内部激励机制的优化设计

在众多的混合所有制改革模式中，市场中比较有共识的较好模式是：国有大股东以较低的持股比例领先，其他股权高度分散，设置员工激励股份。这种模式有几个优势：一是保持了国有资本的控制力；二是通过让渡股权引入新资

① 中粮集团年底完成 18 家混改　中国食品或将引入外部资本[EB/OL].(2018-04-03)[2023-03-01]. https://baijiahao.baidu.com/s? id=1596710427094336125&wfr=spider&for=pc.

金，实现资本的保值增值，同时因其他股权高度分散，原企业主体的经营管理能够保持相对稳定；三是实现了员工激励，有助于提升企业经营效率。

例如，中联重科模式。2016 年年末，中联重科的最大股东——湖南省国资委的持股比例稳定在 16.35%，管理层和骨干员工通过两家持股平台共同持有 7.24%的股份，战略投资人方面除弘毅投资外，通过中联重科锁定股份不断解禁基本退出，其他股权是所有流通股股东及海外的 H 股股东。在这样的股权结构下，中联重科实现了企业治理的长期稳定。①

另一个例子是中国联通，通过混合所有制改革，联通集团的股权比例降低至 36%，战略投资人合计占 35%，员工限制性股票占 2.7%，社会流通股占 25%。尽管国有股份与战略投资人股份比例相当，但战略投资人共有 14 家，最大的中国人寿仅占 10.22%，实现了引入新资金，但其他股东股权相对分散，是典型的少数股份领先＋其他股东高度分散＋激励股份的模式。②

有些国有企业在混合所有制改革方案中对完善国有企业员工长期激励机制建设采取尝试。东航物流混合所有制改革的员工持股设计首次将员工持股比例增加到两位数——10%，核心管理层本次持股需要出资 4 亿元。③ 2017 年 5 月，宝武钢铁集团的混合所有制改革取得新突破，宝武集团对其旗下的线上交易平台欧冶云商股份实施股权开放和员工持股计划。其中公司开放了 28%的股权，引进战略投资人；对 126 名核心员工成立持股平台，共持股 5%，募集资金超过 10 亿元人民币。④ 长江三峡集团也同样进行混合所有制员工持股改革。三峡集团拟剥离整合下属几家电网企业的电力资产，在重庆成立配售电企业公司，其股权激励设计为员工持股 5.6%。⑤

---

① 崔克亮. 中联重科如何搞“混改”[J]. 中国经济报告，2014(9)：69-71.

② 中国联通：关于混合所有制改革有关情况的专项公告[EB/OL]. (2017-08-21)[2023-03-01]. http://stock.stockstar.com/notice/JC2017082100000410.shtml.

③ 闫永，郭大鹏，任腾飞. 中央企业基业长青之东航重塑：从“烂苹果”到“金苹果”，改革焕发新生[J]. 国资报告，2020(4)：68-82.

④ 李荣. 宝武集团混改新突破：电商平台实施股权开放及员工持股[EB/OL]. (2017-05-31)[2023-03-01]. https://www.cs.com.cn/xwzx/201705/t20170531_5303883.html.

⑤ 李春莲. 三峡集团混改提上日程 跑马圈地打造配售电平台[EB/OL]. (2017-05-05)[2023-03-01]. http://www.zqrb.cn/gscy/qiyexinxi/2017-05-05/A1493919386381.html.

4.3　混合所有制改革完善国企激励机制的最新实践——从“双百行动”到“国企改革三年行动”

回顾我国国有企业改革历程和国有企业治理现状，以混合所有制改革为重点的新一轮改革具有以下特征。第一，新一轮混合所有制改革实施，民间资本有望从部分盈利国企的高额利润与市场垄断地位中分得部分份额，有助于减少国资垄断经营。第二，通过混合所有制改革，在市场作为资源配置的根本性手段下实现国有资产的保值增值。第三，通过混合所有制改革，国有企业先后实行了股份合作制和企业集团控股公司上市等改制形式，推动国有企业股权社会化。第四，混合所有制改革旨在通过引入其他性质的股份，提高国有资本的运行效率。第五，混合所有制改革将体现国有资产管理理念的革新，即从经营企业到经营资本。①

4.3.1　国企改革“双百行动”简介

2018 年 3 月，国资委发布《关于开展“国企改革双百行动”企业遴选工作的通知》。2018 年 8 月，《国企改革“双百行动”工作方案》发布实施，国务院国有企业改革领导小组办公室决定选取百家中央企业子企业和百家地方国有骨干企业（以下简称“双百企业”），在 2018—2020 年实施“国企改革双百行动”（以下简称“双百行动”）。方案实施后有近 400 家企业入围，其中央企有近 200 家，地方国企有 200 多家。②

1.“双百企业”标准

“双百企业”遴选标准有三条。一是有较强的代表性。推荐企业主营业务突出，资产具有一定规模，在行业发展中具有较强影响力。二是有较大的改革发展影响。推荐企业可以是经营发展形势较好的核心骨干企业，可以是面临激

① 郑志刚. 国企公司治理与混合所有制改革的逻辑和路径[J]. 证券市场导报，2015(6)：4-12.

② 陆静. 国企改革“双百行动”工作方案印发　近 400 家企业入围[N]. 中国证券报，2018-08-15.

烈竞争、亟须通过改革提高效率、提升核心竞争力的企业，也可以是暂时处于困难阶段但有计划、有信心通过改革实现脱困发展的企业。三是有较强的改革意愿。推荐企业主要负责人及业务部门能充分理解掌握国企改革精神，能在改革重点领域和关键环节率先取得突破。

2.“双百企业”特点

被纳入国企改革“双百行动”名单的企业主要有三类。一是上市公司，试点内容主要集中在混合所有制改革、员工持股等。二是此前做得较好的试点企业，比如“十项改革试点”等企业也进入“双百行动”名单，从此前的单项试点转向“一企一策”制定综合改革试点。三是经营困难企业。这类企业的试点主要集中在如何摆脱困境，解决历史遗留问题。

3.对入围企业的要求

国资委要求入围“双百行动”的企业要实现“五大突破、一个坚持”，即在混合所有制改革、法人治理结构、市场化经营机制、激励机制以及历史遗留问题方面实现突破，同时要坚持党的领导。每家央企报2—3家，每省份报5—6家，报上去的企业，除一些财务指标特别差、社会信誉度不高的，基本上都进入了试点，最后确定的名单中有400家左右。“双百行动”将使得改革由点向面全面铺开，随着试点进一步扩围并向纵深发展，更多地方国有企业加入试点行列，资本市场投资运作将迎来高潮。①

4.3.2 “双百九条”支持“双百企业”完善中长期激励机制

截至2019年4月28日，相较于最初的试点企业数量，国资委“双百企业”综合改革试点企业已由2018年8月启动时的398家增至444家，一些重要改革领域需要有新的试点企业，一些有改革愿望的企业也需要加入试点队伍。国资委将根据“双百企业”标准，在有需要的情况下有序增加试点，因此本次“双百企业”试点单位数量有增有减。下一步，国资委要对“双百企业”进行深入督查，对

① 陆静. 国企改革“双百行动”工作方案印发　近400家企业入围[N]. 中国证券报，2018-08-15.

于改革意愿不强、执行不到位的企业要坚决“拿下”。①

对于加入“双百行动”的企业，政策支持力度不断加大。2019 年 6 月，国资委印发了《关于支持鼓励“双百企业”进一步加大改革创新力度有关事项的通知》，就“双百企业”综合性改革推进过程中遇到的问题，明确提出了九条有针对性的政策措施，简称“双百九条”。关于审批程序问题，明确了商业一类和商业二类“双百企业”实施混合所有制改革的审批程序，对审批权限予以下放。②

《关于支持鼓励“双百企业”进一步加大改革创新力度有关事项的通知》提出，根据《中央企业实施混合所有制改革有关事项的规定》和《国务院国资委授权放权清单》(2019 年版)等文件精神，中央企业下属的主业处于充分竞争行业和领域的“双百企业”，其混合所有制改革方案由中央企业审批；对于中央企业所属的主业处于关系国家安全、国民经济命脉的重要行业和关键领域、主要承担重大专项任务的“双百企业”，其混合所有制改革方案由中央企业审核报国资委批准；地方“双百企业”的混合所有制改革方案决策与批准程序按照各地国有资产监管相关政策执行。

关于授权放权问题，国资委要求贯彻落实《改革国有资本授权经营体制方案》精神，各中央企业和地方国资委要“一企一策”确定对“双百企业”的授权放权事项，充分落实“双百企业”董事会对企业中长期发展的决策权、经理层成员选聘权、经理层成员业绩考核和薪酬分配权、职工工资分配权等权利，充分保障经理层经营自主权。对市场化用人机制问题，各中央企业和地方国资委要指导推动“双百企业”全面推行经理层成员任期制和契约化管理；加快建立职业经理人制度，对市场化选聘的职业经理人实行市场化薪酬分配机制，并采取多种方式探索完善中长期激励机制。

关于工资总额管理问题，国资委要求各中央企业和地方国资委按照分级分类管理的原则，对“双百企业”及所出资企业实施更加灵活高效的工资总额管理方式，“双百企业”依法依规自主决定内部薪酬分配。允许“双百企业”综合运用各种中长期激励政策，不受试点名额限制。对科研、设计和高新技术类“双百企业”，科技人员确因特殊情况需要持有子企业股权的，允许报经集团公司或地方

① 国企改革“双百企业”扩围：48 家新增名单在此　有多少上市公司？[N]. 上海证券报，2019-07-31.

② 陆静. 国企改革“双百行动”工作方案印发　近 400 家企业入围[N]. 中国证券报，2018-08-15.

国资委批准后实施。在混合所有制改革契约化管理的多个层面，国资委将会同有关单位，研究出台更有针对性的政策文件或操作指引，在混合所有制改革、经理层任期制和契约化管理、职业经理人制度等问题上，引导和支持“双百企业”加快推进综合性改革。

关于国企内部的中长期激励问题，《关于开展“国企改革双百行动”企业遴选工作的通知》要求各中央企业和地方国资委指导推动“双百企业”综合运用好各种正向激励政策和工具，建立健全多层次、系统化的正向激励体系。“双百企业”可以综合运用国有控股上市公司股权激励、国有科技型企业股权和分红激励、国有控股混合所有制企业员工持股等中长期激励政策，不受试点名额限制。实施国有控股上市公司股权激励的企业，可以结合企业改革发展情况合理设置授予业绩条件和有挑战性的行权（解锁）业绩条件。非上市“双百企业”可以结合企业实际，借鉴国内外成熟有效的中长期激励实践经验，大胆创新，实施不同方式的中长期激励。

关于加强党的领导和党的建设问题，《关于开展“国企改革双百行动”企业遴选工作的通知》要求各中央企业和地方国资委指导推动“双百企业”明确党委（党组）在决策、执行、监督各环节的权责和工作方式，使“双百企业”党委（党组）发挥好领导作用，确保“双百企业”党委（党组）把方向、管大局、保落实。

关于探索创新和容错纠错问题，《关于开展“国企改革双百行动”企业遴选工作的通知》提出支持鼓励“双百企业”按照“法无禁止即可为”的改革精神，主动探索、锐意创新。要求各中央企业和地方国资委全面落实《关于进一步激励广大干部新时代新担当新作为的意见》精神，对“双百企业”改革创新过程中的失误错误进行综合分析，对该容的大胆容错，切实为敢于担当的干部撑腰鼓劲。同时，鼓励各中央企业和地方国资委建立健全符合本企业、本地区特点的改革容错纠错机制。

4.3.3 “双百企业”负责人市场化管理的激励政策优化要点

为推行党中央、国务院关于国有企业经理层成员任期制和契约化管理、建立职业经理人制度的决策部署，国务院国有企业改革领导小组办公室制定了《“双百企业”推行经理层成员任期制和契约化管理操作指引》和《“双百企业”推行职业经理人制度操作指引》，推行国有企业经理层人员的市场化管理，优化经理层人员的激励机制。主要政策思路如下。

《“双百企业”推行经理层成员任期制和契约化管理操作指引》要求“双百企业”（含所属各级子企业，下同）推行经理层成员任期制和契约化管理，并鼓励未纳入国企改革“双百行动”的中央企业所属各级子企业和地方国有企业（含所属各级子企业，下同）参考该操作指引积极推进相关工作。

经理层成员一般包括“双百企业”的总经理（总裁、行长等）、副总经理（副总裁、副行长等）、财务负责人和公司章程规定的其他高级管理人员。任期制和契约化管理的基本操作流程为：制定方案、履行决策审批程序、签订契约、开展考核、考核结果兑现。

任期期限由经理层成员的任期期限由董事会（或控股股东）确定，一般为两到三年，可以根据实际情况适当延长。经理层成员任期期满同意续聘的，应重新履行聘任程序并签订岗位聘任协议；未能续聘的，自然免职（解聘），如有党组织职务，原则上应一并免去。

契约化管理应包含：(1)经营业绩责任书。(2)考核内容及指标。按照定量与定性相结合、以定量为主的导向，确定每位经理层成员的考核内容及指标。考核内容和指标按照年度和任期经营业绩适当区分。(3)考核指标的目标值一般根据企业发展战略、经营预算、历史数据、行业对标情况等设置。(4)签约程序。一般由“双百企业”董事会授权董事长与总经理签订年度和任期经营业绩责任书，董事会可以授权总经理与其他经理层成员签订年度和任期经营业绩责任书。未建立董事会的“双百企业”，由其控股股东确定相关签约程序并组织实施。

关于考核，应在考核期末，董事会（或控股股东）依据经审计的财务决算数据等对经理层成员指标的完成情况进行考核，形成考核与奖惩意见，并反馈给经理层成员。

经理层成员薪酬结构一般包括基本年薪、绩效年薪、任期激励等。基本年薪是年度基本收入，按月固定发放。绩效年薪是与年度经营业绩考核结果挂钩的浮动收入，原则上占年度薪酬（基本年薪与绩效年薪之和）的比例不低于60%。任期激励是与任期经营业绩考核结果挂钩的收入。

“双百企业”可综合运用国有控股上市公司的股权激励、分红激励、员工持股等中长期激励政策，探索中长期激励方式，不断丰富完善经理层成员的薪酬结构。“双百企业”应根据经营业绩考核结果兑现薪酬；年度考核不合格的，扣减全部绩效年薪。

经考核认定不适宜继续任职的，应当终止任期、免去现职。一般包括以下情形：(1)年度经营业绩考核结果未达到完成底线（如百分制低于 70 分），或年度经营业绩考核主要指标未达到完成底线（如完成率低于 70%）的。(2)连续两年年度经营业绩考核结果为不合格或任期经营业绩考核结果为不合格的。(3)任期综合考核评价不称职，或者在年度综合考核评价中总经理得分连续两年靠后、其他经理层成员连续两年排名末位，经分析研判确属不胜任或者不适宜担任现职的。(4)对违规经营投资造成国有资产损失负有责任的等。对不胜任或不适宜担任现职的经理层成员，应及时解聘。

《“双百企业”推行职业经理人制度操作指引》主要集中在职业经理人的市场化选聘程序及聘任考核等方面。

第一，界定操作指引所称的职业经理人一般包括“双百企业”的总经理（总裁、行长等）、副总经理（副总裁、副行长等）、财务负责人和按照公司章程规定的高级管理人员。对于确定推行职业经理人制度的“双百企业”，原则上应当在高级管理人员中全面推行。

第二，“双百企业”的控股股东及其党组织负责对相关工作方案，特别是在确定标准、规范程序、参与考察、推荐人选等方面把关。“双百企业”董事会依法选聘和管理职业经理人，负责组织制定相关工作方案和管理制度、履行决策审批程序、组织开展选聘、参与考察、决定聘任或解聘、开展考核、兑现薪酬等。“双百企业”党组织会同董事会制定相关工作方案和管理制度并组织人选推荐、测试、考察等工作，集体研究后向董事会提出意见建议。

第三，市场化选聘一般包括制定招聘方案、发布招聘公告、报名及资格审查、实施综合考评（测评、面试评估等）、组织考察或背景调查、作出聘任决定等。“双百企业”职业经理人可以通过竞聘上岗、公开招聘、委托推荐等方式产生。人选来源一般包括本企业内部人员、股东推荐人员、社会参与人员、人才中介机构推荐人员等，不受企业内外、级别高低、资历深浅限制。

第四，选聘程序应坚持公平公正、竞争择优。企业内部人员参与竞聘职业经理人的，个人应当先行提出申请，承诺竞聘成功后放弃原有身份、解除（终止）

聘任关系后不得要求恢复原有身份，并遵守职业经理人管理的相关规定。符合条件的职业经理人，可以按照有关规定进入“双百企业”党组织领导班子。

第五，职业经理人实行聘任制，职业经理人聘任期限由董事会决定，原则上不超过三年，可以根据实际情况适当延长。“双百企业”应与职业经理人签订劳动合同、聘任合同和经营业绩责任书（年度和任期）。董事会对职业经理人实施年度和任期考核，考核以经营业绩指标为主，根据岗位职责和工作分工，确定每位职业经理人的考核内容及指标，年度和任期经营业绩考核内容及指标应适当区分、有效衔接。考核指标目标值应当结合本企业历史业绩、同行业可比企业业绩情况等综合确定。考核指标目标值设定应当具有较强的挑战性，力争跑赢市场、优于同行。

第六，职业经理人薪酬结构可以包括基本年薪、绩效年薪、任期激励，也可以实施各种方式的中长期激励，具体由董事会与职业经理人协商确定。绩效年薪是与职业经理人年度经营业绩考核结果挂钩的浮动收入，原则上占年度薪酬（基本年薪与绩效年薪之和）的比例不低于 60%。

4.3.4　“双百”试点企业对完善激励机制的引领示范作用

自 2018 年针对央企子企业和地方国有骨干企业的综合性改革“双百行动”启动以来，国资国企领域的综合性改革进展不断。央企的改革任务迅速推进，工作进度快于预计时间进度，在股权多元化和混合所有制改革、健全法人治理结构、完善市场化经营机制、健全激励约束机制、全面解决历史遗留问题等方面迈出实质性步伐，在不少重要领域有望实现突破。

“双百企业”混合所有制改革的辐射效应也很明显。例如，海康威视和烟台万华这两家企业都通过混合所有制改革转变了经营、决策和激励机制，展现了企业能够随市场变动有效调整的策略。它们的改革措施也在相应地区和行业领域得到推广。

国务院国有企业改革领导小组办公室印发的“双百九条”明确表示对科研、设计和高新技术类“双百企业”科技人员确因特殊情况需要持有子企业股权的，允许报经集团公司或地方国资委批准后实施。这一政策改变了过去员工持股不能“上持下”的状况，打通了改革推进的堵点，将有力激发广大科技人员的积极性，促进企业努力突破关键核心技术。

接下来通过中国联通的混合所有制改革实践展示联通混合所有制改革对全国国有企业混合所有制改革的示范作用。联通混合所有制改革志在全方位改革，联通改革方案设计的总体思路是：通过整体设计，积极引入境内投资者，降低联通集团的国有股权比例，将部分公司股权释放给其他国有资本和非国有资本，实质性地推进混合所有制改革，以市场化为导向健全企业制度和公司治理机制，聚焦公司主业，创新商业模式，规模发展基础业务和创新业务，全面提高企业效率和竞争能力，实现公司战略目标，为国民经济和社会信息化、供给侧结构性改革、新旧动能转换作出积极贡献。①

(1)通过混合所有制改革引入有价值的战略投资者。联通混合所有制改革采用非公开发行和老股转让等方式，引入处于行业领先地位、与公司具有协同效应的战略投资者，具体包括中国人寿、腾讯信达、百度鹏寰、京东三弘、阿里创投、苏宁云商、光启互联、淮海方舟、兴全基金等。这些战略投资者与中国联通主业关联度高、互补性强，有助于将联通在网络、客户、数据、营销服务及产业链影响力等方面的资源和优势与战略投资者的机制优势、创新业务优势相结合，实现企业治理机制现代化和经营机制市场化，培育壮大联通公司创新发展的新动能。

(2)通过混合所有制改革建立健全协调运转、有效制衡的公司治理机制和激励机制。本次混合所有制改革前，联通公司总股本为约 211.97 亿股。在混合所有制改革过程中，公司向战略投资者非公开发行不超过 90.37 亿股股份，联通集团再向结构调整基金协议转让约 19 亿股股份，向核心员工首期授予不超过 8.48 亿股限制性股票，上述交易全部完成后，联通集团合计持有公司约 36.67％股份；中国人寿、腾讯信达、百度鹏寰、京东三弘、阿里创投、苏宁云商、光启互联、淮海方舟、兴全基金和结构调整基金等新引入的战略投资者合计持有联通公司约 35.19％股份，进一步形成混合所有制多元化股权结构。

(3)在公司治理结构设计上，联通通过本次混合所有制改革形成多元化董事会和经理层，形成权责对等、协调运转、有效制衡的混合所有制公司治理机制。优化了董事会结构，落实了董事会职权。通过混合所有制改革引入新的国

① 中国联通：关于混合所有制改革有关情况的专项公告[EB/OL]．(2017-08-21)[2023-03-03]．http://stock.stockstar.com/notice/JC2017082100000410.shtml.

有股东和非国有股东代表担任公司董事，进一步优化多元董事会组成结构。明确董事会在公司的核心地位，落实董事会重大决策、选人用人、薪酬分配等权力，认真履行决策把关、内部管理、防范风险、深化改革等职责，接受股东大会、监事会监督。借助本次混合所有制改革联通大力加强经理层建设，探索市场化管理。探索经理层市场化选聘机制和市场化管理机制，实行任期制和契约化管理。对符合政策要求的高级管理人员，探索施行中长期激励机制，并建立与激励机制相配套的约束机制。

(4)通过混合所有制改革建立员工与企业利益共享、风险共担的市场化激励机制。实现“岗位能上能下、员工能进能出、收入能增能减”，同时维护好员工的基本权益，促进公司发展。在混合所有制改革过程中，同步建立限制性股票等员工激励计划，吸引和留住高素质员工，努力实现股东、公司、员工利益一致。激励方案由公司董事会制定并适时推出，激励对象包括公司董事、高级管理人员以及对经营业绩和持续发展有直接影响的管理人员和技术骨干等。激励股权分配不搞平均主义，根据对经营业绩的贡献实现差异化分配。

联通借助混合所有制改革优化了内部薪酬分配机制和约束机制。通过改革员工考核和激励机制，科学设置公司业绩指标和个人绩效指标。在基础业务领域，分专业合理设置团队绩效指标，推进全生产场景划小承包，建立增量收益分享等市场化激励机制，激发员工创收增利动力。在创新业务领域，打造特区机制，以有市场竞争力的薪酬吸引转型发展所需的高端人才。优化员工绩效管理体系，强化考核结果在晋升发展、薪酬激励和竞争淘汰中的应用。以业绩为导向、以考核为依据，建立管理人员和员工竞争退出机制，用创新机制激发活力、凝聚合力。①

4.3.5　“国企改革三年行动”对国企激励机制的优化

2020 年国务院政府工作报告提出，实施国企改革三年行动。通过三年行动提升国企改革成效，引导国企聚焦主业，健全市场化经营机制，提高核心竞争力。在国企改革三年行动中，国企要完善国有资产监管体制，深化混合所有制

① 中国联通：关于混合所有制改革有关情况的专项公告[EB/OL].(2017-08-21)[2023-03-04]. http://stock.stockstar.com/notice/JC2017082100000410.shtml.

改革，基本完成剥离国企办社会职能和解决历史遗留问题。

2020 年 6 月，中央全面深化改革委员会第十四次会议审议通过了《国企改革三年行动方案(2020—2022 年)》。2020 年 9 月 29 日，国资委召开视频会议，对中央企业改革三年行动工作进行动员和部署。

截至 2021 年 12 月，国企改革三年行动 70%的目标任务顺利完成，首先国有企业公司制改革基本完成，中央党政机关和直属事业单位所管理企业中公司制企业占比已达 97.7%，地方国有企业中公司制企业占比达 99.9%，实现了历史性突破。①

2022 年是国企改革三年行动的收官之年，按照国资委部署，将开展督查评估考核，中央企业和地方国企在这场三年行动的收官之战中聚焦于混合所有制改革上市、中长期激励等多项关键任务，确保三年行动按时“交卷”。

1.国企改革三年行动聚焦的问题

一是推动国有企业建立中国特色现代企业制度。要加强党的领导，落实董事会职权，健全市场化经营机制，国有企业要成为有核心竞争力的市场主体。中央企业要推进管理流程再造，对标世界一流企业，优化资源配置，国有企业必须发挥经济功能，创造市场价值。积极稳妥深化混合所有制改革。

二是要围绕服务国家战略推进国有经济布局优化和结构调整。聚焦主业，发展实体经济，推动高质量发展，更好发挥国有企业在畅通产业循环、市场循环、经济社会循环等方面的引领带动作用，支持中央企业带动民营企业、中小企业协同发展，国有企业要加大研发投入，提升自主创新能力，在关键核心技术攻关、科研成果转化应用等方面有更大作为。

三是要积极稳妥地抓好混合所有制改革，根据不同企业功能定位，合理设计和优化混合所有制企业股权结构，推动建立灵活高效的市场化经营机制，推动混合所有制改革取得实效。健全国有企业的市场化运行机制，具备条件的国有企业要加快推行职业经理人制度，推进经理层成员契约化管理和任期制，对不同功能定位、行业领域、发展阶段的企业实行差异化的分类考核，按照市场化选聘、契约化管理、差异化薪酬、市场化退出原则，完善国有企业选人用人市场

① 历史性突破！国有企业公司制改革基本完成[EB/OL].(2022-01-17)[2023-03-04]. https://baijiahao.baidu.com/s? id=1722201063463189479&wfr=spider&for=pc.

化机制，推进市场化薪酬分配机制，开展多种方式的中长期激励，实施更加多样、符合市场规律和企业实际的激励方式。要大力弘扬企业家精神，对企业家高度信任、充分授权，对敢于负责、勇于担当、善于作为、实绩突出的国有企业负责人给予更大力度的物质激励和精神激励，营造尊重和激励企业家干事创业的良好氛围。

按照国资委的部署，要圆满完成国企改革三年行动任务，从政府主管部门到国有企业还需要在国企内部搞好契约化管理，与国企负责人签订契约，明确责任，制定明确的考核办法，务求实效。在国企内部推动基层创新，赋予地方国企更大的改革自主权，扎扎实实推动工作部署落实落地，通过国企改革三年行动开辟国企改革新天地。

2.国企改革三年行动加速推动混合所有制改革，探索优化负责人激励机制

党的十八大以来，党中央出台了国企改革“1＋N”政策体系，为新时代国企改革搭建了“四梁八柱”，但是一些重点难点问题还没有完全攻克，改革任务依然艰巨，同时也面临着新形势、新任务，党中央、国务院决定实施国企改革三年行动。

国企改革三年行动是落实国企改革“1＋N”政策体系和顶层设计的具体施工图，是可衡量、可考核、可检验、要办事的，需要狠抓国企改革的责任落实、重点举措，切实提升改革综合成效，增强国有经济竞争力。

国企改革三年行动步入验收考核期，国企混合所有制改革重点将从“混资本”转向“改机制”。业界出现了深化国企混合所有制改革实施意见、研究建立混合所有制改革对接机制等混合所有制改革“升级版”政策的呼声。专家认为，未来电力、电信、军工、民航、新能源、储能设施建设等领域混合所有制改革有望进一步提速。下一步国企混合所有制改革重点将从“混资本”转向“改机制”，以资本证券化作为重要方向，建立规范的治理机制和激励约束机制，推动混合所有制改革企业提高经营效率。①

(1)国企改革三年行动临近收官之年时，国企混合所有制改革加速推进。2021 年 11 月 26 日，中广核风电公司增资项目在北京产权交易所签约，中广核

① 刘丽靓. 国企混改重点将从“混资本”转向“改机制”[N].中国证券报，2021-12-01(A02).

风电公司超300亿元增资引战成功落地，此次增资引入14家战略投资者，包括全国社保基金、国家电网、南方电网、中国国新、中国诚通、广东恒健、川投能源投资平台，以及四大银行、保险公司和产业基金，均为与风电公司和中广核具有重大业务协同效应的产业投资者和实力雄厚的财务投资者。共引入权益资金305.3亿元，主要用于风电和光伏储备项目的开发、建设，储能、综合智慧能源、售电、电力增值服务等新业务的开拓。中广核此次混改一举创下“国内新能源电力领域最大股权融资项目”“双碳目标提出以来央企混改第一大项目”“年度国内非上市公司第一大股权融资项目”“产权市场有史以来混改项目募资金额最高纪录”等多项纪录。①

中国宝武集团混合所有制改革项目向资本市场推出21户“宜混”企业，该批项目聚焦于与钢铁主业相关的新材料产业、智慧服务产业、资源环境产业和产业金融业，拟通过增资扩股、改制上市等多方式、多渠道实施混合所有制改革。国家电网则明确将金融、战略性新兴业务等竞争性业务作为混合所有制改革重点领域。公司研究出台《国家电网有限公司混合所有制改革操作指引》，推动12类121个项目有序落地，引入外部资本340亿元。②

从地方来看，多种形式的混合所有制改革正在展开。安阳钢铁披露，控股股东安钢集团董事会会议审议通过关于安钢集团混合所有制改革总体工作方案等相关事宜。根据混改方案，将引入战略投资者对安钢集团进行增资扩股，并实施员工持股等中长期激励。广汽集团下属子公司广汽埃安混合所有制改革或于2022年完成(2022年已完成)，并将择机上市。混合所有制改革完成后，国资持股比例将从50%下降到20%—30%。东北制药混合所有制改革已满三周年，混合所有制改革后员工成为混改最大受益者，东北制药混合所有制改革对管理层和核心骨干给予了股权激励，并实行“干到给到、多创多得”的激励机制，干得好排名靠前的员工还有额外奖励。深圳市城市交通规划设计研究中心股份有限公司与宝安交通集团所属的宝规院、宝建院、监理公司、锦绣城公司等4家企业负责人、4家企业员工持股平台执行事务合伙人委派代表进行现场签约。宝安上述4家区属国企联合混合所有制改革是全国首例“全链条企业打

① 刘丽靓．国企混改重点将从“混资本”转向“改机制”[N].中国证券报，2021-12-01(A02).

② 刘丽靓．国企混改重点将从“混资本”转向“改机制”[N].中国证券报，2021-12-01(A02).

包＋引进战略投资者＋管理层和核心骨干持股”模式。①

国企混合所有制改革未来有望在央企集中的电力、电信、军工、民航等领域实现突破，在这些行业和领域中的现有上市公司有望率先实现混合所有制改革达标和市场突围。从前面混合所有制改革案例可以看出，国企混合所有制改革重点在于公司治理优化、完善差异化管控、三项制度改革、混改后评估等方面，从央企到地方国有企业通过混合所有制改革集中力量引入外部资金，优化股权和治理结构。

围绕未来产业发展和产业链优化及治理机制优化的混合所有制改革仍将持续，混合所有制改革新看点包括扩大对外开放与合作，推进“双碳”目标实现，完善现代管理制度，创新商业模式，推动产业链供应链完善等。国企混合所有制改革要借力资本市场建立规范的治理机制和激励约束机制，充分利用主板、创业板、科创板及新设立的北交所等多层次资本市场，推动企业规范治理，推动混合所有制改革企业提高经营效率。

(2)国企改革三年行动要抓好任期制和契约化管理，优化激励机制。2021 年 3 月 31 日，国务院国有企业改革领导小组办公室召开国有企业经理层成员任期制和契约化管理专题推进会，推动国企改革三年行动落实落地，会议明确，国有企业经理层成员任期制和契约化管理是必须抓实抓好的重点环节。②

推行经理层成员任期制和契约化管理是激发企业内生活力动力的关键举措，中央企业和地方国资委通过明确任职期限、签订并严格履行聘任协议实现任期管理的规范化、常态化。要推动落实刚性兑现考核结果的奖励和惩罚，突出契约目标的严肃性和科学性，要体现薪酬兑现的强激励、硬约束，坚持业绩导向，强化精准考核有效激励，要强调考核的刚性退出，实现经理层成员职务“能上能下”。③

任期制和契约化管理，通俗来讲，就是要按市场规律对经理层进行管理，明

---

① 刘丽靓. 国企混改重点将从“混资本”转向“改机制”[N].中国证券报，2021-12-01(A02).

② 国有企业经理层成员任期制和契约化管理有哪 4 个必须抓实抓好的重点环节？[EB/OL].(2021-04-07)[2023-03-10]. http://www.sasac.gov.cn/n4470048/n13461446/n15390485/n15390515/c20296321/content.html.

③ 国有企业经理层成员任期制和契约化管理有哪 4 个必须抓实抓好的重点环节？[EB/OL].(2021-04-07)[2023-03-10]. http://www.sasac.gov.cn/n4470048/n13461446/n15390485/n15390515/c20296321/content.html.

确责任制，干得好就激励，干不好就调整，实现职务能上能下、收入能增能减，强化“干好干坏不一样的导向”，充分激发经理层成员的活力和创造力，提升企业市场化、现代化经营水平。

(3)要抓好以下四个重点环节。

重点环节一：任期管理要实现规范化、常态化。要通过明确任职期限、签订并严格履行聘任协议，实现任期管理的规范化、常态化。要对国有企业经理层成员全面实行任期管理，明确任期期限。任职期满后，符合条件的要重新履行聘任程序并签订岗位聘任协议，未能续期的自然解聘。破除看身份、看级别的传统观念，树立看岗位、看贡献的市场导向。

任期内应当保持经理层成员的相对稳定，避免不必要的调整，明确并细化经理层成员岗位职责和分工，让每位经理层成员清楚自己“要干什么”“有什么权力”“干好干坏有什么后果”，把“丑话”讲在前面。要建立董事会向经理层授权的管理制度，调动经理层成员积极性。严格落实总经理对董事会负责、向董事会报告的工作机制，强化工作监督。

重点环节二：契约目标要突出科学性、挑战性。契约目标要注重体系化，构建涵盖经济效益类、经营管理类、风控合规类、科技创新类、重点任务类等指标的考核体系。根据企业功能分类实施分类考核，避免“一刀切”。对不同岗位的经理层成员，要抓住关键岗位职责，实施“一人一表”的差异化考核。要结合企业发展战略、近三年的历史业绩、行业对标情况等，分档制定富有挑战性的考核目标。不同目标档位匹配相应的考核计分与薪酬分配机制，鼓励经理层挑战历史最高水平，推动企业高质量发展。

任期经营业绩考核重点关注价值创造、中长期发展战略、风险控制等内容。年度经营业绩考核要有效分解和承接任期经营业绩目标，更加突出发展的质量和效益。要尊重契约精神，年度考核目标值一经确定，无特殊情况不作调整。

重点环节三：薪酬兑现要体现强激励、硬约束。要坚持业绩导向，真正体现“业绩升、薪酬升，业绩降、薪酬降”。一要坚持薪酬与业绩直接联动，在契约中明确业绩贡献与薪酬兑现的关联规则，让每位经理层成员“看得懂、算得明”，真正体现“业绩是干出来的，薪酬也是干出来的”价值导向。二要坚持薪酬刚性兑现，要严格按照契约约定，根据经营业绩考核结果刚性兑现薪酬，对于年度考核结果不合格的，要扣减当年全部绩效年薪。对于超额完成考核目标任务或作出突出贡献的，该奖就要奖，确保激励到位。要根据岗位价值、目标难度、考核结果等因素，合理拉开经理层成员的薪酬差距。三要坚持开展多种中长期激励，结合企业实际对经理层成员灵活开展股权激励、分红激励、超额利润分享、虚拟股权、跟投等中长期激励，不断丰富完善经理层成员薪酬结构。要保护和弘扬企业家精神，最大限度地调动经理层成员干事创业的积极性和主动性。不能变相涨薪、借机涨薪，"该高的高上去、该低的低下去"，逐步实现市场化薪酬水平，同时根据有关规定建立薪酬追索扣回制度，构建强激励、硬约束的薪酬分配机制。地方国有企业集团层面推行经理层成员任期制和契约化管理，要坚持国有企业薪酬制度改革成果，严格落实有关薪酬管理制度。

重点环节四：推行经理层成员任期制和契约化管理要更加突出强调考核的刚性退出，考核结果不仅要影响收入的"能增能减"，更要影响职务（岗位）的"能上能下"。一要设置明确的退出底线，一旦触发底线，就要据实解聘。任期届满，不符合续聘条件的，也应当退出现岗位。二要实行"双达标"考核机制，既要完成好经营业绩的考核目标，也要达到综合考核评价的要求，任一项考核未达标都需要进行岗位调整或退出。三要进一步规范退出管理，对考核退出的经理层成员，进一步完善转岗、待岗以及市场化退出等机制，符合其他岗位任职条件的，可以按照企业领导人员有关规定聘任，促进经理层成员正常更替、人岗相适，推动管理人员"能上能下"成为常态。[①]

推行经理层成员任期制和契约化管理，本质是基于岗位职责进行管理，加快从传统的"身份和级别管理"向市场化"岗位管理"转变，强化岗位意识和契约精神，企业经理层成员能否重聘要让契约说了算，让指标评价干得好不好，根据考核期末的业绩完成情况兑现经理层收入，不断激发企业发展动力和活力。

4.4　混合所有制改革优化国企负责人长效激励机制的思考

对国有企业混合所有制改革来说，员工持股问题一直是讨论的热点。员工

① 国有企业经理层成员任期制和契约化管理有哪 4 个必须抓实抓好的重点环节？[EB/OL].(2021-04-07)[2023-03-15]. http://www.sasac.gov.cn/n4470048/n13461446/n15390485/n15390515/c20296321/content.html.

持股计划是一种通过让员工持有本公司股票，使员工可享有企业成长的利益分享机制，其核心是建立企业员工的长期激励机制。目前企业的长期激励主要包括分红权或者虚拟股票、增资或股权转让持股、股票期权或限制性股票等。许多企业在未上市之前通过增资和股权转让形式成立员工持股平台，让员工持有股份，如果已经上市，可以通过股权激励计划限制性股票实现股权激励。

国有企业高管长效激励机制建设因国有企业存在所有者缺位、内部人控制等问题而变得困难重重。首先，国有企业委托—代理层次多，产权界定不明晰；其次，国有企业的监管者是国资委，国资委属于政府部门，下属企业盈利状况对国资委工作人员个人绩效评估影响不大，监管人员激励国有企业高管努力工作的动机不强，形成国有企业产权所有者缺位，由此引发内部人控制问题。国企内部存在大量的高管自利行为。在这种情形下，如果政府监管部门再大力推动激励措施，必将引发新的不公平问题。

我国的国有企业具有政治属性，国有企业承担了大量社会责任，企业也因此获得一部分特权和优惠，并在一些基础行业中形成垄断态势，带来了竞争的不完全性。国有企业的经营业绩会受到资源垄断、行政权力等非市场因素的影响。如何确定国有企业经营业绩中哪一部分来自管理者个人的努力，哪一部分来自国有企业的特权和垄断等非市场因素，是评价高管业绩的难题。国有企业同时肩负引领经济、社会、环境等多重发展目标的责任，这在一定程度上也使得监管部门无法完全以企业利润考核国企高管的努力程度，国企高管的经营管理能力和努力程度无法与企业经营业绩完全挂钩。我国国有企业高管的聘任缺乏市场化机制，多为行政任命，在政治晋升激励下，高管存在寻求任期内短期利益的动机，如果对风险投资缺乏约束，有可能引发企业经营风险，但其他政治、社会等发展目标却获得肯定，这给国企高管的激励评价带来困难。[①]

混合所有制改革也隐藏着风险。首先，混合所有制改革并不是企业经济效益提高的保证，如果混合所有制改革中出现引进的投资人不合理，股权架构不合适，不仅不能够为企业带来发展，甚至可能会打乱企业原有的机制，引发管理混乱。其次，混合所有制改革可能会使管控更加复杂化，需要防止“一混就乱”。不存在“一混就灵”，“一混就乱”却很容易发生。混合所有制改革可以集聚产业

① 李朝芳.混合所有制改革背景下的国有企业股权激励：理论与实务[J].财会月刊，2018(15)：65-71.

资源、推动企业上市、激活国企机制，但不当的混合所有制改革也会为企业带来种种问题，正确的战略选择是混合所有制改革成功的关键。

在国有企业混合所有制改革的员工持股激励问题上，合理的股权结构和持股平台设计对改革成功非常重要。员工持股是为了建立长期激励机制，目的是将员工自身利益与企业长远发展相结合实现共赢。股票期权激励机制存在两个隐含假设：一是管理层受激励后增多的努力与企业业绩直接相关，二是企业业绩的增加能直接反映为股价上扬。但是对于国有企业而言，存在企业目标多元所带来的高管业绩考核难题，高管业绩度量难题在一定程度上限制了股权激励效应的发挥。

对商业类国有企业高管采用股权形式的激励机制，有助于解决企业所有权与经营权分离问题。公益类国有企业提供的产品和服务是政府职能的延伸，企业社会效益目标往往高于经济效益目标，高管承担的是企业家和党政官员的双重角色，政治晋升激励作用更为强烈。有研究认为，股权激励对消费型、周期型行业的国有企业业绩提升较为明显，竞争类国有企业高管薪酬激励能够显著提升公司绩效，而公共服务类国有企业和特定功能类国有企业的高管薪酬激励效果不显著。[①] 因此，国有企业在采用股权激励方式时，应注意企业特点，审慎运用股权激励，鼓励和完善竞争类国有企业的股权激励，限制公益类国有企业的股权激励。

国有企业产权性质决定了国有企业股权激励仅考核经济业绩是不全面的，相较于民企，即使是商业类竞争性国有企业，在承担经济发展目标之外，还承担着较多的社会责任，因此，对国有企业高管的绩效评价指标体系应体现出国有企业的多重目标责任。从实践上看，东方明珠 2016 年推出的股权激励计划，其绩效考核指标除包括营业收入复合增长率和每股收益这些经济效益指标外，还包括政治导向指标、受众反应指标和社会影响指标等社会责任指标[②]，东方明珠激励计划体现出对国企所承担的多重目标责任的考量。

《中共中央、国务院关于深化国有企业改革的指导意见》指出，探索实行混合所有制企业员工持股时，要优先支持人才资本和技术要素贡献占比较高的转

---

① 李朝芳. 混合所有制改革背景下的国有企业股权激励：理论与实务[J]. 财会月刊，2018(15)：65-71.

② 曹玲娟. 东方明珠新媒体拟向 574 名员工授予股票　文化传媒国企有了“股权激励”[EB/OL]. (2016-09-22)[2023-04-01]. http://www.xinhuanet.com/zgjx/2016-09/22/c_135704907.htm.

制科研院所、高新技术企业、科技服务型企业开展员工持股试点，支持对企业经营业绩和持续发展有直接或较大影响的科研人员、经营管理人员和业务骨干等持股。在对国有企业员工进行股权激励时，股权激励计划要能充分体现股权的激励特征，明确骨干员工的贡献，区分好股权激励与员工持股。

从发展的角度看，混合所有制改革能够进一步优化国有企业的激励机制。混合所有制国有企业成为上市公司能够在更大程度上优化国有企业负责人激励机制。

第5章　国有企业上市对国企负责人激励机制的优化

本章研究推动国有企业成为上市公司对国企负责人激励机制的影响。国有企业上市对规范企业内部治理具有很大的正面作用，国有上市公司治理除了满足公司法、国资委的法律法规政策要求之外，还要满足上市公司监管的法律法规要求，需要考虑资本市场投资者的要求，要提升自身公司的投资价值，这些都促使企业提升内部治理水平，重视优化负责人激励机制。

5.1　国企内部激励机制存在的问题与优化实践

我国国有企业长期存在所有者缺位的问题，几轮改革都把完善现代企业制度、完善国有企业委托—代理机制、完善国有企业内部激励机制作为重要内容。新时代国企面对的国内国际市场竞争又出现了新特点。党的十八大以来，国有企业不断推进混合所有制改革、分层分类改革以及从管企业到管资本的管理体制改革等，逐层递进以适应新形势新变化，优化完善负责人长期激励机制始终是国有企业改革的重点。

5.1.1 国企内部激励机制存在的主要问题

1.国有企业行政干预过多导致激励不足

国有企业内部存在比较严重的行政干预问题，很多国企骨干人才在经营责任与激励力度上不对等，正向、负向激励均存在不足。目前，按照中央提出的健全现代企业制度、完善法人治理结构的国有企业改革要求，国有企业根据《中华人民共和国公司法》《中华人民共和国企业国有资产法》等法律法规制定公司章程，建立起了股东会、董事会、经理层等法人治理架构。但在实际运行中，政企不分问题并没有很好地解决。目前国有企业负责人的基本收入是按照学历、职称、资历、级别等非经营性因素确定的，与企业效益好坏没有太紧密的对应关系，负责人对企业经营业绩分担责任不够，报酬与工作绩效关系不清晰，不符合市场化企业经营规律，导致负责人不关心企业长远发展，追求短期效益。①

2.薪酬结构不合理，激励效果不明显

国有企业监管受到与相应级别国资委的隶属关系制约，国企级别不同，相应的监管部门级别也不同。在同一个监管级别但处于不同行业的国有企业基本执行同样标准的薪酬和激励政策，很少体现出企业所属的行业特征。处于垄断性行业的国有企业效益好，管理层激励过度；处于完全竞争性行业的国有企业以及科技创新型国有企业竞争压力大，管理层工作压力大，但激励力度不足，没有体现出对内部骨干工作的足够激励。薪酬激励政策的“一刀切”使国有企业的核心骨干报酬与付出不对应。尤其是处于完全竞争性行业的商业型国有企业以及科技创新型国有企业忽视核心骨干人才的贡献，导致激励不足，使部分核心骨干人员流失，弱化了竞争性行业国有企业的竞争力。②

现代企业制度下强调对人力资源的科学化管理，企业骨干的责、权、利要与

---

① 中国大连高级经理学院中央企业中青班第 4 期课题组.国有企业骨干人才中长期激励方法研究[J].现代国企研究，2016(12)：16-35.

② 中国大连高级经理学院中央企业中青班第 4 期课题组. 国有企业骨干人才中长期激励方法研究[J].现代国企研究，2016(12)：16-35.

企业运营绩效紧密结合。对于国有企业骨干人员薪酬，既要保持稳定性，给予其合理的固定收入，也要包含风险收入，还要体现出长期收入和短期收入的平衡。

现代企业薪酬制度的一个重要特点就是核心员工的收入组成多元化，例如，目前国有企业管理层的薪酬主要有基本薪酬、绩效薪酬、定期奖金和股权激励等。受制于国有企业的管理政策，目前股权激励只在少数国有上市公司中得以实施，大部分国有企业员工收入主要是基本工资和绩效薪酬。在国有企业高管限薪政策下，薪酬激励不是市场化配置，改革开放以来多年的实践也表明，国有企业内部还没有找到好的治理模式，能够既实行市场化薪酬政策又不会造成较严重腐败。国有企业的薪酬分配现状使得优秀骨干人才无法得到很好的激励，高管转而对政治激励关注较多，国有企业追求政治业绩的现象较为普遍，造成企业经济效率普遍不高。①

很多国有企业对核心员工实行年薪制，年薪制本质上还是短期激励，对于大量处在竞争性行业的国有企业来说，最大的问题在于如何创造长期价值。任期制下很多国有企业高管为了个人利益更关心短期业绩，忽视企业长期价值，影响企业长期发展机会。优化国有企业内部激励机制的一个重要目标就是为企业长期发展构建激励平台，需要更多关注长期激励机制。很多欧美企业采用股权形式作为激励工具，各类股权激励是着眼于长期激励的比较好的工具，但目前在我国国企的激励体系中，股权形式的长期激励还不是主流。

3.国有企业负责人激励效果失真，股权激励机制不完善

国有企业与政府的关系比较密切，政府干预对企业业绩有较大影响，国有企业业绩好究竟是政府部门大力支持的结果还是经理人努力的结果，仅从业绩上难以分清。同样，国有企业业绩下降有可能是企业经理人不努力，也有可能是政府部门横加干预的结果。同时，国有企业分布在各个行业，但归于同一个政府管理部门监管，不同行业的产业政策有所不同，使得国资主管部门制定的考核及激励政策在不同行业应用效果有较大不同，实践中不同行业的国有企业多是应用同一套考核办法，导致最终考核数据会有较多失真，基于考核结果的

---

① 中国大连高级经理学院中央企业中青班第4期课题组. 国有企业骨干人才中长期激励方法研究[J]. 现代国企研究，2016(12)：16-35.

激励机制也难以真正有效果。[①]当前国有企业缺乏较好的业绩判断指标，对国有企业负责人的激励机制也就难以真正落实。

股权激励机制是市场化运作的机制，但其在我国国有企业中与成为主流模式还有一定差距，国有上市公司中存在内部人控制现象，为在国有上市公司中实施股权激励机制带来很大负面影响。由于内部人控制问题的存在，从国有企业内部看，国有股权所有者缺位使得内部经理人操纵企业绩效现象时有发生，国有企业委托人对负责人激励问题有鼓励也存在各种限制条件。随着政府主管部门人事换届，政府部门相关管理政策也经常变化，让国有企业很难放开手脚制定激励政策，同时企业内部也存在借助政府主管部门与企业内部信息不对称操纵股权激励方案谋取私人利益的问题。国有企业经常处于“一管就死”“一放就乱”的状态，监管部门难以给出妥善方案，国有企业负责人激励机制也就难以持续，企业治理效率低的问题一直没有很好地解决。

5.1.2 国企分类分层推动负责人激励机制优化

分类分层完善激励机制的思路是根据国有企业负责人的来源不同和职责不同，分别建立激励体系。将代表国有企业出资人利益的政府监管人员和国有企业董事与按照市场化契约管理模式管理的企业生产经营骨干区分开，政府相关部门派出的董事属于公务员体系，应按照相关政策予以管理，激励目标是尽职履行政府对企业的监督职责。而国有企业内部的核心管理人员不再享有行政级别，对该层次人才的激励目标是让国有资产保值增值及实现企业投资价值最大化。市场化激励方式是通过契约化管理，将企业收益与负责人个人业绩挂钩，激励核心骨干人才完成业绩增长目标，从而实现个人收益增长。[②]科学设计的激励机制的目标是有效约束企业骨干，使其自身利益与企业利益最大化趋于一致。

第一，要根据企业特点分类设计激励机制。不同行业国企具有不同的人力资本特点。例如，资源行业如石油行业、煤炭行业、金属冶炼行业等，这些行业

① 王琳菡. 国有上市公司股权激励实施状况及存在的问题分析[J]. 时代金融，2018(6)：132-133.

② 中国大连高级经理学院中央企业中青班第4期课题组.国有企业骨干人才中长期激励方法研究[J]. 现代国企研究，2016(12)：16-35.

中的国有企业往往规模庞大，属于国民经济的支柱型企业，不应仅追求短期的业绩增长，长期的持续发展更为重要，对这类大型国企业务骨干的激励更应看重现代企业制度的建设情况，看其对企业长期可持续性发展的贡献力度。而对中国联通、中国移动等处于竞争性行业的国有企业来说，技术创新能力、管理创新能力对企业发展影响很大，激励机制也应该更多地考虑创新因素等，这些企业中优秀人才对企业发展的作用更为明显，激励机制也应更多关注核心骨干的能力发挥。

第二，要重视发展性激励，促进国企骨干实现个人价值和社会价值。国企激励机制要关注企业骨干人才的事业发展需求，通过提供良好的工作环境，为企业骨干提供职业发展空间，让有事业心的人才有目标有奔头。通过发展型激励，从精神上激励优秀人才奋斗，并给予相应的荣誉奖励，增强业务骨干的职业荣誉感，优化企业文化环境，营造和谐、奋进的工作氛围，增强员工对企业的归属感和认同感，激发并奖励员工工作的主动性、创造性，重视激励精神培养。

第三，要注重以长远眼光建设激励机制。一般来说，国企员工的稳定性较高，企业设计激励机制也要充分考虑这一特点。相较于灵活应对市场变化的民营企业，国企一般规模较大，运营稳健，国企技术和治理创新往往需要较长的时间周期才能体现出来，设计激励机制时要充分体现激励的长期性，建设能让骨干员工通过长期事业规划追求出彩人生的机制，这样既有利于国企稳定发展，也有利于大型国企的创新性人才队伍建设，追求长期效益，把骨干员工自身利益与企业发展紧密结合，建设员工利益与企业利益紧密捆绑的激励机制，降低企业发展的人才队伍不稳定风险。

5.2　推动国企上市对国企负责人激励机制的优化

国有上市公司负责人管理机制是基于“契约管理＋混合所有制＋上市公司”三种机制的集合。国有企业成为上市公司可在信息透明度、证券市场股价波动对经营者的激励等多方面产生影响，促使公司治理机制更为规范，国企负责人激励机制从公司内部到外部市场环境等多方面得到更大优化。

推进国有企业上市是现阶段我国国企改革的一项重要任务，也是混合所有制改革所关心的重要问题。证券市场有对上市公司业绩变化迅速反应的特点，国企治理效率的变化必然带来国企业绩变化，通过证券市场的价值发现功能，业绩变化与国企上市公司市值变化密切呼应，国企上市公司在证券市场的股价变化为评价企业管理层努力程度提供了新视角。国有企业成为上市公司有助于改善企业高管的业绩评价机制，在设计国企高管激励契约时可以更加充分地将企业业绩变化与企业负责人的努力程度相对应。国有企业成为上市公司有助于改善公司治理机制，进一步优化国企负责人激励机制。

5.2.1 国有企业上市的主要模式

国有企业改制成为上市公司一般有整体改制上市、分拆上市、重组后上市及并购上市等模式。[①]

1.整体改制上市

国有企业整体改造成股份制公司后发行上市也被称作国企整体改制上市，在整体改制上市模式下，集团公司或母公司通过股份制改革，其资产全部进入股份公司并上市。通常我们还讲企业主营业务资产整体上市，这是指与集团公司或母公司主营业务相关的资产全部进入上市公司，非主营业务资产则进入存续企业，同时保留一个集团公司，习惯上把这种类型也称为整体上市。多家国有企业整体改制、合并后发行上市即改制合并后上市也是整体上市的一种方式。此类公司多由国资管理部门、国资投资机构或国资经营公司控股。[②]

2.分拆上市

分拆上市即母公司将部分资产分拆注入上市公司，剥离出上市公司后母公司存续经营。分拆上市模式是一家大型国有企业集团拿出下属某块业务的资产进行股份制改造，改造后集团公司成为该股份制公司的第一大股东。这种模式在目前上市公司中比较普遍，一般大型国有企业集团多选择此种模式实现下

① 李哲．何佳．国有上市公司的上市模式 、并购类型与绩效[J]．世界经济，2007(9)：64-73.

② 李哲．何佳．中国国有企业的改制上市模式与发行效率[J]．管理评论，2008(5)：9-14；周海燕．关于国有企业改制上市模式的选择问题探析[J]．中国商论．2019(7)：45-46.

属子公司改制上市。按照证券法的规定,一家股份公司想要成为上市公司必须符合某些硬性的会计标准,为了达标,大股东可以把一家大型企业分拆为股份公司和母公司两部分,优质的资产放在股份公司,一些与主业无关、质量不好的资产(例如盈利不好或亏损的资产等)放在母公司,通过优质资产分拆实现上市目的。[①]

3.重组后上市

一般以一家国有企业为主要发起人,多家企业投入各自的优质资产和部分股权组建新的股份制公司并公开发行上市。这种改制方式一般先行对资产和债务等进行剥离,此类公司多由上市公司的控股母公司集团主导。

上市公司可以利用富余资金再去收购自己的母公司,这是整体上市的一种模式。随着国企改革的深入推进,为提升国企运营效率,对国企实行更加市场化的运行机制,部分前期实施分拆上市的国有上市公司反过来收购母公司实现整体上市,将整个国企集团完全推向市场,实现对国有资产的公众化监督。[②]

4.并购上市

国有企业通过并购上市的模式主要有投资型并购、改制型并购、行政主导型并购等。根据参与并购的收购公司与目标公司之间是否存在关联以及是否源于地方政府行政主导的并购等,总结出以下三种主要的并购上市或者并购发展模式。

(1)投资型并购:以投资为目的,国有上市公司并购非关联方企业,此类收购多属市场化行为。

(2)改制型并购:国有上市公司收购国有控股股东或控股公司的控股子公司、国有控股人的资产。通过此类收购,减少国有上市公司与母公司之间的关联交易并推进实现整体上市的目标。

(3)行政主导型并购:在政府的推动下,上市公司兼并非关联方地方企业。[③]

---

① 周海燕.关于国有企业改制上市模式的选择问题探析[J].中国商论,2019(7):45-46.

② 李哲,何佳.中国国有企业的改制上市模式与发行效率[J].管理评论,2008(5):9-14;周海燕.关于国有企业改制上市模式的选择问题探析[J].中国商论,2019(7):45-46.

③ 李哲,何佳.国有上市公司的上市模式、并购类型与绩效[J].世界经济,2007(9):64-73.

据统计，中国多数国有上市公司采取“分拆上市”的改制上市模式。国有企业上市前的改制往往是不彻底的，如整体上市的公司仍然存在“政府干预”问题，分拆上市的公司仍然存在母公司与上市公司间的关联交易等。他们研究还发现，国企改革进程中存在“路径依赖”现象：当年分拆上市的公司倾向于进行改制型并购以达到国有母公司集团整体上市的目的，而当年整体上市的国有上市公司则更多地进行投资型并购和行政主导型并购。①

改制型并购对于提高上市公司的经营绩效具有重要作用。投资型并购一般会提升上市公司的短期盈利能力，但对长期绩效的影响需要进行个案分析。行政主导型并购往往兼具更多社会职能，但运作不当容易造成公司经营绩效下降。上述上市模式存在的种种问题使得很多国有企业上市后还需要进行二次改制，以解决上市前改制不彻底所遗留的问题。

5.2.2 国企上市减少了国企负责人的内部不对称信息

国有上市公司代理人管理机制是基于契约管理、混合所有制、上市公司三种机制的集合。证券市场微观机制的研究者认为，证券市场的交易过程可以泄露上市公司的部分内幕信息，相较于仅完成混合所有制改革的国企，国有上市公司信息更加透明。推动国有企业成为上市公司可以进一步优化公司的激励机制。

按照 H-F-V 模型②，通过下面的自回归过程可以获知上市公司的部分内幕信息：

$$\Delta p_t = p_0 + \lambda \sum_{i=1}^{4} \alpha_i p_{t-i} + \lambda \sum_{j=1}^{4} \beta_j q_{t-j} + \varphi(D_t - D_{t-1}) + \lambda \tau_t + \varepsilon_t \qquad (5\text{-}1)$$

式中，τ 刻画内幕信息；ε 为残差项；λ 在流动性良好的市场内可视为常数；p_t 和 q_t 分别是股价和成交量；Δp_t 为价差；D_t 为 t 时刻的买入指令符号。

如何获取内幕信息？首先通过在较长历史区间内采集大量交易数据，由式(5-1)获得 P_0 统计量，再进一步采集当前考察区间内的交易数据做回归分

① 李哲，何佳. 国有上市公司的上市模式、并购类型与绩效[J]. 世界经济，2007(9)：64-73.

② BRENNAN M J, SUBRAHMANYAM A. Market microstructure and asset pricing: On the compensation for illiquidity in stock returns[J]. Journal of Financial Economics，1996(41)：441-464.

析，获得式(5-1)在考察区间内的常数项，该项理论上应为 $P_0+\lambda\tau_t$，式(5-1)再考察区间内的常数项和 P_0 的差值即 $\lambda\tau_t$，若 $\lambda\tau_t$ 明显不为零，可认为存在内幕信息。

上述获取内幕信息的方法需要采集大量数据，工作量很大，本章的目的仅在于说明证券市场内存在内幕信息泄露现象，因此我们采用另外的思路。我们通过显示内幕信息的变化趋势来表明追踪股票市场变化可以获知部分内幕信息，并由此得出结论：证券市场可以增大对国企负责人不对称信息的监督力度，进一步压缩国企负责人隐藏信息的空间。

设残差项 ε 遵守正态分布，当样本数量较大时 ε 的影响可忽略。关于样本数据的选择，本次实证数据选自深圳股市的中小企业板上市公司，为避免市场干扰，选取市场处于长期低位调整期的 2013—2014 年作为研究时间段，选择最可能包含内幕信息的股票构建样本集。

选择 2013 年 1 月 1 日至 2014 年 1 月 1 日这一年交易时间为研究周期，选择在考察期内有过十天以上较长时间停牌的股票集合作为观察内幕信息的样本集，出于某些影响股价的原因股票停盘，停盘前很长时间内公司内部可能就在酝酿相关问题，内部信息有可能部分泄露，在市场交易中应该有所体现。考察停牌前一段时间内的股价、成交量等市场变量及其相互关系，根据前文追踪内幕信息的理论结果式(5-1)进行实证检验。如果实证结果否定了零假设，各变量系数不为零的结论显著，回归检验的常数项也显著，说明可能存在内幕信息。

本章以停盘起始时间为起点，检验了停盘之前多个周期的变量回归系数及常数项，发现离停盘起始时间越远，回归显著性越弱，表明股价变化受到停盘信息所代表的内幕信息影响；离停盘时间越远，内幕信息越弱则回归方程常数项的显著性越低，表明股价波动透漏出部分内幕信息。

然后进行了简单的稳健性检验，分别以股价价差、股价进行回归检验，结果只有股价价差的回归有较高的显著性，股价回归的显著性非常弱，由式(5-1)内幕信息与股价变化有关，进一步支持了存在内幕信息的结论。

以停盘之前的 3 个月为一个周期(约 60 个交易日)，共采集了 3 个周期的数据。实证结果见表 5-1。

表 5-1 样本数据实证结果

单位:%

样本数(只)	组别	不同显著性所占比例			
		$P \geq 99\%$	$99\% > P \geq 95\%$	$95\% > P \geq 90\%$	$P < 90\%$
82	1	48.8	30.5	13.4	7.3
71	2	40.8	33.8	15.5	9.9
46	3	30.4	41.3	10.9	17.4

注:P 为显著性。

表 5-1 中,组别是以公告停盘的起始时间为标志,样本股票交易日向前推 3 个月内的交易日(约 60 个交易日)为第 1 组交易时间,再从第 1 组的起始交易日向前推约 60 个交易日为第 2 组交易时间,从第 2 组起始交易日向前推约 60 个交易日为第 3 组交易时间。本章研究限于 2013 年 1 月 1 日至 2014 年 1 月 1 日,如果停盘时间与 2013 年 1 月 1 日的时间间隔仅为一个周期约 60 个交易日,该股票将采集不到第 2 组和第 3 组样本,因此整体看,能够找到第 2 组和第 3 组样本的股票数量逐渐减少。

表 5-1 中数据显示,离停盘时间越远,结果的显著性越低,可以解释为从停盘时间向前推内幕信息时影响逐渐减弱。影响股价的内幕信息可能要在公司管理层或相关参与方之间反复磋商,内幕信息泄露强度也有所波动,影响对样本回归结果的观察。①

国有上市公司股权结构是混合所有制加公众持股的模式。从上述讨论可知,证券市场交易可以泄露上市公司的部分内幕信息,上市公司的内幕信息与公司的经营状况相关联,上市公司的经营状况与公司负责人工作努力程度又紧密相关,可以得出结论,国有企业成为上市公司后,企业负责人被观察到的信息增加,上市公司的经营信息可以通过股价波动传递到市场中,为委托人观察和评价代理人工作努力水平提供了新的渠道。

相较于未上市的国有企业,国有上市公司负责人可以隐藏的内幕信息更少,委托人可以根据新观察到的信息改进契约条款,细化工作和报酬的对应关系,以国有企业利益最大化为目标优化契约设计,推动提升国有上市公司代理

① 徐钧,段会川. 信息不对称、契约化管理与国企负责人激励机制优化:基于委托—代理理论的分析[J]. 山东社会科学,2019(6):106-111.

人的工作努力水平。相较于未上市的混合所有制国有企业，国有上市公司信息更加透明。按照徐钧等关于增加代理人的可观察信息是对原激励机制的优化的研究结论[①]，相较于未上市的国有企业，国有上市公司内部的契约管理机制是一种更加完善的激励机制，是对国企负责人激励机制的进一步优化。

5.2.3　国企上市激励国企负责人更好地发挥企业家作用

国有企业成为上市公司有助于更好地发挥企业家作用，通过证券市场更为严格的监管和价值发现机制，国有企业的公司法人治理结构将更加规范，公司内部权力得到有效制衡，引导国有上市公司建立职业经理人制度，在公司内部构建合理的竞争机制，在国有上市公司中引入经理层股权激励制度，建立长效激励约束机制，同时进一步改善股权结构，强化公司内部治理，优化负责人激励机制，进一步促进企业快速稳定发展。

国有股权的所有者缺位问题是国有企业改革面对的关键问题，在我国既有的所有制框架内解决国有股权主体问题，存在许多制度性障碍。考虑到中央支持发展混合所有制经济，上市公司可以通过引入其他所有制形式的投资人来调整国有股权比例，改进公司法人治理结构，引导公司内部治理向提升国有公司运营业绩的方向变化，建立健全公司内部治理的制衡体系，促进上市公司内部治理机制改善。

最优契约理论认为，优化契约应使企业高管的努力程度与公司业绩和价值正相关。为了激励国企高管更努力地为股东创造财富，高管薪酬应该与公司业绩挂钩，当公司高管薪酬激励取决于企业业绩时，其将会更努力工作以确保公司业绩的提升，高管货币薪酬激励力度正向影响企业发展。已有研究表明，国有企业整体上市有利于强化公司治理结构，通过合理调整高管薪酬激励契约，提高薪酬与业绩的关联程度，能够增强高管薪酬激励的有效性。[②]

国有企业通过发行新股成为上市公司将会引进其他股东，降低原国有股持

---

① 徐钧，段会川．信息不对称、契约化管理与国企负责人激励机制优化：基于委托—代理理论的分析[J]．山东社会科学，2019(6)：106-111．

② 郭奕阳．高管薪酬激励、整体上市与公司业绩：基于分类国有上市公司的实证研究[J]．财会通讯．2018(24)：41-48．

股比例。适度降低国有股权比例弱化国有股“一股独大”现象，有助于解决内部人控制问题。通过国有上市公司股权结构变动可推动国有企业股权结构优化，摆脱传统国有企业负责人选拔的行政模式，更多地借助市场标准选拔聘用国有企业负责人，提升国有上市公司经理层的经营能力，激发国有企业的市场活力。国有上市公司通过多元股东形成的董事会对国企负责人的决策行为加以约束，有利于在股东与经理人之间建立更有效率的委托—代理激励机制。

国有企业成为上市公司，其运营必然更加市场化，国有上市公司通过完善负责人股权激励制度，设计激励有效的管理层薪酬结构，不仅有利于完善公司内部治理结构，还可推动实现高管利益与企业利益的一致性，避免管理层出现过多的短期机会主义行为。国有上市公司提高高管持股比例，可以激发管理者的积极性，增强其风险防范意识，逐步建立内部控制的风险防范机制。

我国国有企业治理过程中存在许多中国独有的问题，例如，代理人选拔机制存在缺陷，国企内部治理结构存在问题，国有企业的股权结构较为单一等。上市公司股权结构是影响公司内部治理的重要因素，国有上市公司的国有股东多具有“一股独大”的股权模式，国有股东权力又存在所有者缺位问题，导致国有上市公司内部治理缺陷。同时，国有上市公司还存在较为严重的内部人控制现象，很多国有企业内部治理机制职能虚化。我国国有企业存在所有权与经营权分离的问题。国有股权存在所有者缺位，国有股东不直接参与企业的经营决策，不掌握企业的经营权，企业经理人在内部控制了企业经营，同时经理人与股东之间又存在信息不对称，故时常发生经理人侵害股东剩余索取权的问题。经理层虽然受到监事会的监督，但监督效率较低且作用有限。

国有企业如果能够成为上市公司，将改善国企股权结构单一的状况，从而改善企业的董事会结构，丰富董事会成员构成，有助于优化企业负责人选拔机制，改善高层管理团队的人员配置，从而完善公司内部治理结构，提升国有企业治理效率。一般来讲，企业效率有直接效率和间接效率之分，直接效率指企业的技术效率和创新效率，间接效率主要指企业的内部管理绩效、企业的委托—代理激励机制效率等。国有企业成为上市公司能够优化董事会结构，克服原来股权单一状况下的治理弊端。

去行政化是国企改革的重要目标，未上市的国有企业国有资本占比高，国有企业行政化程度高，一个更加市场化运营的国企有利于企业经营绩效的提升。国有企业成为上市公司，降低了国有资本比重，改善了国有股权"一股独大"状况，股权更加分散，企业自主决策权提高，股权集中度减少，有利于提升企业绩效。

目前，我国国有上市公司内部治理中存在两条主线：一是从股东大会经董事会再到管理层，二是从股东大会经监事会再到管理层。国有企业的内部治理问题主要表现在这两条线上。一是当国有大股东股权"一股独大"，同时又存在国有股权所有者缺位，股东大会议程基本由内部管理层控制，中小股东参与股东大会的比例很低，难以通过投票表决权来维护自身合法利益，造成大股东一家行使决策权的局面，导致大股东通过控制管理层继而操控上市公司的内部人控制问题。二是监事会的作用往往流于形式，监事会成员主要由内部审计人员、工会主席和少量职工组成，这类人员处于公司经理人的领导之下，因此，很难保证监事会在公司内部对董事会成员和经理人员进行独立监督。不掌握企业的经营权、不享有股权的经理人却控制了企业的经营权，形成内部治理缺陷。①

通过推动国有企业上市，可以在国有大股东层面形成混合所有制形式，形成多家国有资本、集体资本及非公有制资本交叉持股、相互融合的局面，让不同的股权结构对公司组织结构产生直接影响，不同股东对企业管理层进行共同监督。这样的混合监督推动国有上市公司形成合理完整、相互制约的治理体系，促进股权结构再优化，完善公司内部治理，推动公司治理从以经理人为中心转变为以董事会为中心，纠正内部治理缺陷。

曲亮等研究认为，多样性的董事会能够增强企业资源获取能力，对企业长期绩效具有正向影响。如果国企适当地使董事会成员多样化，不论对企业的短期还是长期绩效均有促进作用。多样化的董事会通过影响企业在网络中所处的位置来影响企业绩效。选用有较大差异的董事能够带来董事知识经验的多样性，有助于构建完整的企业高层管理者知识体系，拥有不同知识和经验的董事会成员可以制定合理的薪酬和激励政策，尽到各自的职责，充分发挥董事会

① 董斌. 股权结构对上市公司内部治理影响研究：基于发展混合所有制经济背景分析[J]. 华中师范大学研究生学报，2016(4):48-52.

多样性带来的正向效益，最终实现提升国有企业效率的目标。[①]从上述研究结论可以推知，董事会团队作为高层管理团队的核心，决定了企业的发展方向，增加董事会团队成员的多样性，能提高董事会决策效率，进而对企业绩效产生影响。国企通过成为上市公司降低了股权集中度，增加了董事会多样化的可能性，能够推动国有企业效率提升。伴随企业效率提升，企业负责人的治理能力得到提升，激励机制必然随之优化。

5.2.4 国企上市优化了国企负责人激励环境

目前我国国有企业中存在大量内部人控制问题，国有企业中委托人缺位导致委托—代理关系中企业内外部信息不对称，内部人在企业经营中处于信息优势地位，这是诱发内部人控制问题的重要原因。从公司监管的法律架构来看，主要存在两类监管：一是企业内部董事会、监事会进行监管；二是企业外部的监管，如审计监管和证券市场监管等。外部监督审计机制往往存在监督滞后性，且难以获取真实内部信息，影响其监督效果。完善国有企业中的委托—代理关系，弥补外部监督的不足，需要充分发挥内部监督机制的作用，这对国有企业实现有效监督至关重要。

对于国有上市公司来说，任广乾等研究认为，存在提升企业内部监事会监督效力的激励机制。在企业内部监督架构设计上，我国同时借鉴了德日、英美两种不同企业内部监督模式的经验，由于市场运行状况和法律体系的差异，不同的监督制度不应当机械地叠加，以减少制度不相容现象，应根据不同的企业特点，进行制度分类设计。我国国有上市公司的监事会与独立董事在职能上应当有所区分，避免同一项监督工作重复甚至冲突。我国国有上市公司需加强企业内部制度建设，明确部门职责，清晰划分界限，以提高监督效率，增强监督效果。正是由于监事会与独立董事的监督职能有部分重复，导致企业内部的监督有效性减弱。国有上市公司要明确部门职责，提高监督效率，加强企业内部制度建设。在国有上市公司的内部监督中，监事会的监督作用受到各种限制，监

① 曲亮，黄登峰，郑燕妮. 多样性的董事会能提升国有企业的绩效吗？——基于中国上市公司的实证分析[J]. 郑州大学学报(哲学社会科学版)，2018(1):46-51.

事会制度难以达到满意的监督效果。国有上市公司可以通过提高监督权在企业经营中的重要性，提升职工监事的监督权，改变监事会成员在国有企业治理结构中地位较低的状况，制衡董事会和管理层。[①]

国有上市公司虽然受到较多的外部市场监督，但是对于内部人控制行为，企业内部的监督作用更为重要。如果同时对监事会成员采取适当的薪酬与股权激励，则有助于加强企业内部的监督效果。薪酬和股权激励能够加强国有上市公司内部激励的有效性，通过优化激励机制，国有上市公司监事既能以公司治理者的身份进行内部监督，也能让其自身利益与公司股东利益保持一致，有助于减轻国有企业的委托—代理问题，进一步提高监事会成员的监督有效性，建立与国有企业改革目标相一致的激励机制。

国有企业中高管的薪酬和企业绩效如何保持合理同步增长是企业管理及薪酬管理面对的重要问题。之所以出现国企高管薪酬过度增长问题，主要源于企业可能被内部人控制，进而对股东以及其他利益相关者造成侵害。如果政府相关监管部门对国企高管薪酬管理过严，高管薪酬增长远低于公司绩效增长，则可能使高管工作动力不足，导致公司绩效下降。如何保证监管适度是政府监管部门实现治理能力现代化的重要课题。

推动国有企业成为上市公司后，证券市场对上市公司公开性的监管要求和市场对上市公司运行绩效在股价上的反映提高了国企高管提升企业绩效的动力，高管薪酬过高必然侵害上市公司业绩，造成业绩下降股价下跌，最终影响企业高管的绩效考评，反过来影响其获得高薪酬。上市公司特殊的公开监管环境强制国有上市公司对高管薪酬进行信息披露，能加强证券市场股东对高管薪酬的监督，为降低国有企业的内部人控制制订合理的国企高管薪酬管理计划提供保障。

有研究关注媒体对上市公司管理层的监督作用。结果发现，媒体报道提高了国企高管薪酬与业绩的相关性，在媒体监督下国企高管契约的有效性得以增强。[②]

对现代企业来说，高管薪酬激励机制是现代公司治理的重要手段，在国企

---

① 任广乾，徐瑞，李妍溪. 国资控股、监事会结构特征与监督有效性[J]. 经济体制改革，2019(2)：156-163.

② 罗进辉. 媒体报道与高管薪酬契约有效性[J]. 金融研究，2018(3)：190-206.

中，设计良好的薪酬契约可约束高管个人利益，使其与国有股东利益保持一致性，对缓解国企所有权与经营权分离的问题有重要作用。但国企内部与外部监管之间存在严重的信息不对称，例如，国企管理层契约制定中出现众多高管自定薪酬案例，这些案例展现出管理层权力超越董事会监督的问题，这是内外部监督不对称的典型表现。解决上述问题需要强化外部监督，减少国企内、外部的信息不对称，促进信息公开，降低管理层在公司治理中隐藏的道德风险。如何实现这种监督？重视外部公共监督力量以及新闻媒体对高管薪酬问题和道德风险问题的关注，将外部监督尤其是新闻媒体的监督作为国企外部的一种监督力量，能够在提升国企内部治理中发挥正向作用。李培功等发现，新闻媒体出于自身的逐利性追求“眼球经济”，媒体倾向于报道上市公司尤其是国有上市公司高管的不合理薪酬问题，国企相关公司会针对媒体报道对高管薪酬契约进行局部修正。① 杨德明等也发现媒体对上市公司高管薪酬乱象问题的报道能够在事后督促高管薪酬趋于合理化。② 这里研究的是媒体事后报道。

对国内资本市场来说，上市公司的各种新闻处于亿万股民的关注之下，其中关注证券市场的媒体作为信息中介发挥着巨大作用。各种媒体相互竞争，如果某些国有上市公司管理层制定不合理的薪酬制度，媒体往往竞相报道，很容易引起投资者的普遍关注，这样声势较大的媒体报道形成强大的社会舆论，对国有企业高管层形成较大压力。因此媒体报道具有对国企负责人群体的违纪违规行为产生无形约束与激励的能力，互联网时代信息高速传递为媒体关注国有上市公司治理提供了坚实基础。

罗进辉认为，上市公司的媒体报道透明度越高，公司高管薪酬契约的有效性越高。媒体报道的正向影响关系仅在国有上市公司中才显著成立，这意味着媒体报道主要提高了国有企业高管的薪酬契约有效性。同时研究还表明，较完善的制度环境是媒体报道发挥舆论和公共监督作用以提高上市公司高管薪酬契约有效性的重要条件。③

因此，我们在推进国有上市公司高管激励机制构建过程中，应重视和利用

---

① 李培功，沈艺峰. 经理薪酬、轰动报道与媒体的公司治理作用[J]. 管理科学学报，2013(10)：63-80.

② 杨德明，赵璨. 媒体监督、媒体治理与高管薪酬[J]. 经济研究，2012(6)：116-126.

③ 罗进辉. 媒体报道与高管薪酬契约有效性[J]. 金融研究，2018(3)：190-206.

新闻媒体的公共监督作用，这对减少国有企业的内部人控制问题，推进国有企业治理机制现代化，完善国企的现代企业制度建设都具有重要意义。

5.2.5　国企上市激励国企负责人积极创新

国有企业改制为股份有限公司并成为上市公司有助于改善企业内部治理机制，而内部治理机制的改善是国企改革的重要目标，对全面提升国企的综合竞争力有重要影响。

国有上市公司内部治理机制对企业技术创新活动有重要影响。研究认为，国有上市公司资产收益率、总经理兼任董事和资产负债率对企业技术创新有显著的正向影响，股权集中度和企业规模对企业技术创新有负向影响。提高国有上市公司资产利用水平以及改革国有上市公司现有的融资制度有利于国企创新。另外，国有上市公司资产收益率和资产负债率与公司技术创新有显著正相关关系，这就要求政府改革国有上市公司现有的融资制度，开通有利于上市公司技术创新的直接或间接融资渠道。[①]

1.相较于普通国企，国有上市公司的负责人更有意愿推动企业创新

施东晖等通过实证研究展示，股权分散型公司的绩效表现要好于法人控股型公司，而法人控股型公司的绩效要好于国有控股型公司。[②] 因此，推动国有企业上市，在国有上市公司中逐步通过法人股东的积极参与来促进公司治理机制的完善，以推动国企上市的方式降低国有企业的股权集中度，有助于改善其内部治理机制，建立和完善国有上市公司创新机制。

企业创新具有高度的不确定性，需要持续投入大量时间和资源，创新投资周期长，投入成本高，不确定因素多，成功的创新活动背后要有高强度的要素投入，短期内难以看到效果；企业管理层往往偏好短期经济效益，对长期投入推动创新活动缺乏兴趣。委托—代理理论认为，所有者与管理层之间的利益最大化目标并不一致，与一般经营行为相比，管理层往往不愿承担风险去推动创新活

① 魏锋，刘星．国有企业内部治理机制对企业技术创新的影响[J]．重庆大学学报，2004(3)：143-147.

② 施东晖，司徒大年．中国上市公司治理水平及对绩效影响的经验研究[J]．世界经济，2004(5)：69-79.

动。但是控股股东作为企业剩余的最大受益者，更愿意追求长期收益，创新投资可以提升上市控股股东的未来收益。因此，控股股东有动力推动企业经理层和董事会进行治理改革，纠正经理人的风险回避倾向，减少创新过程中的委托—代理风险，推动企业创新活动。①

良好的管理层激励机制是降低委托—代理成本的重要手段。设计合理的激励契约有助于鼓励管理层承担风险和限制管理层的道德风险，激发公司高管的企业家精神。良好的激励机制能够推动企业管理层将自身利益与企业长远利益保持一致，优化激励机制，推动管理层自觉地将资源向创新活动倾斜，有利于企业长远发展，建设引领企业利润增长的长效机制。负责人激励机制包括薪酬、股权、福利等物质激励，也包括如声誉等精神激励和晋升机会等隐性激励，多种不同的激励机制对公司技术创新发挥协同影响。

对高管激励机制的研究表明，股东与经理人之间的信任程度会直接影响二者之间的委托—代理关系，信任关系可以减少由于信息不对称导致的效率损失，协调委托人与代理人之间的冲突。② 在内部治理中，公司控股方对公司高管团队的挑选与任命建立在"信任"的关系基础上，在被控股方信任的隐性激励下，高管团队对于风险投资的选择更容易受到公司控股方意愿的影响，高管为获得预期的隐性激励机会，会努力实现与薪酬等物质激励相匹配的业绩，自发地约束机会主义动机。③

在国有上市公司中，技术创新过程中需要大规模创新要素的投入，而且投资预期效益不明确，企业自发的创新活动除了需要承担一般性的风险外，还存在因创新失误或者短期内看不到创新效益而被国企主管部门误判的风险，承担创新失败的政治和经济双重风险，导致企业经营者不愿意承担危及自身利益和政治晋升机会的项目。在风险性、不确定性以及复杂性较高的创新项目中存在着一定的技术创新代理问题，经理层对基于企业自身利益的重要创新活动往往动力不足，但对于国家明确指示的创新活动国有企业经理层则无须承担创新失

① 徐伟，张荣荣，刘阳，等. 分类治理、控股方治理机制与创新红利：基于国有控股上市公司的分析[J]. 南开管理评论，2018(3)：90-102.

② DNOALDSON L，DAVIS J. Stewardship theory or agency theory：CEO governance and shareholder returns[J]. Australian Journal of Management，1991，16(1)：49-64.

③ GENNAIOLI N，SHLEIFER A，VISHNY R. Money doctors[J]. Journal of Finance，2015，70(1)：91-114.

败的政治和经济效益风险，经理人在隐性激励机制作用下，往往能够有较好表现。[①] 从创新视角讲，降低政府干预有利于实现企业决策权与专有知识的结合，国有上市公司一般处于竞争性商业环境中，拥有市场和行政双重优势，资金较一般未上市国企和普通民企上市公司更为充裕，政府干预的概率和程度低于未上市国企，适宜承担国家重大创新攻关项目。从政治激励角度看，大型国有上市公司管理层更愿意推动与国家政策方向一致的创新活动，因此，推动国有企业成为上市公司有利于企业创新和企业长远发展，有利于国家政策的贯彻执行。

2.国有企业成为上市公司有利于抑制政治激励机制对负责人创新的负面效应

国有企业高管作为企业的管理者，其身份带有一定的政治属性。国有企业高管与政府官员之间存在双向流动机制，其在国企内部和政府内部都有晋升空间，有强烈动机追求经济报酬与政治晋升，经济激励安排是国企高管的基本激励手段，政治晋升也是有效的激励制度安排。从职业晋升的路径来看，国企高管出于个人能力考核的考虑，可能只会关心任期内的经济增加值，规避风险高的创新投资。

从企业角度看，企业发展需要的许多关键资源依赖政府。从高管角度看，国企高管的任命权和考核权归属国资委及地方政府，与上级主管保持良好的私人关系有利于高管自身的晋升。另外，政府官员可支配的权力资源与所辖地区的经济发展密切相关，经济发展对官员的职务升迁有重要影响，地方经济发展需要国有企业的贡献，因此政府有干预国有企业运行的动机。国有企业和政府在双方利益的激励下会形成利益共同体，巩固企业与地方政府之间的关系。[②]

在经济目标之外，国有企业还承担各级政府下达的政策性任务，如维护社会稳定、保护生态环境等多项政治任务。国有企业负责人出于个人政治晋升的追求，在地方政府政治考核体系的激励下，可能会选择投资短期内能提升业绩的项目，而忽略风险高、回报期限长的创新投资活动。

---

① 徐伟，张荣荣，刘阳，等. 分类治理、控股方治理机制与创新红利：基于国有控股上市公司的分析[J]. 南开管理评论，2018(3)：90-102.

② 金太军，袁建军. 政府与企业的交换模式及其演变规律：观察腐败深层机制的微观视角[J]. 中国社会科学，2011(1)：102-118，222.

李莉等以2007—2014年在沪深交易所上市的1051家国有上市公司为样本，探讨国有企业高管政治晋升对创新投资的影响，并从监管独立性和市场化进程双重视角深入分析该问题。他们研究发现，国有企业成为上市公司的市场化进程会缓解政治晋升对创新投资的抑制作用。①

综合来看，虽然政治晋升会抑制创新投资，但是资本市场具有较高的外部监管独立性，国有企业上市的市场化进程能显著缓解国企高管政治晋升对创新投资的抑制作用。因此，规范市场化运作机制，推动地区国有企业成为上市公司，提升国有企业的市场化进程，都是激励高管积极创新的重要制度保障。

5.2.6 国企上市优化了国企负责人的契约激励

在国有上市公司中存在着管理层激励不足的问题。由于国有企业的所有者缺位，相对于民营上市公司，国有上市公司管理层在激励契约的执行过程中更容易加入自己的自利行为。将管理层激励契约的制定和执行机制并行探讨，解决股东和管理者之间的代理人激励问题，契约化管理是一个比较理想的工具。激励契约有薪酬激励契约和股权激励契约，在股权激励契约下，管理层的个人财富与所持公司股权密切相关，管理层会越来越依赖于公司绩效，使管理层与公司利益趋同，从而减少代理成本，提升公司绩效。

面对国有上市公司“一股独大”的股权结构，可通过优化管理层内部治理，提高人才意识，增加管理层激励程度，提升管理层的工作积极性。但在实际运作中，有些国企的管理层契约激励效果并不尽如人意，管理层激励契约的执行机制不完善是导致管理层激励效果差的直接原因。如果某些国企中管理层的激励契约不能很好地执行，则会导致管理层出现机会主义行为、代理人道德风险等一系列有损公司发展的行为，这也是国有上市公司改革所面临的普遍问题。在“一股独大”的国有上市公司中，所有权主体缺失导致国有大股东的代理人监督缺乏，相对于国有大股东，其余股东的监督能力和决策能力较弱，管理层在国企中又没有剩余收益获取权，因此有动机去利用手中的权力追求自利行为，这种自利行为不利于公司发展。

① 李莉，顾春霞，于嘉懿. 高管政治晋升对国有企业创新投资的影响研究：基于监管独立性和市场化进程的双重探讨[J]. 科学学研究，2018(2):342-351,360.

合理的股权制衡可以使其他股东享有一定的决策权，研究股权制衡在国有管理层激励中的调节作用，对完善管理层激励契约的执行机制、规范管理层行为等有重要价值。把公司大股东之间相互约束、相互制衡的程度称为"股权制衡度"，一般用第二大股东之后的若干大股东持股比例之和与第一大股东持股比例的比值来表示，改善公司治理结构必须建立合理制衡的股权结构。① 合理的股权制衡可以使大股东之间形成一个内部牵制体系，通过这种内部牵制实现大股东相互监督，抑制单一大股东的掠夺。周军等的研究表明，国有大股东所持股权与其他大股东股权数量越接近，公司越趋向于实施管理层股权激励以及薪酬激励。"一股独大"的国有上市公司普遍无意对管理层进行激励，不利于公司发展。在国有上市公司改革中，应该注重股权改革，提高管理层激励程度，激发管理层的工作积极性。②

推动"一股独大"的国有企业成为上市公司可以更好地平衡国有大股东的控制，适当约束"一股独大"国有大股东的行为。从管理层激励契约的执行角度看，改变"一股独大"的国有上市公司股权结构可以提高管理层股权激励效果，抑制管理层的代理人风险。在股权制衡不足的国有企业中，如果能分散国有第一大股东持股比例，适度增加其他大股东的持股比例，可以让国有大股东之外的其他股东更积极地对管理层进行监督，推动"一股独大"的国有企业成为上市公司，进而实现分散国有股东持股比例的效果。这有助于对管理层的自利行为进行约束，从而更好地发挥管理层股权激励效果，使管理层激励契约能更好地执行。上述关于国有企业股权制衡的探讨揭示了推进国有企业进行混合所有制改革并最终成功上市的重要性。

5.3　国有上市公司优化负责人经济激励机制的实践探索

我国国企存在企业长远利益与现实利益的矛盾，需要通过正确的激励方式规范国有企业经营者行为。在严格遵守国有企业薪酬管理政策、防止国有资产

---

① 厉以宁."多股制衡"有利于公司治理[J].经贸导刊，2001(12):21.

② 周军，张钦然.中国国有上市公司股权制衡度、管理层激励与公司绩效的实证分析[J].中国人力资源开发，2019(3):133-144.

流失的前提下，正确激励企业高管和核心骨干人员，是国有企业改革的重要内容。国有上市公司负责人激励机制主要有经济激励和政治激励两方面，本节主要讨论如何优化经济激励机制，政治激励机制相关问题在第 6 章探讨。

5.3.1 国有控股上市公司实施股权激励的政策规定

2006 年，国资委发布的《国有控股上市公司(境内)实施股权激励试行办法》规定，股权激励的方式包括股票期权、限制性股票以及法律、行政法规允许的其他方式。实施股权激励计划应当以绩效考核指标完成情况为条件，建立健全绩效考核体系和考核办法，绩效考核目标应由股东大会确定。股权激励对象原则上限于上市公司董事、高级管理人员以及对上市公司整体业绩和持续发展有直接影响的核心技术人员和管理骨干。上市公司监事、独立董事以及由上市公司控股公司以外的人员担任的外部董事，暂不纳入股权激励计划。

国有控股上市公司的股权激励方案，既应符合证监会 2014 年发布的《关于上市公司实施员工持股计划试点的指导意见》及 2016 年发布的《上市公司股权激励管理办法》，也应符合国资委、财政部、证监会 2016 年下发的《关于国有控股混合所有制企业开展员工持股试点的意见》，国资委、财政部 2008 年下发的《关于规范国有控股上市公司实施股权激励制度有关问题的通知》及 2006 年下发的《国有控股上市公司实施股权激励试行办法》。

1.相关政策法规

2014 年 1 月 17 日，证监会关于股权激励备忘录相关事项的解答指出，上市公司可以公司历史业绩或同行业可比公司相关指标为对照依据，设计股权激励方案。上市公司对照同行业可比公司的相关指标设计行权或解锁条件的，可比对象应具体明确，且不少于三家；对照指标应客观公开；行权或解锁业绩条件应清晰透明、有利于体现上市公司竞争力的提升，且扣除非经常性损益前后归属上市公司股东的净利润不得为负。上市公司应对可比公司的选取标准、对照指标的获取途径、行权或解锁业绩指标合理性、是否体现公司竞争力的提升等作充分披露，独立董事应就可比对象的选取标准、行权或解锁业绩指标的合理性、是否体现公司竞争力提升等情况发表意见。

2015 年 9 月 14 日,《中共中央、国务院关于深化国有企业改革的指导意见》正式对外公布。该意见指出,国有企业根据国有资本的战略定位和发展目标进行类别划分,将国有企业分为商业类和公益类,推动国有企业同市场经济深度融合,促进国有企业经济效益和社会效益有机统一。其中商业类国有企业按照市场化要求实行商业化运作,以增强国有经济活力、放大国有资本功能、实现国有资产保值增值为主要目标,依法独立自主开展生产经营活动,实现优胜劣汰、有序进退。公益类国有企业以保障民生、服务社会、提供公共产品和服务为主要目标,引入市场机制,提高公共服务效率和能力。《中共中央、国务院关于深化国有企业改革的指导意见》明确了不同类型国有企业的管理模式和运营宗旨,国有企业应根据该意见精神及时调整中长期激励规则,商业类国有企业应遵循市场规律,考虑不同类型企业中核心人员对企业发展的影响力,在股权激励的实施标准、激励力度、业绩指标等多方面推行更加行之有效的中长期激励机制标准和模式。

2.国有企业中长期激励机制实行分层管理

目前的国有企业中长期激励,虽然在政策层面没有禁止集团公司推行,但实际操作中,集团层面的中长期激励少有成功案例。而子公司层面的上市公司可以推行股权激励,但非上市公司的中长期激励模式较为受限。

《中共中央、国务院关于深化国有企业改革的指导意见》提出了国有企业混合所有制改革应分层推进。该意见指出,在集团公司层面稳步推进混合所有制改革,在国家有明确规定的特定领域,坚持国有资本控股,形成合理的治理结构和市场化经营机制;在其他领域,鼓励通过整体上市、并购重组、发行可转债等方式,逐步调整国有股权比例,积极引入各类投资者,形成股权结构多元、股东行为规范、内部约束有效、运行高效灵活的经营机制。在子公司层面有序推进混合所有制改革,以研发创新、生产服务等实体企业为重点,引入非国有资本,加快技术创新、管理创新、商业模式创新。明确股东的法律地位和股东在资本收益、企业重大决策、选择管理者等方面的权利,股东依法按出资比例和公司章程规定行权履职。根据《中共中央、国务院关于深化国有企业改革的指导意见》精神,在集团层面可以通过整体上市推行股权激励,或在集团混改过程中通过员工持股等方式实现中长期激励,或挂钩集团资产有效增值等“管资产”的指标，形成集团层面的资产增值利益分享等形式的现金激励。在子公司层面，更多地鼓励上市公司采用各种通行的市场公开的中长期激励方式进行员工激励；针对非上市公司尤其是高新技术企业，适时出台虚拟股票、员工持股等中长期激励政策。

5.3.2 国有上市公司负责人的股权激励实践

目前国有上市公司负责人经济激励机制主要有股权激励、薪酬激励、晋升激励以及混合激励等形式，股权激励方式主要有员工持股计划、限制性股票、股票期权等。薪酬激励主要有绩效奖励、利润分红等。几种主要的股权激励模式如下。①

(1)员工持股计划。这种激励方式在上市公司中采用得较多。国有上市公司通过相关法定程序批准相应的员工持股计划后，进入持股计划的上市公司员工基于自愿原则购买本上市公司股票。员工持股计划参与人自担风险、自负盈亏，权益与其他投资者平等。

(2)限制性股票。上市公司按照法定程序预先设定某些条件授予激励对象一定数量的本公司股票，当激励对象工作业绩或工作年限符合股权激励计划规定的条件时，可以出售股票并从中获益。从激励工具看，目前限制性股票已成使用率最高的长期激励工具。

(3)股票期权。上市公司给予企业高级管理人员和技术骨干在约定期限内以事先约定的价格购买公司普通股的权利。高管持有的该类股票期权不能转让，只能行权或注销。

按照《上市公司股权激励管理办法(试行)》和 2008 年发布的股权激励有关事项备忘录 2 号的规定，股权激励对象主要为企业核心技术人员、高级管理人员等，但企业独立董事除外。通过让公司经营管理者持有一定数量的公司股份，持有股权的管理者除了与其他股东共担风险，如果公司效益好，还能与其他股东一起共享收益，从而激励管理者为实现全体股东利益最大化而努力工作，形成促进公司发展的正向激励机制。

---

① 余洋，刘国宏. 国有控股上市公司股权激励模式考察[J]. 开放导报，2019(2)：67-70.

股权激励通过让员工以股东的身份参与到企业运营中，激励员工对公司的长远发展尽职尽责。股权激励有助于实现以下几点。第一，实行股权激励，让员工拥有了分享公司利润的权利，员工自身利益与公司业绩密切联系，将能大大提高员工的工作积极性，提升企业的核心竞争力。第二，股权激励可以使员工的努力与企业发展紧密相连，减少因为员工更多考虑自身利益而造成的对企业利益的损害。第三，股权激励可以让国企经营者更关注公司的长远发展，减少因国有企业所有者缺位带来的经营者短期行为问题，推动国企科学发展。第四，给予部分员工公司股权作为激励，能够大大提升员工的工作积极性，强化员工对公司的认同感。

如何健全对股权激励机制的监督？首先，要完善相关法律法规的建设，使国企实施股权激励做到有法可依。其次，要制定切实可行的考核标准，能够科学考核管理层的经营行为以做到奖惩分明。最后，要强化对管理层在公司内部操纵股权激励的监督，依法打击各种违规行为。

国有上市公司长期激励的几种典型工具如下。①

1.股权型：股票期权

股票期权是指公司授予激励对象在未来一定期限内以预先约定的价格和条件购买本公司一定数量股票的权利。激励对象有权行使这种权利，也有权放弃这种权利，股价下跌时不行权无损失，股价上涨时获得上涨的差价收益。股票期权工具的核心特征在于它是以一种购买股票权利而非实际股票的方式体现，既是兑现实股的权利，被授予对象可以选择行使该权利，也可以在股价下跌时放弃该权利，没有任何损失。

2.股权型：限制性股票

限制性股票是指公司按照预先确定的条件授予激励对象一定数量的公司股票，激励对象只有在工作年限或业绩目标符合股权激励计划规定条件时，才可出售限制性股票并从中获益。限制性股票工具的核心特征是在授予日就直接持股，相对于股票期权更体现实际的利益捆绑。

---

① 中国大连高级经理学院中央企业中青班第 4 期课题组. 国有企业骨干人才中长期激励方法研究[J]. 现代国企研究，2016(12)：16-35.

3.股权型:员工持股计划

员工持股计划是指通过让员工持有本公司股票而使其获得激励的一种长期绩效奖励计划。在实践中,员工持股计划往往是由企业内部员工出资认购本公司的部分股权,并委托员工持股会管理运作,员工持股会代表持股员工进入董事会参与表决和分红。员工持股计划的核心特征是公司不需要支付激励成本,通过股权的让渡,以未来的股价增值激励员工,是公司成本最低的利益捆绑和激励措施。但由于员工持股没有业绩约束条件,因此是一种更为自发的激励。

4.现金型:分红权

分红权是指激励对象可获得对应总股本一定比例的虚拟股份,利用该虚拟股份可以获得对公司剩余利润的索取权利,即分红权,分红权让不实际拥有企业股票(或股权)的被授予者能够参与企业收益的分配。授予分红权的激励,可视为公司现有股东从当前享有的分红权利中让渡了一部分给予激励对象。分红权的核心特征是,它是一种模拟股票分红的现金奖励,是基于公司收益进行的一种现金激励,稳妥易行,但由公司承担全部成本。

5.现金型:股票增值权

股票增值权是指公司授予激励对象在一定的时期和条件下获得规定数量的股票价格上升所带来的收益的权利,即在股价上升时激励对象可按公司规定行权,并获得由公司以现金兑现的相应股价上升收益,股价下降时可不行权,无损失。股票增值权可看作虚拟的股票期权,与股票期权的区别在于不涉及实际股票,直接由公司向激励对象兑现行权时获得的价差收益,并且也无法利用资本杠杆,需要由公司以现金承担全部成本。

6.现金型:虚拟股票

虚拟股票是指公司向激励对象授予与公司真实股权对应的(虚拟股票)单位,持有者可以在一定时期以后获得与其对应的真实股权的全部价值,含增值权和分红收益,但没有实际所有权和表决权。虚拟股票工具的核心特征是,虚拟股票可由公司以现金兑现股票初始价值和每股价值增长，可设计参与分红，由于完全模拟股票的价值和收益，在后端兑现时也可灵活地实现与实际股票的对接。

7.现金型：绩效单位

它是指授予激励对象一定数量的绩效单位，每份绩效单位的价值和 3—5 年的长期经营绩效结果挂钩，通常为 0—2 倍，公司在考核期结束后以现金或股权一次性支付。绩效单位工具的核心特征是采用虚拟的现金单位模式，与长期绩效紧密挂钩，即相当于一个长期的现金绩效奖励计划，不涉及资本杠杆，由公司承担全部成本。

国资委联合财政部下发的《国有控股上市公司(境内)实施股权激励试行办法》规定，在股权激励计划有效期内，高级管理人员个人股权激励预期收益水平，应控制在其薪酬总水平的 30%以下，从而限制了股权激励的力度。国有资产监督管理机构规定，高级管理人员薪酬总水平应依据上市公司绩效考核与薪酬管理办法予以确定。国企管理层通过种种方式限制高管的收入，我们也要看到，对国企高管来说限制性股票折扣不能过小，否则起不到激发国企高管工作积极性的作用。整体来看，股票期权对国企高管人员更有吸引力。期权权利金一般来说远低于限制性股票价格，因此其最大可授予份额要远高于限制性股票，如果股价随着国企绩效的提升而上涨，期权收益一般远高于限制性股票。因此，期权对高级管理人员更有吸引力。

实际运行中，国有上市公司股权激励的相关制度规定已经落后于证监会 2016 年下发的《上市公司股权激励管理办法》对全体上市公司实施股权激励的管理要求，按照原制度规定管理国有上市公司，在当前市场形势下已难以对员工形成有效激励和约束。从政策层面讲，应修订国有控股上市公司股权激励的相关制度规定，否则政出多头的管理办法使不同条款相互交织，造成国有控股上市公司股权激励方案实施难度加大，必然导致很多国有控股上市公司改革和经营的动力不足。

《中共中央、国务院关于深化国有企业改革的指导意见》明确提出，要建立国有企业负责人分类分层管理制度，这是国企负责人激励机制建设的重要突破。国有企业治理结构优化必须符合企业的改革方向，要遵守市场经济规律。

对国企骨干人才分类分层完善激励机制，有助于充分发挥国有企业内部人才要素的效用，激发骨干员工的工作积极性。

随着近年来国有企业混合所有制改革持续推进，微观层面国有企业股权结构与企业绩效的关系在学术界一直存在争议。改革开放以来，国有企业改革走过了从公司制到股份制再到上市公司的改革路程。大多数国有企业通过改革逐步推行股份制，发展混合所有制经济，有些国有企业成为沪深股市的上市公司，产权改革一直是国企改革的核心环节。但国有企业绩效并没有在这个过程中简单地随着国家控股比例的下降而显著提高。王曙光等研究认为，国家控股比例和企业绩效之间并没有表现出直接的相关关系，单纯引入民营资本的产权改革并没有实质性地起到提升国有企业绩效的作用，在混合所有制改革的过程中，并不能够通过单纯地降低国有控股的比例和更多地引入民营资本来提升国有企业绩效。①

然而，并不能由此简单下结论说混合所有制改革对提升企业绩效无作用。在国有企业内部，如果单纯地引入民营资本进行股权分散化改革，参股的民营资本没有对企业的控制权和话语权，不能让民营资本充分介入国企经营，导致国有企业内部治理延续过去的轨迹，没有有效改变国有企业法人治理结构，自然无法显著提升企业绩效。民营资金进入国企后只有深度介入企业治理，才能给国企管理层带来经营压力，推动企业绩效提升。

国有企业的混合所有制改革还在逐步探索经验，随着企业治理结构的不断完善，股权改革对企业绩效的正向作用可以更充分地体现出来。王曙光等认为，简单的私有化对持续提升企业绩效作用有限，真正能够提升企业绩效的关键因素来自市场竞争。在国有企业改革进程中，只有真正引入竞争，打破垄断，降低市场准入门槛，才能够激发国有企业内部活力，使得国有企业在市场竞争压力下主动完善法人治理结构，增强市场竞争能力。国有企业的产权多元化不是目的，完善内部治理结构，解决国有企业内部机制僵化、效率低下问题，激发国有经济的活力，才是国企改革的真正目标所在。王曙光等认为，在短时间中，国有企业股权结构变化带来的公司内部法人治理结构的变化并不显著，如果从更长的时间来考察，国有企业股权结构的变化势必会引起企业内部治理结构和

---

① 王曙光，王子宇. 股权结构、企业绩效与国企混改：基于A股上市国有企业的实证研究[J]. 新视野，2018(6)：47-54.

经营模式的深刻变化，从而对企业绩效起到重要影响。[①]

国有企业成为上市公司会大大增大企业参与市场竞争的力度。首先，国有上市公司需要定期提交业绩报告，接受市场内千万投资者的检视，股价随之上下波动，并在证券交易的公开市场中获得专业分析评价，企业治理绩效在激烈的市场竞争中通过股价波动表现出来，给国企负责人带来竞争压力，推动国企提升内部治理能力。国有企业成为上市公司对企业内部的激励作用可理解为：推动国有企业成为上市公司能够更好地完善企业内部治理，加强市场竞争与完善公司治理，提升国企参与市场竞争的能力。

国有企业改革要解决的主要是“提升效率”问题。国有企业内部管理层拥有很大的控制权，但没有相应的剩余索取权，这是引发国有企业效率低下问题的主要因素。从效率角度看，给予管理层一定的剩余索取权具有经济合理性。但是，社会中存在对管理层持股实施过程是否公正的质疑，主要是对管理层“收购价过低”和“收购资金来源”存在质疑。

周其仁基于人力资本的产权特征论证人力资本获得企业剩余的合理性，并且认为资本市场“买卖企业”的背后是买卖企业的盈利能力，最终是买卖企业家的能力，企业家能力使资本增值。[②] 从周其仁的理论推导管理层持股背后的人力资本理论，即管理层是通过持有一定股份的方式获得企业已创造的价值中自己应得的部分。

实施国有企业管理层股权激励或者管理层股权收购，都属于补偿管理层对于企业的剩余索取权，是实现国有企业管理层激励的重要方式，可以使管理层自身利益与企业利益紧密联系起来，进而促进企业未来价值的提升。但在国有企业所有者缺位的情况下，国企管理层持股需要接受社会公正性检验和外部监督。目前对未上市国企管理层持股运作的主要约束力量来自政府，而对国有上市公司的约束则可以来自政府和社会公众的多方监督，市场内公众投资者的监督对管理层实施股权收购起到很大约束作用。企业员工作为“内部人”具有信息优势，对管理层持股行为是否公平公正具有较强约束。国有企业采用员工持股的形式来实施收购有助于实现对国有股权更为合理的评估，企业员工持股改

① 王曙光，王子宇. 股权结构、企业绩效与国企混改：基于 A 股上市国有企业的实证研究[J]. 新视野，2018(6)：47-54.

② 周其仁. 市场里的企业：一个人力资本与非人力资本的特别合约[J]. 经济研究，1996(6)：71-80.

革也更容易得到地方政府的支持。内部员工参与可以有效缓解信息不对称问题并在企业的治理结构中形成权力制衡的力量，内部员工持股是解决国有企业管理层激励中的信息不对称问题的一个抓手。[①]

推动国企成为上市公司同样有助于拓宽监督范围，减少管理层内部运作的不透明，具有经济和政治意义。推动国有企业成为上市公司，国有企业运作受到政府和社会公众多层面的监督必然更加公开透明，可有效降低管理层股权激励过程中社会对股权定价过低造成国有资产流失问题的担心，有助于管理层持股计划顺利实施，既能提升国有企业的运行效率，又能有效监督管理层的各种暗箱操作问题，提升政府相关部门及社会对国企管理层激励计划的支持力度，推动提升国企治理效率。

5.3.3 “限薪令”下国有上市公司负责人薪酬激励机制的优化

薪酬制度是国企激励约束机制的核心内容，好的薪酬制度构成高效的激励机制。国有上市公司高管的薪酬激励机制应该怎样设计？现有研究呈现很多相互矛盾的结论，比如，林浚清等发现，高管团队薪酬差距有利于促进高管间竞争从而推动公司业绩提升。[②] 张正堂等的研究却显示，较大的薪酬差距令下属感觉不公平而不愿配合上级的工作。[③] 薪酬比较常引发不满，使得员工工作努力程度降低，损害公司业绩。黎文靖等研究认为，国企内部较小的薪酬差距能够起到激励员工的作用，薪酬差距较大时反而无法激励员工。[④]

比较常见的薪酬设计多强调根据国企高管的工作业绩确定薪酬，目前主要的薪酬激励方式，一是绩效奖励计划，即对绩效奖金实行延期支付方案，当激励对象完成绩效收入指标的时候，就能获得奖励收入；二是通过企业利润年终分红和项目收益分红的方式，将企业的部分利润奖励给企业高级管理人员、核心技术人员和业务骨干人员等。但国企内部与外部股东之间存在信息不对称，真实评价国企高管的工作绩效有一定难度。

---

① 毛道维，蔡雷，任佩瑜. 1999—2002 年中国上市公司 MBO 实证研究：兼论 EMBO 对国有企业改革的意义[J].中国工业经济，2003(10)：74-81.

② 林浚清，黄祖辉，孙永祥.高管团队内薪酬差距、公司绩效和治理结构[J]. 经济研究，2003(4)：31-40.

③ 张正堂，李欣. 高层管理团队核心成员薪酬差距与企业绩效的关系[J]. 经济管理，2007(2)：16-25.

④ 黎文靖，胡玉明.国企内部薪酬差距激励了谁？[J]. 经济研究，2012(12)：125-136.

当监督成本很高时，可引入相对业绩评价机制设计薪酬契约，通过设计有较高薪酬差距的方式引导企业高管进行竞争，业绩更优的竞争获胜者获得更高薪酬，或者让胜者获得晋升机会由此获得更高薪酬。①扩大薪酬差距将引发竞争者赢取竞争激励，能够激励管理层更加努力，也能够激发较低层级员工竞争更高职位的欲望，从而有利于公司业绩增长。周权雄等认为，我国国有企业中存在政府与高管层之间的信息不对称，政府难以找到评价高管层业绩的适当指标，锦标赛机制在国企内部有应用价值。②

社会对国企高管的薪酬过高、增长过快等问题有很多负面反应，为此政府分别在 2009 年和 2014 年出台限薪政策对国企高管薪酬及内部薪酬差距予以规范，对国企高管实施限薪措施。"限薪令"下国企高管激励机制应如何权衡？目前比较明确的是，未来国企薪酬管制应当针对管理层强化管理，通过制定更为科学有效的指标，注重评价国企高管薪酬支付的整体效益，在国企内部构建更加完善的激励约束机制。林琳等研究发现，员工高薪有利于公司取得较好业绩，但高管高薪的公司业绩表现并没有更好，超额薪酬未能对高管形成有效激励。由于国企高管团队在企业发展和运营效率上具有举足轻重的地位，国企薪酬制度设计应当充分关注对高管团队激励约束的有效性，注意平衡国企内部薪酬分布和权责配置的关系。高管团队薪酬差距具有很大的影响力，应避免因为过大的薪酬差距引发管理层成员之间的不公平感，避免出现不公平感导致成员之间不合作的问题，关注对高管层成员的合作和凝聚力有正面影响的激励。③

薪酬制度是国有企业激励约束机制的核心内容，对高管的工作态度和工作努力程度具有重要影响，如何有效激励高管努力工作、提高企业业绩是国企改革需要面对的核心问题之一。高管激励契约有多重方式，薪酬激励是最重要的激励方式。

在研究国有企业高管薪酬激励效果时，通常假定所有国企都面临相同的委托—代理问题，然而研究发现，对不同产权背景下的企业而言，高管薪酬激励的

---

① LAZEAR E P, ROSEN S. Rank-order tournaments as optimum labor contracts[J].Journal of Political Economy,1981, 89(5) :841-864.

② 周权雄,朱卫平.国企锦标赛激励效应与制约因素研究[J]. 经济学(季刊), 2010(2) :571-596.

③ 林琳, 潘琰. 国有上市公司内部薪酬差距的十年演变及激励效应跟踪[J]. 经济体制改革,2019(1):110-119.

效果存在显著差异。[①] 不同类别的国企因所处的行业及竞争程度不同,其高管激励方式也存在差异,分类研究国有企业高管薪酬激励的效果是必要的。

按照国有企业分类管理的思路,分类管理反映政府对不同类别国有企业的不同要求,是明确国有资本配置和国企高管激励方式改革路径的前提与基础。国有企业有竞争性、垄断性等不同类型,国企内部负责人也有政府委派和市场竞争选聘等。对于竞争性国有企业尤其是国有控股的混合所有制企业,企业负责人分为两类:一类是由政府委派的人员,比如政府委派的代表国资的外部非独立董事;另一类是通过市场选聘的国有企业经营管理人员。

竞争性国有企业是市场化的企业,混合所有制是其主要形式,应当通过健全市场体系来实施有效监督。监督是促进国有企业负责人将自身利益与企业利益一致化的重要手段,激励同样可以实现这种一致化。对竞争性国有企业负责人的业绩评价不同于垄断性国有企业,竞争性国有企业的主要目标是追求经营绩效、追求国有资产保值增值。对于市场化的竞争性国有企业来说,企业资本一般既包括国有资本,也包括民营资本,追求经营绩效才能实现混合所有制企业所有资本的保值增值。对竞争性国有企业负责人的业绩评价要以公司绩效与经营风险作为判断标准,以企业资本保值增值为判断依据对负责人贡献进行量化付酬,这是对负责人重要的激励机制优化。

基于公益性、准公益性、资源稀缺性的垄断性国有企业应以满足公共利益和经济社会可持续发展为目标,对这类国企负责人的管理可以比照公务员队伍,国有企业负责人由政府委派。与竞争性国有企业不同,垄断性国有企业负责人不存在由不同管理部门任命还是市场化聘任等来源不同的问题。垄断性国有企业负责人监督机制可以参照公务员监督机制,结合行政监督、法律监督、公众监督等多种监督手段,对负责人进行有效监督和合理激励。充分的信息披露是有效监督国有上市公司负责人的重要保障,垄断性国有企业和竞争性国有企业都可以通过充分的信息公开促进负责人的合规行为,有效防止竞争性国有企业在经营过程中出现国有资产流失和内部人控制问题。严格的信息披露是构建国有企业负责人高效监督机制的重要保障,并对企业负责人形成足够的激

① 刘绍娓,万大艳.高管薪酬与公司绩效:国有与非国有上市公司的实证比较研究[J].中国软科学,2013(2):91-101.

励。相对于未上市国企，国有上市公司在信息披露方面具有治理优势。①

陈霞等研究认为，在竞争性国有企业中，高管薪酬激励能够显著提升公司绩效。但是，随着国有股权比例的增加政府控制力的增强，竞争性国有企业高管薪酬激励效果受到抑制，为了进一步提升国有企业薪酬激励机制的有效性，政府应当逐步放宽对竞争性国企的控制力度。对于竞争性国有企业而言，政府逐步取消高管的行政型激励，能够更好地发挥薪酬激励的作用，提升竞争性国企的公司绩效。而公共服务类国有企业和特定功能类国有企业的高管薪酬激励效果不显著。我国公共服务领域的国有企业高管可能承担“企业家”和“党政官员”的双重角色，政治晋升激励的作用不容忽视。对公益性国企高管来说，薪酬激励的效果与竞争性国企高管有所不同，公益性国企既要完成社会目标和政策目标，又要兼顾经济效益。研究表明，在这类国企中高管薪酬激励不能很好地起到促进公司绩效的作用，应积极探索更全面的高管激励机制。②

5.3.4　混合激励推进国有上市公司负责人激励机制优化

在国有控股上市公司股权激励实施问题上，目前央企案例较多且实施过程中显示出相应的灵活性，而地方国企案例较少且方案灵活性低。国有控股上市公司股权激励涉及国有资产监督及国有企业员工自身利益等问题，激励方案需要国资监管部门层层审批，在国企高管限薪的大背景下，国有控股上市公司股权激励方案要想顺利实施必须适应多种规则要求。应鼓励地方国有控股上市公司大力推动股权激励机制，加快地方国有企业的发展。

第一，可选择多种股权激励模式混合的方案，在股票折扣率、员工持股规模等关键指标上展示灵活性。第二，可考虑使用两种以上股权激励工具，以适应高管人员和高级技术人员、公司外籍人士以及其他员工等不同层面的需求。第三，为提升公司经营效率和实现可持续发展，国有控股上市公司可考虑股权激励与股份回购等资本市场操作相结合的方式，既能丰富回购资金的来源渠道，也能满足证监会等发布的《关于支持上市公司回购股份的意见》对国有控股上

---

① 高明华，杜雯翠. 国有企业负责人监督体系再解构：分类与分层[J]. 企业发展，2014(12)：35-43.

② 陈霞，马连福，丁振松. 国企分类治理、政府控制与高管薪酬激励：基于中国上市公司的实证研究[J]. 管理评论，2017(3)：147-156.

市公司回购股份行为的规范要求。

国有企业治理不能实行一种方法管到底，应根据不同类别国有企业的特征和功能设计相应的治理机制，实行有针对性的激励机制。政府和相关部门应健全法律法规及相关制度，为国有企业分类实施高管激励机制提供必要的政策支持，保障不同类别国有企业高管激励目标的实现。

近十年来，央企实行了比较有效的绩效考核制度，符合国家发展战略方向，并且绩效考核评价高的很多央企对企业内众多管理人员和技术骨干实行了广泛的激励措施，推动了企业做大做强，实现了较快发展。对于众多的地方国企来说，国企要落实国家和地方经济战略、民生保障以及承担更多社会责任，需要企业内部同心协力，既要承担战略使命，也要以市场化运作为目标保证较高的运行效率，保障高层管理人员的工作积极性。众多地方国企应借鉴央企的激励考核设计，既要考虑员工的个人短期利益，也要与国企承担的长期战略使命相关联，多种股权激励模式提供了实现上述目标的工具箱。推动央企和地方国企成为上市公司有助于实现多种高效的股权激励机制，提升国有企业发展的主动性和积极性。

第 6 章　国有企业负责人政治晋升激励机制及其优化

对国有企业负责人激励机制而言，除薪酬激励、股权激励以及在职消费等隐性激励之外，还存在一种更为重要且特殊的隐性激励，即政治晋升激励。

国有企业负责人晋升主要有两个体系：一是在原国有企业内部或者国有企业体系内晋升；二是国企负责人从政，进入党政体系。对比近几年国企与政府部门之间的交流任职情况后发现，首先国企系统中的同行业间交流任职情况较多，其次是跨行业的交流任职，最后是企事业机关之间的交流任职情况。[①]

6.1　国企负责人政治晋升的主要形式与制度安排

在我国的党政领导干部制度中，党政机关与国有企业事业单位之间的干部交流是常态，处级以上干部从国企系统、国有事业单位调任党政机关担任领导职务是我国干部交流制度的一项重要内容，也是干部培养的一种重要方式。2019 年修订的《党政领导干部选拔任用工作条例》明确提出，地方党政领导班子成员应当注意从担任过县（市、区、旗）、乡（镇、街道）党政领导职务的干部和国有企事业单位领导人员中选拔。国企高管因为具有较多的经济管理实际工作

① 杨佳欣. 从高管到高官　国企系统输出多位 70 后副省长[EB/OL].(2020-07-14)[2023-06-01]. http://www.time-weekly.com/post/271519.

经验，在促进地方经济发展中能够更好地应对挑战，国有企业负责人从政符合地方发展需要，在《党政领导干部选拔任用工作条例》的支持下，未来将有更多懂产业发展、懂市场运作、懂公共管理的国企高管进入党政系统工作。

6.1.1 国企负责人政治晋升的主要形式

从中共中央、国务院关于国有企业领导人员选拔任命的政策要求和国有企业负责人晋升渠道看，国企负责人在国企体系内晋升与进入政党、政府体系择优晋升的政治和业绩及其他考核要求基本一致。按照国内学术界的普遍观点，以上均属于政治晋升范畴。通过国有企业负责人交流任职的主要通道，可以了解到国企负责人政治晋升的主要形式有以下两种。

1.出任母公司或本公司更高职位以及国企系统内更高级别或更大规模企业的平级岗位

政治晋升首先包括调任至母公司或者本公司更高职位。在企业系统内部的晋升使得高管能够获得行政级别上的提升并在直接权力、职级待遇以及可支配的资源等方面获得更大支配权，因而也被视为政治晋升的重要形式。

杨瑞龙等对国企负责人晋升的界定是：国企负责人从原有职位被提拔到行政级别更高的职位，或者是从国企的“二把手”职位调到同等级别国企担任“一把手”。① 王曾等将高管离职后调任如母公司总经理、董事长或者母公司党委书记等这些平级或者更高级别的重要职位均视为政治晋升。② 周铭山和张倩倩将CEO调动到平级或者更高级别的企业或政府机构任职，比如调任母公司或者规模更大公司的总经理、副董事长、董事长、党委书记都视为政治晋升。③ 张霖琳等判定的国有企业高管晋升包括离任后去往：(1)政府部门；(2)在股东单位升职；(3)调任同级企业单位并获得职位晋升，如本公司的总经理升任其他同级

① 杨瑞龙，王元，聂辉华.“准官员”的晋升机制：来自中国央企的证据[J]. 管理世界，2013(3)：23-33.

② 王曾，符国群，黄丹阳，汪剑锋. 国有企业 CEO“政治晋升”与“在职消费”关系研究[J]. 管理世界，2014(5)：157-171.

③ 周铭山，张倩倩.“面子工程”还是“真才实干”？——基于政治晋升激励下的国有企业创新研究[J]. 管理世界，2016(12)：116-132.

单位的董事长。①

2.调到同级别或更高级别的党或政府部门任职

国有企业负责人进入同级别或更高级别政府部门任职被视为政治晋升。郑志刚等将政治晋升界定为国有企业董事长或者总经理被任命为上级政府部门领导,尽管国有企业高管被视为“准官员”,享受与同级别政府官员同样的政治待遇和类似的晋升空间,但只有转变为实权在握的官员,高管才能在行政级别上有所提升,政治生命才能得以延续。② 杨瑞龙等将国企负责人调到同等级别党政机关担任负责人也视为政治晋升,并认为在国企负责人晋升过程中,从国企进入公务员系统的变动机会非常重要,这一类变动虽然不一定能提升国企负责人的行政级别,但是却令他们拥有了进一步晋升的空间。③ 在行政经济型治理模式下,国企高管追求从企业进入政府部门,从国企负责人转变为实权在握的政府官员,这种激励会主导国企高管的行为选择和所在企业的决策。国企高管调任行政管理工作是我国党政领导干部任命的重要思路,中央明确要求要注重从国有企业及企事业单位领导人中培养选拔党政领导班子成员,政治生活实践中很多省部级官员和地市级领导直接源于国企高管的政治晋升。

6.1.2 国企负责人政治晋升的制度安排

长期以来,国企高管和政府官员之间一直有任职交流。国企负责人的来源主要有三个:一是从国企内部选拔,通过晋升渠道产生新的负责人;二是从同一国资委管辖下的其他国企调入;三是政府官员调入国企任职。同时,也有很多政府官员直接从国企高管中产生。相比一些单纯的党务干部,优秀的国企高管在市场经济经验、现代管理经验及国际化视野等方面具有一定优势,其步入政坛有助于加强地方政府的经济治理能力。

---

① 张霖琳,刘峰,蔡贵龙.监管独立性、市场化进程与国企高管晋升机制的执行效果:基于2003—2012年国企高管职位变更的数据[J].管理世界,2015(10):117-131,187-188.

② 郑志刚,李东旭,许荣,等.国企高管的政治晋升与形象工程:基于N省A公司的案例研究[J].管理世界,2012(10):146-156.

③ 杨瑞龙,王元,聂辉华.“准官员”的晋升机制:来自中国央企的证据[J].管理世界,2013(3):23-33.

对于干部交流制度，中央于1990年出台了《关于实行党和国家机关领导干部交流制度的规定》，对干部交流作出了明确规定和要求；全国人大2006年1月颁布实施的《中华人民共和国公务员法》对“交流、回避”给出了详细规定；中央2006年8月出台的《党政领导干部交流工作规定》明确，实行党政机关与国有企业事业单位之间的干部交流，可以选调国有企业事业单位领导人才到党政机关任职。2019年修订的《党政领导干部选拔任用工作条例》进一步指出，地方党政领导班子成员应当注意从担任过基层党政领导职务的干部和国有企事业单位领导人员中选拔。

1.国有企业选拔任用领导人员的政策依据

国有企业负责人在国企体系内获得政治晋升的最新政策规定包括中共中央办公厅、国务院办公厅2018年9月印发的《中央企业领导人员管理规定》，以及各地方党政系统参照上述规定出台的国企领导人员管理规定。国有企业负责人进入党政体系内任职的政策规定则由2019年最新修订的《党政领导干部选拔任用工作条例》加以规范。

2009年，中央办公厅和国务院办公厅联合发布了《中央企业领导人员管理暂行规定》，对全面规范中央企业领导人队伍起到了重要作用。党的十八大后，基于新时代对加强中央企业领导人员管理的新要求，亟须完善用好用活优秀企业家的政策法规，2016年10月10日至11日，全国国有企业党的建设工作会议在北京举行，习近平总书记出席会议并发表重要讲话。习近平总书记在讲话中强调，国有企业领导人员是党的干部，必须做到对党忠诚、勇于创新、治企有方、兴企有为、清正廉洁。

2018年5月11日，习近平总书记主持召开中央全面深化改革委员会第二次会议，审议通过了《中央企业领导人员管理规定》。2018年9月，中共中央办公厅、国务院办公厅印发了《中央企业领导人员管理规定》，并发出通知要求各地区各部门结合实际认真遵照执行。

“对党忠诚、勇于创新、治企有方、兴企有为、清正廉洁”这20个字在《中央企业领导人员管理规定》中被写进总则第一条。《中央企业领导人员管理规定》围绕夯实党在经济领域的执政骨干力量，建设高素质专业化中央企业领导人员队伍，提出了更具体的要求。

第一,《中央企业领导人员管理规定》在选拔任用的基本条件中将“20 字”要求逐一对应细化,强调中央企业领导人员必须旗帜鲜明讲政治,坚决执行党和国家的方针政策;必须具有强烈的创新意识和创新自信,敢闯敢试、敢为人先;必须具有较强的业务能力,要懂经营、会管理、善决策;必须具有正确的业绩观,工作业绩突出;必须具有良好的职业操守和个人品行,廉洁从业。第二,强调选拔任用中央企业领导人员必须突出政治标准和专业能力,在考察工作中应当突出考察政治表现,全面考察人选素质、能力、业绩和廉洁从业等情况,防止“带病提拔”。第三,强调加强对中央企业领导人员综合考核评价、经营业绩考核、党建工作责任制落实情况考核,引导中央企业领导人员做到忠诚干净担当。第四,强调以强化忠诚意识、拓展国际视野、提高战略思维、增强创新精神、提升治企能力、锻造优秀品行为重点,加强对中央企业领导人员的教育培训和实践锻炼。

作为党的全面领导在中央企业领导人员管理工作中的重要体现,中央企业领导人员管理必须始终坚持党管干部原则,这是我们党干部工作的根本原则,不能动摇、不能走样、不能被架空。修订出台《中央企业领导人员管理规定》是在党中央领导下完善中央企业领导人员管理制度,坚持党管干部原则的具体体现。《中央企业领导人员管理规定》的具体内容也都体现了党管干部原则。首先,在选拔任用工作中,从提出工作方案到确定考察对象,从严格考察过程到集体讨论决定等各个环节,《中央企业领导人员管理规定》强调都要发挥党组织的领导和把关作用。在董事会选聘经理层成员试点工作中,《中央企业领导人员管理规定》强调上级党组织要在确定标准、规范程序、参与考察、推荐人选等方面发挥作用。强调上级党组织及其组织部门、纪检监察机关要加强对中央企业领导人员的日常管理、考核评价和监督执纪问责,始终把中央企业领导人员置于严格的管理监督之中。

习近平总书记在全国国有企业党的建设工作会议上强调,培养造就大批高素质国有企业领导人员,要把坚持党管干部原则和发挥市场机制作用结合起来。

当前在对中央企业领导人员的管理中市场机制发挥作用不够,很多方面简单参照对党政领导干部的管理方式。为此,《中央企业领导人员管理规定》强调,对中央企业领导人员的管理必须注重发挥市场机制作用。该管理规定明确将市场化公开遴选作为选拔任用中央企业领导人员方式之一，对经理层成员可以采取竞聘上岗、公开招聘和委托推荐等方式进行选拔任用。对中央企业领导人员实行任期制，对经理层成员推进契约化管理，可以实行聘任制。要强化中央企业领导人员经营业绩考核，考核要注重中央企业领导班子成员全覆盖，对不适宜担任现职或因企业发展战略调整、产业转型、兼并重组等需要退出的中央企业领导人员，要加强市场化退出，任期(聘期)届满未连任(续聘)的自然免职(解聘)，形成优胜劣汰机制。要合理增加经理层中市场化选聘职业经理人比例，稳妥推进职业经理人制度建设，有序推进董事会选聘经理层成员试点工作。

《中央企业领导人员管理规定》结合中央企业实际，对选拔任用中央企业领导人员作出了具体规定。一是强调突出政治标准和专业能力，党组织要发挥领导和把关作用。二是选拔任用工作程序规范为：提出工作方案、确定考察对象、考察或者背景调查、集体讨论决定和依法依规任职。三是将考察对象的选拔方式统一规范为：内部推选、外部交流、公开遴选、竞聘上岗、公开招聘、委托推荐等几种主要方式。强调要全面考察人选素质、能力、业绩和廉洁从业等情况，防止“带病提拔”，实行任职承诺制度，新任中央企业领导人员应当就忠诚干净担当等作出承诺。

2.国有企业负责人政治晋升至党政体系的政策规定

1995 年，中共中央发布《党政领导干部选拔任用工作暂行条例》。《党政领导干部选拔任用工作暂行条例》的推出对改革开放以来进一步规范党政领导干部队伍建设，推进干部队伍的革命化、年轻化、知识化、专业化，保证党的基本路线的贯彻执行起到了重要作用。条例规定，选拔任用党政领导干部，必须坚持以下原则：党管干部的原则；德才兼备、任人唯贤的原则；群众公认、注重实绩的原则；公开、平等、竞争、择优的原则；民主集中制的原则；依法办事的原则。《党政领导干部选拔任用工作暂行条例》第三十八条关于党政干部交流制度规定，干部交流可以在党政机关与企事业单位及其他社会组织之间进行，明确了国有企业负责人可以晋升到党政机关领导干部岗位。

2002 年 7 月 9 日，中共中央颁布《党政领导干部选拔任用工作条例》。这个条例是在《党政领导干部选拔任用工作暂行条例》的基础上修订的，贯彻了中央对干部选拔任用工作的新要求，是党政领导干部选拔任用工作必须遵循的基本规章。中央发出通知，要求各地区各部门结合实际认真遵照执行《党政领导干部选拔任用工作条例》，同时宣布 1995 年制定的《党政领导干部选拔任用工作暂行条例》废止。关于各级党政领导干部的选拔任用，《党政领导干部选拔任用工作条例》的表述是，党政领导干部可以从党政机关选拔任用，也可以从党政机关以外选拔任用。

2006 年，中央组织部发布《党政领导干部交流工作规定》，界定党政领导干部交流的内涵是，各级党委（党组）及其组织（人事）部门按照干部管理权限，通过调任、转任对党政领导干部的工作岗位进行调整。在文件规定的干部交流范围和方式中，明确了实行党政机关与国有企业事业单位之间的干部交流。双向交流中，可以选调国有企业事业单位领导人才到党政机关任职，也可推荐党政领导干部到国有企业事业单位任职。

2014 年修订的《党政领导干部选拔任用工作条例》进一步指出，党政干部队伍应"拓宽选人视野和渠道，党政领导干部可以从党政机关选拔任用，也可以从党政机关以外选拔任用。地方党政领导班子成员应当注意从担任过县（市、区、旗）、乡（镇、街道）党政领导职务的干部和国有企事业单位领导人员中选拔"，明确了国有企业领导干部是党政领导干部选拔任用的重要来源渠道。

2019 年最新修订的《党政领导干部选拔任用工作条例》进一步明确了从党政机关以外多渠道选拔任用干部的原则，"拓宽选人视野和渠道，党政领导干部可以从党政机关选拔任用，也可以从党政机关以外选拔任用，注意从企业、高等学校、科研院所等单位以及社会组织中发现选拔。地方党政领导班子成员应当注意从担任过县（市、区、旗）、乡（镇、街道）党政领导职务的干部和国有企事业单位领导人员中选拔"。国有企业高管作为有实际工作经验的人才，在党政干部选拔任用中具有一定的独特优势，政治晋升对国企负责人具有很强的激励作用。

6.2　国企负责人政治晋升激励机制研究的经济学理论基础

国有企业负责人政治晋升的影响因素主要概括为两类：一类是"业绩论"，另一类是"关系论"。"业绩论"将业绩晋升机制概括为"晋升锦标赛模式"。"关系论”认为，影响官员升迁的主要因素是政治关系网络，而非企业业绩绩效。[①]可以应用信息经济学相关理论对这些影响因素进行深度分析。

6.2.1 激励理论

根据委托—代理理论，现代企业的所有权和经营权分离会带来道德风险和逆向选择成本，所有者会通过契约管理对代理人进行监督和激励来确保代理人与其目标相一致。市场如果能充分竞争，可以减少委托人与代理人之间的信息不对称，但国有企业往往在其经营职能之外承担多种社会性职能，国有企业所处市场不能达到充分竞争，因此，政府与国企高管之间的信息不对称问题更加突出。相对于民营企业，国有企业的代理链条更长，在解决代理问题时，政府作为监管者很难完整地行使监督职能，代理成本也更高，为国企高管设计合理的激励契约就变得很重要。委托—代理理论是激励契约设计所依据的基本理论。[②]

6.2.2 锦标赛理论

锦标赛是一种优胜者将获得晋升的竞赛标准与规则，它的主要特征是竞赛结果只依赖于参赛人相对于其他参赛人的表现，而与参赛人的绝对表现无关。各参赛人为了赢得比赛而竞相努力，以取得比别人更好的比赛名次，这是锦标赛的激励效果。[③] 在锦标赛中，为了获得足够的激励效果，报酬必须随着职位的晋升而加速上升。Lazear 等认为，报酬差距是委托人给予赢得锦标赛的代理人的一种额外奖金，晋升前后报酬差距越大，对代理人的激励作用也越大，晋升激励是有效促使高管主动为企业目标努力的一种低实施成本的激励方式。[④]

锦标赛理论认为，薪酬激励与企业绩效存在正相关关系，在对员工进行评价时，并不需要对员工业绩进行精确测量，只需要对员工贡献进行排序即可，在

---

① 杨瑞龙，王元，聂辉华.“准官员”的晋升机制：来自中国央企的证据[J].管理世界，2013(3)：23-33.

② 张洪亮，王法锦，王殿杰.薪酬管制与国企高管“夺标”[J].经济与管理，2020(11)：79-86.

③ 周权雄，朱卫平. 国企锦标赛激励效应与制约因素研究[J]. 经济学(季刊)，2010(2)：571-596.

④ LAZEAR E P，ROSEN S. Rank-order tournaments as optimum labor contracts[J]. Journal of Political Economy，1981，89(5)：841-864.

竞赛中排名靠前的员工可以获得晋升，职位晋升的同时必然带来薪酬增长。同时，晋升是对锦标赛获胜者的奖励。晋升激励的获胜者主要依赖相对绩效而非绝对绩效，相对于计算绝对工作绩效并制定相应标准所带来的评估困境，相对绩效更容易选出获胜者。①

6.2.3　竞争理论

林毅夫等提出竞争理论认为，国有企业效率不高的根源在于国企经营者缺乏充分的竞争激励，政府施加给国企的各种政策性负担使得利润率无法作为反映国企经营者努力的充分信息指标，国企经营者也就缺乏充分的竞争激励，结果是政府与国企经营者之间信息不对称和激励不相容的难题难以克服，国企经营者侵犯所有者权益从而导致国企效率低下和国有资产流失的现象也不可避免。这样，能否为国有企业经营者提供充分的激励对国企改革成败至关重要。②

6.2.4　政治晋升锦标赛理论

部分学者将锦标赛理论用于分析我国地方官员的政治晋升，形成了政治晋升锦标赛理论。该理论认为，在中国的政治层级结构中，上级政府制定竞赛规则，通过评估竞赛者的相对竞赛成绩决定下级政府行政长官的政治生涯。该理论还认为，政府官员处于封闭的“内部劳动力市场”，官员如果被罢免或者选择退出职位会面临很大的职位落差和发展落差，导致他们不得不努力寻求晋升。改革开放以来的很长一段时间内，我国地方官员的晋升与经济发展挂钩，在经济绩效作为重要指标的考核体系之下，为了政治晋升，地方官员在经济、行政等方面展开了广泛的竞争，努力提高自身的政绩，形成了政治晋升锦标赛模式。这成为中国改革开放以来经济增长奇迹的重要根源。③

---

① 秦琦，左晶晶. 企业高管晋升激励研究综述[J]. 经济研究导刊，2020 (21)：121-122.

② 林毅夫，蔡昉，李周. 充分信息与国有企业改革[M]. 上海：格致出版社、上海三联书店、上海人民出版社，2014：106-108.

③ 徐业坤. 国有企业高管政治晋升研究进展[J]. 中南财经政法大学学报，2019(4)：36-45.

6.3 国企负责人政治晋升的双轨制机制

国企负责人晋升存在双轨制机制，且有各自的考核标准，具体如下。

6.3.1 国企负责人的双轨制政治晋升通道

国有企业负责人晋升存在自上而下的选拔体系，晋升通道主要有两类：一是在国有企业系统内部的晋升，包括本企业内部晋升以及晋升到股东单位或到其他国有企业任职；二是晋升到政府部门任职。与国企负责人的晋升通道相关联，晋升的主要影响因素也有两类。第一类影响因素是企业业绩。国企负责人可以被视为政府在国有企业中的代理人，具有实现国有资产保值增值的受托责任，提升企业业绩对于国企负责人晋升具有直接作用。[①] 第二类影响因素是国有企业的社会责任。如果考虑到国有企业负责人的“官员”身份，国有企业还承担着配合政府政策或承担社会责任的角色，这使得执行党和国家政策及维持社会稳定等对国有企业负责人晋升有直接影响。[②]可以认为国有企业负责人存在绩效和社会责任双重考核。

上级主管部门对国有企业负责人晋升前景具有关键作用，国企所属的国资委具有建议和任免国有企业负责人的权力，同时，对各级国有企业中的重点企业，其负责人由各级组织部门任免。对于国有上市公司，高管的任免一般采用先由国资委或组织部门下发任免文件再由董事会进行表决的双重制。国企负责人晋升去向一般有企业集团内部流动、同级的其他国有企业间流动以及去政府部门任职等。

国有企业负责人考核晋升机制的双轨制特征凸显了其作为“经理人”和“官员”的双重角色。对于高管个人来说，其角色呈现“经理人”特征还是“官员”特征与自身的具体晋升路径有关。在我国现行国有企业人事管理体制下，一部分

---

① 王曾，符国群，黄丹阳. 国有企业 CEO“政治晋升”与“在职消费”关系研究[J]. 管理世界，2014(5)：157-171.

② 杨瑞龙，王元，聂辉华. “准官员”的晋升机制：来自中国央企的证据[J]. 管理世界，2013(3)：23-33.

国有企业负责人由国资委任命和管理，另一部分则由各级党委的组织部门任命和管理。由组织部门任命和管理的国有企业负责人与党政官员处于同一管理体系内，具备调任各党政部门任职的晋升通道；由国资委任命的负责人，原则上仅在国资委管理的国有企业体系内进行调动，实际上较难直接调任党政职务。

从 1999 年中共中央企业工作委员会成立时发布的中央文件可以比较明确地看出中央企业负责人晋升的双轨特征。中共中央企业工作委员会简称“中央企业工委”，关于中央企业工委的职责，按照当年的《中共中央关于成立中共中央企业工作委员会及有关问题的通知》（中发〔1999〕18 号）所指出的，将现由国务院管理的 163 户企业领导班子交由中央企业工委管理。对于国有重要骨干企业，该文件指出，将 39 户涉及国家安全和国民经济命脉的国有重要骨干企业的领导班子列入中央管理干部的范围。这份通知表明了国有企业高管晋升通道的双轨特征。关于这些企业高管的任命权限，该文件指出，国有重要骨干企业负责人的任命由中央直接决定，其他企业高管的任命权限则在中共中央企业工作委员会。2003 年成立国资委并撤销中共中央企业工作委员会时，对国资委党委的人事管辖范围也延续了这一做法。《中共中央关于成立中共国务院国有资产监督管理委员会委员会有关问题的通知》（中发〔2003〕6 号）规定“将原中央企业工委管理的企业领导人员交国资委党委管理。决定任免这些企业领导职务，由国资委党委考察、审批”，关于由中央直接管理的国有重要骨干企业的高管，尤其是“一把手”高管，管辖权仍在中央。这些国有重要骨干企业的领导职务的考核任免，由中共中央组织部主要负责。地方国有企业也具有这样的特征，如该文件末指出，地方所属的国有重要骨干企业党的领导体制，由各省、自治区、直辖市党委参照本通知精神确定。2009 年出台的《中央企业领导人员管理暂行规定》（中办发〔2009〕41 号）也指出，中共中央组织部、中共国务院国有资产监督管理委员会委员会按照管理权限……组织实施中央企业领导人员的推荐、考察、任免等事项。

2018 年 5 月 11 日，中央全面深化改革委员会第二次会议审议通过了《中央企业领导人员管理规定》，2018 年 9 月，中共中央办公厅、国务院办公厅印发了《中央企业领导人员管理规定》，并发出通知要求各地区各部门结合实际认真遵照执行。《中央企业领导人员管理规定》（以下简称《管理规定》）是在 2009 年的《中央企业领导人员管理暂行规定》基础上修订而成的。2018 版的《管理规定》

鲜明地将“20字”要求写进总则第一条，并围绕夯实党在经济领域的执政骨干力量，建设高素质专业化中央企业领导人员队伍，提出了具体要求。

关于中央企业领导人员的选拔任用及领导人员管理问题，《管理规定》充分体现了党管干部原则。《管理规定》要求由中央组织部和国资委党委带头执行规定，将各项要求落实到中央企业领导人员队伍管理工作的具体实践中。由此可看到，中央企业领导人员的选拔任用由中央组织部和国资委党委两条线管理的双轨制保持不变。

双轨特征管理体系的长期存在使得国企高管层面存在两种相对独立的晋升通道。从中央角度看，一些国有企业影响到国家安全和国民经济命脉，具有战略地位，需要保证该类国有企业更好地落实党和政府的各项政策，故不能完全采用市场化方式选聘经理人。而对于居于竞争领域的国有企业，政府应该放手，让这些国有企业通过公司制、股份制等方式改造成独立的市场参与主体，获得充分的市场地位，这类国企负责人遵循市场招聘和组织考察相结合的方式选任。这两种晋升通道相对独立，组织部管理的国有企业高管可以调任党政部门任职，具有一定的官员身份，国资委管理的国有企业高管原则上只在国资委下属企业间调动，较难直接调动到党政部门任职。①

6.3.2 双轨制下各自的考核标准

国企高管晋升有双轨制特征，两种通道下对国企高管的晋升及任期考核也有不同的侧重点。国资委有“对所监管企业国有资产的保值增值进行监督”的责任，这决定了国资委在对国有企业高管进行考核评价时业绩因素不容忽视。党委组织部门工作的重要原则是执行党的政策、遵守党的规定，组织部考核则更看重国企承担社会责任的情况。可以总结为，国资委考核更重视业绩，组织部门更看重国企高管对政策的执行情况。

1.国资委考核重视经营业绩

首先，政府对于国资委对国有企业的监管有政绩要求。《国务院办公厅关

① 肖星，刘青松，孙鲲鹏，等. 国有企业高管的选聘任命与激励机制及其影响研究[J]. 当代会计评论，2020，13(4)：25-52.

于印发国务院国有资产监督管理委员会主要职责内设机构和人员编制规定的通知》(国办发〔2003〕28 号)指出,国资委应“对所监管企业国有资产的保值增值进行监督”,国有资产保值增值状况是国资委相关负责人员的基本政绩指标。2018 年 9 月 13 日,党的十九届三中全会审议通过《深化党和国家机构改革方案》,第十三届全国人民代表大会第一次会议批准了《国务院机构改革方案》。在最新方案中,国资委的职责、机构和编制有所调整,与本节问题相关的国资委最新职责有:国资委履行出资人职责,监管中央所属企业(不含金融类企业)的国有资产,加强国有资产的管理工作,承担监督所监管企业国有资产保值增值的责任,建立和完善国有资产保值增值指标体系,制定考核标准,通过统计、稽核对所监管企业国有资产的保值增值情况进行监管,负责所监管企业工资分配管理工作,制定所监管企业负责人收入分配政策并组织实施。国资委的职责决定了其对国有企业高管考核评价时业绩因素不容忽视。

国资委考核围绕对国有企业的监管要求——“落实国有资产保值增值责任”这一基本原则展开。2003 年国资委成立当年就推出了《中央企业负责人经营业绩考核暂行办法》,一直到 2019 年,国资委陆续出台六版对中央企业负责人的经营业绩考核办法,对国有企业高管的考核进行了明确规定。对中央企业负责人的业绩考核包括年度考核和任期考核两个主要方面,依据考核结果对企业负责人实施奖惩,考核结果是企业负责人晋升和薪酬激励的重要依据,同时如果连续两年未完成年度考核目标且考核等级偏低,企业高管人员可能面临岗位降级调整。以上规定明确了国资委考核以业绩为基本导向。

2.组织部门更强调综合性、多维度考核

组织部门在选拔干部的标准上与国资委有所不同,重视国企负责人对政策实施的配合程度。对组织部门选拔的国有企业高管进行考核,非常重视国企负责人对政策的执行情况。《中央企业领导班子和领导人员综合考核评价办法(试行)》中明确指出,“对中央企业领导班子和领导人员的政治素质、业务能力、工作实绩、勤勉尽职和廉洁自律等情况进行综合考核评价”。政治素质是首位标准,工作实绩是其中之一。根据该文件,对央企负责人的考核中,业绩占比为 50%,整个班子的业绩占其中的 70%,另有 30%为负责人个人贡献,因此,班子业绩对央企负责人员综合得分的影响占比为 35%。班子业绩中又有 50%的比重参照国资委对央企的业绩考核,25%的比重参照国资委对央企的财务绩效考核。因此可知,在组织部对央企负责人的考核结果中,国资委对央企业绩考核与财务绩效考核所占比重共:35%×50%+35%×25%=26.25%。从上述数据可以看出,组织部对直接管理的央企在业绩方面的要求相对于国资委没有那么严格,这也意味着国资委直接管辖的央企高管受业绩考核的影响相对更大。组织部门对国有企业负责人“德、能、勤、绩、廉”的多目标考核体系中,业绩不是唯一指标,只是五个维度中的一个方面。研究发现,在国有企业的晋升激励中,存在一个业绩门槛,低于业绩门槛,高管有被降职的可能性,但高于业绩门槛后,业绩对晋升不再有显著影响,对高管晋升产生显著影响的是企业承担社会责任和满足大股东利益要求等非业绩因素,由组织部门进行任免的高管更看重其所在企业承担社会责任的情况。①

国企考核目标的多样性使得国企高管需要选择不同的思路来达成不同目标,国企的政治目标使国企高管具有“准官员”的预期,但经济目标又使国企高管行为具有职业经理人的特性。国企高管存在不同的角色预期,这种不同预期是造成国企负责人有效激励不足的主要原因。

6.4 影响国企负责人政治晋升的多元因素分析

委托—代理理论认为,委托人和代理人之间的信息不对称会导致委托人和代理人之间产生道德风险问题,委托人对代理人设置激励机制是化解道德风险的有效手段。现代企业制度下,对代理人的激励主要有两种方式:一种是以薪酬为主要表现形式的显性激励,另一种是以职位晋升、职务消费等为主要表现形式的隐性激励。国企负责人的薪酬受到“限薪令”管制而难以有效发挥激励作用,政治晋升成为有效的隐性激励,努力获得政治晋升成为多数国企负责人职业生涯中最为重要的动机和目标。获得政治晋升代表着组织部门和国有企业管理部门对高管能力的认可,“自上而下”选拔机制类似锦标赛机制,强化了

① 肖星,刘青松,孙鲲鹏,等.国有企业高管的选聘任命与激励机制及其影响研究[J].当代会计评论,2020,13(4):25-52.

高管对于政治晋升的追求。经理人只有赢得晋升锦标赛，才能通过身份地位的提升获取更大的权力和更高的薪酬以及更多的在职消费，在政治晋升锦标赛机制下，政治晋升激励对于国有企业高管而言要比薪酬激励更重要。

对国企负责人所服务的企业来讲，国企高管的政治晋升激励存在一定的弊端。首先，晋升竞争有可能带来国企负责人之间的不和谐现象，阻碍团队合作和创新，对企业经营产生负面影响。其次，有些国企负责人在任职期间怕“犯错”失去晋升机会，故而选择保守经营，抑制了本来应该进行的创新活动和有利于企业未来增长的重要投资行为，给企业长远发展带来负面后果。晋升机会还有可能使某些国企经营者采取短期行为，例如进行过度投资、操纵盈余、实施低质量并购等，损害股东利益。

6.4.1　多重政策性负担减弱了国企负责人的经济激励效应

国有企业运营过程中受到政府大量的行政干预，承担着政府的多重发展和治理目标——经济发展、宏观调控、就业和社会稳定等，即通常所称的“政策性负担”。政府对国有企业负责人的管理存在委托—代理问题，在契约管理过程中，政府处于信息劣势，与国企经营者难以签订有效的薪酬激励契约，基于绝对绩效水平的薪酬激励效率不高。国有企业同时又承担着中央和地方政府的政策性目标，政策性负担使国企负责人的契约目标由利润最大化转变成目标多元化，导致企业绩效与企业负责人努力程度之间的因果关系模糊，对国企负责人进行客观评估比较困难，政府通过经营契约对国企负责人进行激励的效率不高。

在对国企负责人的薪酬激励效果有限的情况下，锦标赛机制能否对国企负责人起到有效的激励作用？宋德舜认为，在国有企业绩效变动中起决定性作用的激励机制是政治晋升激励而不是薪酬激励或股权激励。国有企业激励机制从根本上说是“政治性”而不是“经济性”的。[①]

国企内部治理结构保持一种从中央政府到各级地方政府的多层级、多委托人的共同代理关系。如果每一层级、针对每个委托人的委托—代理关系都会由

① 宋德舜. 国有控股、最高决策者激励与公司绩效[J]. 中国工业经济，2004(3)：91-98.

于信息不对称、激励不相容和目标不一致而导致效率损失，那么这种多层次、多委托人的共同代理关系势必会造成更大的效率损失。研究表明，多层代理关系会造成信息传递的迟缓和失真进而导致国企负责人的“激励空缺”。①

周权雄等的研究结论是，锦标赛机制能够对国企负责人产生较强的激励作用。赢得锦标赛可以获得较大的持久的经济回报，这会提高国企负责人的经济努力水平。即使单个国企的绩效由于外部环境的随机性干扰而有可能影响负责人的个人努力绩效，但只要这种不确定性对同行业内的所有其他国企都有影响，聚焦于相对绩效的国企锦标赛机制就能较好地反映国企负责人的个人努力水平。②

但林毅夫等学者也指出，当国企负责人努力水平不可准确观测时，锦标赛激励强度依赖于针对负责人的绩效评估体系。对国企负责人的绩效评估越准确，国企负责人赢得经济锦标赛的激励强度就越大。对企业来讲，其经济绩效相对来说比较容易观察到，但国企往往承担较多的社会责任，在国企负责人面对多目标考核的情形下，如果经济绩效对考核结果影响较低，那么国企负责人赢得经济锦标赛的激励机制将被削弱。只有消除国有企业的政策性负担，创造公平竞争条件，以形成准确反映企业经营绩效的充分信息，才能够形成适当的企业治理机制。③

由于国有企业承担着较多的政策性目标，在信息不对称的情况下，政府无法确知政策性负担给企业带来多大影响，在存在道德风险的情况下，国有企业负责人会将政策性负担造成的亏损和自身经营不善及道德风险造成的亏损都归因于政策性负担，政府很难分清企业亏损的主要原因。

如果对国企负责人不能进行准确的绩效评估，就难以遏制其机会主义行为，政府监督国企负责人的难度加大。对于某个特定的国企负责人而言，在负责人时间和精力有限的情况下，会出现经济目标与政治目标之间努力成本相互替代的情况，国企负责人赢得经济锦标赛的激励被削弱，国有企业承担的各种政策性负担拖累了经济目标的实现。若政府官员具有政治利益诉求，或政府官

① 黄群慧，张艳丽．国有企业代理阶层的“激励空缺”问题初探[J]．经济研究，1995(8)：13-15．

② 周权雄，朱卫平．国企锦标赛激励效应与制约因素研究[J]．经济学(季刊)，2010(2)：571-596．

③ 林毅夫，蔡昉，李周．充分信息与国有企业改革[M]．上海：上海三联书店、上海人民出版社，1997：95-100．

员的利益更多地与国企负责人的政治绩效表现有直接联系，则国企负责人就不会去努力关注经济锦标赛。[①] 政府官员对国企负责人的考核一般会同时注重经济绩效表现和政治绩效表现，但只要负责人的政治绩效表现好，即使经济绩效一般，其职业生涯也不会受到影响，这样就导致国企负责人对政治行为更为重视，从而弱化了经济激励对国企负责人的作用。从多委托人共同代理问题的角度，目标不一致的多个政府官员的多头管理是导致国企负责人经济激励被削弱的又一个重要原因。

6.4.2　国企的社会责任职能及考核机制影响国企高管政治晋升

维护社会稳定是地方政府的职能，政府需要国有企业协助承担维护社会稳定的责任，为地方提供相应的社会福利，这就造成了国有企业目标的多样性。

1.国有企业分类改革

2015年，为贯彻落实党中央、国务院关于新形势下深化国有企业改革的决策部署，国资委出台《关于国有企业功能界定与分类的指导意见》。该文件根据主营业务和核心业务范围，将国有企业界定为商业类和公益类，指导中央企业及其子公司根据主营和核心业务进行分类改革。

按照《关于国有企业功能界定与分类的指导意见》的要求，中央企业集团层面和子企业分为商业类、公益类两大类别。其中，商业类又分为主业处于充分竞争行业和领域的商业类国有企业（简称“商业一类”）与主业处于关系国家安全、国民经济命脉的重要行业和关键领域、主要承担重大专项任务的商业类国有企业（简称“商业二类”）。

《关于国有企业功能界定与分类的指导意见》强调，“商业一类”企业要聚焦充分竞争行业和领域，全面推进市场化、国际化，勇当市场竞争的引领者。“商业二类”企业要聚焦重要行业和关键领域，更好服务国家战略、完成重大专项任务，争做国有经济控制力、影响力的担当者。公益类企业要聚焦保障民生、服务

① 周权雄，朱卫平.国企锦标赛激励效应与制约因素研究[J].经济学（季刊），2010(2):571-596.

社会,高效率提供公共产品和服务,做好优质服务的提供者。

地方国有企业的功能界定与分类,则由各地按照国资委文件精神结合地方实际而定。比如,上海市国资委将直接监管的 42 家国有企业分为市场竞争、金融服务、功能保障三类。目前,中央企业集团层面和子企业已经全面完成功能界定与分类,各地结合实际基本完成国有企业的功能界定与分类。[①] 分类改革、分类发展、分类考核、分类监管取得了积极进展和成效,国有企业功能定位更加清晰,与市场经济的融合更加深入。

2.国企分类大背景下的负责人业绩考核

国企负责人对自己政治身份的认知会促使其努力实现企业的非经济目标以获得个人晋升。国企负责人不同的晋升去向对其行为的影响可能不同,在国企高管晋升考核中,国企负责人对社会责任的承担情况是很重要的考核指标。国企高管如果希望晋升为政府官员,更需要多考虑属地政府的要求,很多地方政府在对国企领导的考核中提到综合考评要引导国有企业"促进就业",地方政府还可能要求国有企业支持地方公共设施建设等。

国有企业分类管理政策出台后修订的 2016 版《中央企业负责人经营业绩考核暂行办法》和 2019 版《中央企业负责人经营业绩考核办法》增加了如下要求:对中央企业负责人要实行分类考核,要根据国有资本的战略定位和发展目标,结合企业实际,对不同功能和类别的企业突出不同考核重点,合理设置经营业绩考核指标及权重,确定差异化考核标准,实施分类考核。国有企业分类管理政策下,对于无论是商业类还是公益类国有企业的考核,都出现了要求国有企业承担社会责任的条款。

例如,对主业处于充分竞争行业和领域的商业类企业,《中央企业负责人经营业绩考核办法》指出,以增强国有经济活力、放大国有资本功能、实现国有资本保值增值为导向,重点考核企业经济效益、资本回报水平和市场竞争能力,引导企业提高资本运营效率,提升价值创造力,鼓励企业积极承担社会责任。对主业处于关系国家安全、国民经济命脉的重要行业和关键领域、主要承担重大专项任务的商业类企业,《中央企业负责人经营业绩考核办法》指出,以支持企

① 国资委明确三类国有企业改革发展主攻方向[EB/OL].(2021-04-29)[2023-07-01]. https://m.thepaper.cn/baijiahao_12460355.

业可持续发展和服务国家战略为导向，在保证合理回报和国有资本保值增值的基础上，加强对服务国家战略、保障国家安全和国民经济运行、发展前瞻性战略性产业以及完成重大专项任务情况的考核。

对公益类企业，《中央企业负责人经营业绩考核办法》指出，以支持企业更好地保障民生、服务社会、提供公共产品和服务为导向，坚持经济效益和社会效益相结合，把社会效益放在首位，对社会效益指标引入第三方评价，评价结果较差的企业，根据具体情况，在业绩考核中予以扣分或降级处理。

从以上对中央企业负责人经营业绩考核的要求中可以看到，对不同分类的中央企业都强调了企业要承担社会责任，地方国有企业一般会参照中央企业考核要求执行，凸显了国有企业负责人考核机制中政治目标和社会责任问题的重要性。

3.考核机制对国企负责人政治晋升机会的影响

肖星等研究发现，当业绩达到一定水平后，国企负责人晋升与非经济指标正相关。由于国企目标具有多样性，因此国企负责人可能通过实现非经济目标来获得晋升。肖星等的研究结果表明，不同的晋升途径激发不同的国企负责人行为，通过实现政府目标来获得政治晋升的国企负责人对自己的"准官员"身份认知比较充分；如果国企负责人帮助股东实现私人利益，则可能晋升至股东单位的管理层。[①] 总体而言，国企中的晋升激励更有助于国企负责人实现非经济目标。

刘红霞等的研究表明，国企负责人面临晋升激励时，公益捐赠、盈余管理等社会形象管理的手段会显著增加。国企负责人通常会通过超常公益性捐赠等行为构建"面子工程"，以此增加晋升的可能性。此现象是国有企业治理机制失效的典型表现。一般来讲，政府对国有企业承担社会责任寄予厚望，而有着"政治人"倾向的国企负责人追求晋升激励愿意对社会责任给予积极回应。[②]

国企负责人的薪酬激励能起到什么作用呢？尤其是当国企负责人在预期

---

① 肖星，刘青松，孙鲲鹏，等.国有企业高管的选聘任命与激励机制及其影响研究[J].当代会计评论，2020，13(4)：25-52.

② 刘红霞，王靖宇，汪丽.晋升激励与国企社会形象管理[J].哈尔滨商业大学学报(社会科学版)，2019(1)：3-24.

可获得晋升时是否还有意愿履行“经理人”的职责以提高公司业绩呢？刘青松等研究表明，薪酬可以用来激励国企负责人提升公司业绩，从薪酬与业绩关系的研究看，国企负责人并非只关注自己的仕途，还履行了“职业经理人”的义务。该研究发现，晋升激励和薪酬激励的目标是不一致的。总体而言，国企负责人晋升与公司业绩相关性不高，而与企业承担的社会责任如增加地方就业、低效率投资等指标正相关。研究还发现，在国企负责人晋升前的任职期间，负责人薪酬与公司业绩显著正相关，但与非经济目标不相关。① 这表明，国企负责人的晋升和薪酬激励的目标并不一致，晋升激励有助于实现非经济目标，薪酬激励与经济目标密切相关。

6.4.3 国企负责人追求政治晋升引发各种短期行为

政治晋升作为国有企业高管激励的重要制度安排，对于引导国企负责人行为、提升公司业绩等有着积极意义。研究表明，当国企负责人具有较好的政治晋升机会时，也面临着较大的考核压力，此时国企负责人具有强烈的动机去采取短期内能粉饰业绩的措施等，为自己赢得更多的晋升筹码。多元化扩张方式能够改善短期绩效，国企负责人具有较高动机通过多元化快速扩大规模，以期短期内提升经营业绩，但这类短期行为会损害公司的长期绩效，在负责人升迁之后，短期并购扩张的负面效应可能会逐步显现，比如出现过度投资、建设“形象工程”、经营环境不确定等损害公司长期发展的负面结果，影响公司未来的绩效表现。②

1.晋升激励的短期行为例证之一——税负对晋升的激励效应

在中国经济体制转轨背景下，各级政府财政紧张，国有企业负责人层面出现了税负晋升激励效应。改革开放推动了我国各级政府的税收分权化改革，中央与地方的财政税收权力通过分权化改革进行重新配置，改革推动财政权力下

① 刘青松，肖星.国有企业高管的晋升激励和薪酬激励：基于高管双重身份的视角[J].技术经济，2015(2)：93-100.

② 任天龙，陈志军.国企高管政治晋升、公司多元化与绩效：基于倾向得分匹配法(PSM)的实证研究[J].东岳论丛，2017(3)：155-160.

放，中央和地方的财政收入分成调动了地方政府参与辖区经济建设的积极性，但同时也导致地方政府承担了更多的财政支出责任。通过扩大公共投入和支持辖区内企业发展参与地区竞争是地方政府推动区域经济发展的主要途径。因经济发展水平较低，为满足区域经济发展需要，通过干预辖区内国有企业税收以获得足够财政收入成为地方政府参与地区竞争的重要手段。地方政府与国有企业之间的关系主要体现在人事任免和股权控制上。2009 年的《企业国有资产法》规定，地方政府在地方国有企业高管任免过程中享有一票否决权，政府掌握人事任免权，将国有企业高管的考核与奖惩纳入行政体系，形成了地方政府对国有企业的有效控制。① 这种控制以及地方政府的税收需求导致国有企业负责人层面出现了税负晋升激励效应。

限薪令后高管薪酬与企业业绩之间的强关联性被弱化，相较于薪酬激励，国有企业高管更注重自身的政治前途，追求"商而优则仕"的动机增强，晋升激励成为薪酬激励的有效替代或补充，成为企业治理的重要制度安排。税收是地方政府财政收入的主要来源，国有企业承担着完成地方政府税收任务的重担，国企上交的税收是政府调控财政收入的重要工具，也是反映国有企业经营状况的重要指标。国有企业纳税额就成为考核国有企业高管的重要内容。②

廖冠民等研究发现，承担政策性负担有助于提升国有企业 CEO 晋升的可能性，这说明政府很可能以手中握有的国有企业高管任免权干预企业税收行为，同时，国有企业较严重的内部人控制现象有利于高管将自身政治意图施加于企业，在晋升激励下，高管为了个人晋升，可能会主动迎合政府税收目标而承担较多税负。③ 国有企业高管因配合地方政府承担更多税负而提高了晋升概率，国有企业则承担了更为沉重的税收负担，可以认为较高的税收负担是国有企业经营低效的重要原因之一。

---

① 陈春华，蒋德权，曹伟. 高管晋升与企业税负：来自中国地方国有上市公司的经验证据[J]. 会计研究，2019(4)：81-88.

② 陈春华，蒋德权，曹伟. 高管晋升与企业税负：来自中国地方国有上市公司的经验证据[J]. 会计研究，2019(4)：81-88.

③ 廖冠民，沈红波. 国有企业的政策性负担：动因、后果及治理[J]. 中国工业经济，2014(6)：96-108.

2.晋升激励的短期行为例证之二——过度投资

卢馨等研究发现,政治晋升激励导致国有企业出现过度投资现象。国有企业高管会为了获得政治晋升而迎合地方政府的政绩需求,以牺牲企业长期利益为代价实施过度投资和盈余管理行为。① 作为投资的一种重要表现形式,并购同样会受到高管政治晋升激励的显著影响。陈仕华等研究发现,当国有企业高管面临的政治晋升机会较大时,企业选择并购方式进行扩张的可能性明显增加,且在并购交易中支付的溢价水平相对较高,但政治晋升推动的并购长期来看绩效较差。②

3.晋升激励的短期行为例证之三——抑制创新

国有企业高管追求短期绩效对创新投资有负面影响。目前我国国有企业高管考核通常以年度及任期为周期分别考核,高管平均任期约 4 年,在这样较短的任期内想通过业绩出彩博得晋升机会,很多高管会采取短视行为。同时,国有企业高管中普遍存在“不求有功,但求无过”心态,创新投资风险高、投资回报期长,高管出于个人政治晋升目的,基于个人晋升考核需要,会更愿意选择短期内业绩能较明显提升的投资项目,放弃风险高、回报周期长但有利于提高企业长期核心竞争力的研发投资,构成对创新投资的负面抑制效应。③从政治晋升路径来看,国有企业高管为获得晋升往往需要协助地方政府完成经济发展目标、政策性目标;从地方经济发展目标来看,地方政府在注重 GDP 增长和城镇化水平的考核体系激励下,倾向于选择风险低、短期能获得收益的项目。国有企业高管可能会迎合政府官员重视短期经济目标的偏好,以获得地方政府认可,从而挤出风险较高、回报期较长的创新投资。④从社会性发展目标来看,国有企业高管为了配合地方政府的社会发展目标,可能会让国有企业承担诸如环保、增加地方就业等社会性负担,这些行为将挤占国有企业有限的资源,对关系

① 卢馨,何雨晴,吴婷.国企高管政治晋升激励是长久之计吗?[J].经济管理,2016(7):94-106.

② 陈仕华,卢昌崇,姜广省,等.国企高管政治晋升对企业并购行为的影响:基于企业成长压力理论的实证研究[J].管理世界,2015(9):125-136.

③ 李莉,于嘉懿,顾春霞.政治晋升、管理者权力与国有企业投资创新[J].研究与发展管理,2018(4):65-73.

④ 林毅夫,李志赟.政策性负担、道德风险与预算软约束[J].经济研究,2004(2):17-27.

到国有企业长远发展的创新投入、企业发展所需的基础性投资等长期投资形成挤出效应。

从战略发展层面看，提升国有企业在创新投资中的主动性对国家创新发展战略至关重要。在国企高管政治晋升的影响因素中，政企关系是其中的重要一环，可以围绕政治晋升构建有效激励机制，利用地方政府与国有企业的双向影响关系，引导政府和国有企业重视创新，激发创新动力。

6.4.4　国企负责人政治晋升激励与其他激励的互补和替代

国有企业负责人激励契约中主要存在两种激励方式，一种是以薪酬激励、股权激励等为代表的显性激励，另一种是以晋升激励、职务消费等为代表的隐性激励，且两种激励体系之间存在一定的相互替代关系。

实施"限薪令"之后，对国企负责人的薪酬激励效应减弱，晋升激励成为刺激国企负责人承担风险的主要激励机制。相较于薪资增长，晋升激励具有"择优不劣汰"的特质，国企负责人可以借助政治晋升的长期选拔机制稳定现有职位及谋求更好机会，晋升激励具有更大的吸引力。

"限薪令"在很大程度上限制了薪酬对国企负责人的激励作用，与国企负责人职务相伴随的福利还有职务消费，国企高管的职务消费是一种非正式的隐形激励，具有物质激励属性。如果缺乏有效监督，职务消费很容易成为某些国企负责人谋取私利的工具。因此，2012 年 2 月，财政部、监察部、审计署连同国资委共同出台《国有企业负责人职务消费行为监督管理暂行办法》，对国企负责人的职务消费进行限制。张宏亮等认为，在薪酬及职务消费受限下，晋升和股权激励对国企负责人的激励重要性提升。① 国企负责人兼具职业经理人和准官员双重身份，具有多目标动机，追求多重激励，除了薪酬激励、股权激励和职务消费激励外，还有企业内部晋升和政府部门晋升的政治激励，这些激励方式相互影响并具有相互替代和互补效应。在对国有企业负责人实行限薪政策的大背景下，政治晋升激励机制成为国企负责人重要的替代性激励机制。政治晋升激励对国有企业负责人个人利益所产生的影响有时甚至比直接获取经济利益更

① 张宏亮，王法锦，王殿杰. 薪酬管制与国企高管"夺标"[J].经济与管理，2020(6)：79-86.

为重要。步丹璐等人的研究发现，相对于晋升无望，有着更高政治晋升预期的国企负责人愿意接受较低的薪酬以及较小的薪酬差距。[①]

国有企业承担社会责任是影响国企负责人获得政治晋升的重要因素。郑志刚等人的研究表明，国有企业负责人超常公益性捐赠、实施“面子工程”增加媒体曝光率等，都是引起上级领导关注的重要手段，吸引领导关注有助于增加未来晋升概率。这些手段是国企负责人进行社会形象管理的重要部分，目的是获得政治晋升。[②]

薪酬激励、晋升激励与容错纠错机制之间也存在替代或互补效应。国有企业中存在较严重的委托—代理问题，对风险性较高的研发创新造成影响。创新投资具有高风险性，在缺乏激励的情况下，国有企业负责人通常更偏好风险较低的一般性投资，在创新问题上国企负责人存在意愿不足的问题，容错纠错机制能够在一定程度上缓解这一问题。薪酬激励和晋升激励均是有效的负责人创新激励机制，在提升企业价值方面，负责人的晋升激励与薪酬激励之间存在一定的替代关系。容错纠错机制能够减少国企负责人对创新失败的顾虑，增强企业负责人的创新意愿，因此容错纠错机制也是一种行之有效的高管创新激励机制，能够推动负责人提升企业创新水平，并进一步提升企业价值。从提升国有企业创新能力、提升企业治理能力并进一步提升企业价值角度看，薪酬激励、晋升激励与容错纠错机制之间存在相互替代效应或互补效应。[③]

杨瑞龙等认为对国企负责人来说政治晋升比经济利益更加重要。[④] 党的十八大之后中央出台“中央八项规定”，同时工资、福利等显性激励受到限薪政策约束，在这种情况下，政治晋升的激励作用大大增强。国企负责人从关心工资、福利等显性因素，转向关注政治晋升这一隐性因素的影响。国企负责人的政治级别不仅影响着其薪酬、股票期权等显性的货币激励，还深度影响着在职消费、政治晋升等隐性激励。政治级别提升后，负责人调动资源的权力、在职消费水平和质量等都会相应提升。薪酬契约与职位晋升存在替代效应，在限薪政策下，国有企业负责人通过市场化薪酬契约获得激励的渠道受到抑制，对政治激

---

① 步丹璐，张晨宇，林腾．晋升预期降低了国有企业薪酬差距吗？[J].会计研究，2017(1)：82-88，96.

② 郑志刚，李旭东，许荣，等.国企高管的政治晋升与形象工程：基于N省A公司的案例研究[J].管理世界，2012(10)：146-156.

③ 叶永卫，云峰，曾林.容错纠错机制何以激励国企创新？[J]．财经研究，2022(5)：95-109.

④ 杨瑞龙，王元，聂辉华．“准官员”的晋升机制：来自中国央企的证据[J].管理世界，2013(3)：23-33.

励渠道的需求变得强烈，更加依赖政治晋升及其附带的权力等替代性（隐性）激励。[①]

王曾等认为，权力来源的不同导致两类不同的收益，一类是权力本身附带的收益，这类收益跟随政治级别内生赋予；另一类是运用权力可带来利益，这种权力收益在契约中并无约定，属于不当利益，管理者要获取这部分利益需要承担一定风险。在两种隐性激励面前国企负责人需要权衡，在组织部门和国资委的管理体系中，国企负责人被视同国家干部，政治升迁构成重要激励，具有较高的权重。另外，作为企业经营者，也有包括高额年薪、优厚的在职消费等较高的经济报酬，他们既是“经济人”又是“政治人”。对国企负责人来说，政治晋升比经济利益更加重要，主要有两个原因：第一，国企负责人职业生涯存在着一定的“政治锁住效应”，一旦进入这个市场就必须努力保住职位并争取一切可能的晋升机会，因此存在政治人特有的“政治迎合”倾向；第二，如果晋升到下一政治级别的可能性增大，国企负责人可能短期内收敛在本次政治晋升竞争锦标赛上的在职消费行为以谋取将来在更高位置上的巨大收益。[②] 我们可以得到启示，政治晋升对国企负责人具有隐性激励作用，由于外部监督的存在，过高的在职消费一旦被曝光会影响政治晋升，使得国企负责人约束现阶段的在职消费，政治晋升可能性很大的国企负责人在短期内会自觉收敛在职消费。

6.4.5　优化国企负责人政治晋升激励机制的几点思考

薪酬差距是晋升激励的基础，实施“限薪令”后，国企管理层与员工之间的薪酬差距虽然在逐步缩小，但这种差距依然会对企业业绩产生影响。以薪酬差距为基础的晋升激励政策，与跟职务消费等密切相关的政治晋升激励相互配合，综合激励效应更值得重视，可以考虑综合运用。

第一，对国企负责人的晋升激励政策应“因企施策”。张小连对国有企业内部晋升激励作用的研究认为，晋升激励对成熟期企业冗余与业绩之间的调节作

① 陈冬华，梁上坤，蒋德权. 不同市场化进程下高管激励契约的成本与选择：货币薪酬与在职消费[J]. 会计研究，2010(11)：56-64，97.

② 王曾，符国群，黄丹阳，等. 国有企业 CEO“政治晋升”与“在职消费”关系研究[J]. 管理世界，2014(5)：157-171.

用比较明显，而对成长期和衰退期企业业绩没有显著影响，这表明晋升激励政策并非适用于任何企业。研究结果显示，晋升激励对成熟期企业的冗余与业绩关系的调节作用比较明显，这表明处于成熟期的国有企业如果实施晋升激励，可以提高管理者使用国有资源的效率，对企业业绩提升也具有较大的促进作用，但若成长期和衰退期的企业实施这种政策，效果不是很明显。①所以，国有企业应该根据自身实际情况实施恰当的激励措施以提高企业业绩。

第二，国企监管部门应注意避免国企高管追求为政治晋升目标所导致的各种弊端。对比分析不同类型的国有企业发现高管进行社会形象管理的程度存在差异。市场化程度较高的国企，受到政府的干预程度较低，晋升对高管的激励作用相对较弱，高管通过社会形象管理谋求晋升的动机较弱。公益类国企主要承担战略性任务，市场化程度较低，相较于市场化程度较高的商业类国企，其高管进行社会形象管理实现晋升的动机更强烈。②

鉴于上述激励因素的存在，在对国企负责人考核时，如果能重点针对国企负责人的短期粉饰业绩行为进一步优化考核指标，考核方案中设计国有企业"做大"指标与"做强"指标并重，使激励机制的作用落到实处，可以真正发挥晋升机制对国企负责人的激励效应，提升国有企业经营绩效。

国有企业和政府之间的关系复杂，政企关系对地方官员和国企高管具有双向影响力。一方面，政府掌握了大量的政治、经济资源，同时拥有国有企业高管的选用任命权、绩效考核权；另一方面，政府官员所面临的考核指标、政府官员的职务升迁又都基于所辖地区的经济发展，国有企业对地区经济发展有较大影响力，政府需要国有企业在地区发展目标上予以支持。政府官员有动机插手国有企业运营，国企高管也需要花费一定的人力、财力、物力资源向地方政府寻租，用以维持良好的关系。③ 考虑到地方政府与国企之间的复杂关系，上级政府如果在对下级地方政府的考核中更多强调创新意识，且考虑将研发经费支出占地区生产总值比重的增长率、专利申请比率等量化指标引入考核体系，在考核

---

① 张小连.晋升激励、未吸收冗余与国有企业业绩：基于A股上市公司的经验数据[J].财务与金融，2019(3)：90-95.

② 刘红霞，王靖宇，汪丽.晋升激励与国企社会形象管理[J].哈尔滨商业大学学报(社会科学版)，2019(1)：3-24.

③ 李莉，于嘉懿，顾春霞.政治晋升、管理者权力与国有企业投资创新[J].研究与发展管理，2018(4)：65-73.

体系中引入反映下级地方政府在有关地方长远发展问题上的贡献指标，政治敏感性较强的国企高管可能会顺应政策要求提高创新投资的比例及有助于国有企业长远发展的基础性投资比例，从而减少追求政治晋升目标所导致的短期行为弊端。[①]

政治晋升是对国有企业高管的有效激励方式，但在政治晋升机制实施过程中存在委托—代理风险。国资委等领导部门应通过优化政治晋升选拔机制，对政治晋升激励机制加强监督和约束，以实现激励相容。如果国有企业高管想获得晋升优势，需要在创造较好的经营业绩、承担政府目标、保持良好的政企关系等方面有所作为，以在较短的任期内满足晋升条件。从有利于国有企业的长远发展方面考虑，国有企业管理部门应引导企业完善公司治理机制，做好国企高管之间的权力制衡，进而约束管理者的自利行为，缓解委托—代理问题，提高政治晋升激励的有效性。

① 徐钧，段会川. 信息不对称、契约化管理与国企负责人激励机制优化：基于委托—代理理论的分析[J]. 山东社会科学，2019(6)：106-111.

第7章　国有企业负责人跨期激励机制优化

跨期激励是优化国有企业负责人激励机制的难点之一。前几章的研究表明,契约化管理是对国企负责人激励机制的优化,通过揭示更多所考察负责人相关工作绩效的内部信息可以优化激励机制。但是,根据哈特等人的不完全契约理论,契约化管理存在因契约条款的不完全带来的管理漏洞。不完全契约理论阐述了契约不完善给管理带来的问题,不完全契约给跨期考核带来困难,也因此给跨期激励带来困难。跨期考核和激励问题还直接影响到如何构建激励机制框架下的容错机制。本章将重点讨论在不完全契约理论框架下不完全契约对跨期激励和容错机制构建等问题的影响与问题解决思路。

7.1　不完全契约框架下委托人与代理人之间的内部关系

哈特对不完全契约问题进行了大量研究。哈特对契约的研究始于日常经验,他发现,要签订一份包括能明确规定各方在任何一种可能发生的情况下的责任的合同是不可能的,要预期所有可能发生的事情是不可能的,由此,他发现了合同的不完全问题。哈特认为,因为合同只能是不完全的,所以合同一定会发生修订和重新谈判。合同最好被看作是为这种谈判提供合适的背景或起点,而不应被看作是对最后结果的规定。哈特阐述对合同的引申理解,即应该寻求这样的合同,不论发生什么情况,它都能够确保各方受到一定的保护,以免受合同方机会主义行为及偶发事件所造成的损害。哈特认识到合同的不完全是具有普遍性的,因此对事后不履约等权力的配置变得重要。[①]

用哈特的不完全契约理论和关于产权的观点去分析公共所有与私人所有的选择，可以看到，国有企业经营者的契约与私人企业经营者契约不同。如果签约成本为零，那么私人企业的最优管理与国有企业就没有什么区别，政府都可以与企业或经营者签订"囊括一切"的合同，它将预测将来所有可能发生的事情，因为修改合同是没有成本的。但现实往往是合同修改成本巨大，在不完全合同情况下，国有与私人所有就有很大不同了。私人所有下，企业的剩余所有权由个人所有，而在国有企业内，政府拥有企业剩余所有权，但政府不是单一主体，与私企相比，政府代表着具有不同目标主体的集合，所以政府可能随时表现出不同的目标偏好，国企的政策变化也比私人企业多得多。这种变化会带给国有企业经营者不稳定感，经营者可能会因此采取短期行为，为国有企业内部的经营者激励带来更多不确定性。

科斯指出，雇主可以安排雇员去工作，而一个独立的签约人却必须用收买(激励)来使另一个签约人做他所希望的事情。这说明独立签约人不会唯命是从，委托方只能激励。[②] 哈特指出，代理关系创造了对于监督的需求，并且导致了在预测不同监督方案有效性方面的各种精细改进。[③] 对代理关系与监督需求本质的这种理解揭示了代理关系中激励问题的重要性。紧跟上述思路可以推知，因为代理关系中的很多行为能够被观察但不能被核实，依法执行合约存在困难，技术上优化监督，使代理行为易于被观察而变得更有价值，这就是我们讨论激励机制时关心的绩效评估体系建设问题。安特尔与史密斯研究了在经理人补偿方面相关业绩评价度量的问题，他们的统计验证表明，实际操作中并没有达到理想程度，实际数据与理论预测有一定距离。[④]

哈特指出，代理关系中的激励方案需要活力，应该让代理人拥有更多的策略选择，代理人拥有的选择越多，激励的复杂方案效果越差，增加可选择策略的数量，简单方案将变得更优。这也意味着代理人可选择策略越多，最优激励方案越简单，如果代理人拥有相当丰富的行为空间，线性方案可以成为最优激励方案，设计成功的

---

① 哈特. 企业、合同与财务结构[M]. 费方域，译. 上海：格致出版社、上海三联书店、上海人民出版社，2006:8.

② 哈特. 企业、合同与财务结构[M]. 费方域，译. 上海：格致出版社、上海三联书店、上海人民出版社，2006:70.

③ 哈特，等. 现代合约理论[M]. 易宪容，等译. 北京：中国社会科学出版社，2011:19.

④ 哈特，等. 现代合约理论[M]. 易宪容，等译. 北京：中国社会科学出版社，2011:20.

激励机制变得更容易。①

不完全信息对合同的影响有多种，如果签订契约时一方具有私人信息，契约是在不对称信息条件下签订的，这种情况下存在着契约的事后无效率。如果在契约关系进行过程中出现信息不对称，则导致事后的讨价还价无效率。对上述不对称信息引起的契约无效率，哈特认为，签订长期合约可以有效避免。现实中存在各种复杂的长期合约，也存在各种多次续签的短期合约，可以认为，现实中存在的任何合约都是某种最优化过程的结果，稳定存在的合约是各种选择下的最优化结果。②

不完全契约会导致实际交易过程中的许多困扰和低效率，但现实生活中不完全契约随处可见，主要原因是，首先，签订契约时存在各种隐藏信息，很难事先设计足够详细的合同能明确指出什么样的行为绩效可以对应怎样的回报；其次，即使能够设计出足够详细的合同，也很难执行，因为监督方可能无法在事后评判当事人的绩效，存在不对称信息时契约方的绩效难以被准确评价。

哈特认为，由于存在无法解决的信息不对称问题，制定完善契约的尝试既成本高昂也无法实现，因此，无须考虑如何完善契约，仅需考虑当契约不完全时的补救办法。哈特提出使用分配决策权和控制权来替代合约规定的奖励，以解决契约不完全问题。③

哈特对不完全契约理论的研究表明，在不完全契约的情况下，产权变得特别重要，因为产权拥有者拥有企业的剩余控制权。除了剩余所有权，不完全契约理论也被用于研究公司内部决策权的分配，这种分配涉及代理人应获得多少授权以及所有权和控制权的分离问题。哈特关于不完全契约的理论框架给出了解决企业代理人和股东之间利益冲突的有效解决程序。在哈特的财产权模型中，资产通常由企业而不是个人持有，物质资产的决策权是谈判能力和激励机制的关键来源，企业所有者通过任务分配以及对代理人的合同激励来构建内部关系。

---

① 哈特，等. 现代合约理论[M]. 易宪容，等译. 北京：中国社会科学出版社，2011：21.

② 哈特，等. 现代合约理论[M]. 易宪容，等译. 北京：中国社会科学出版社，2011：61.

③ 温思美，黄冠佳，李天成. 现代契约理论的演进及其现实意义：2016年诺贝尔经济学奖评介[J]. 产经评论，2016(6)：5-11.

7.2　不完全契约框架下优化国企负责人激励机制的思路

不完全契约理论表明,契约条款无法穷尽所有事项,契约是不完善的,契约中工作努力程度与报酬的对应关系无法一一列举。这也意味着仅靠外部激励代理人不会自我揭示全部内部信息,委托人与代理人利益不会共同实现最大化。

在不完全契约框架下,代理人有很多着眼于未来的创新努力可能无法获得应有的回报,因此代理人可能会放弃很多努力。那么应该如何改善契约管理机制,在出现不完全契约问题时实现代理人激励机制的优化?

对于不完全契约带来的问题,主要有两种研究思路。一种思路是,在绝大多数业务关系中,契约履行所出现问题的解决是靠终止业务关系进行制裁,当事人关于终止契约的措施保障当事人履行义务,靠法院的强制制裁维持履约的情况占比很低。另一种思路是在契约不可能被完美执行的情况下,如何将交易者的负激励降到最低,即如何通过设计最优的委托—代理契约,最大限度激励交易者按契约行事。[①]

按照本杰明·克莱因的观点,契约之所以不完全,是因为契约执行过程中存在大量不确定性事件,要在契约中对如此多不确定事件进行约定需要花费大量成本,近似是无法完成的任务。[②] 实践表明,契约规定得越具体,越不利于应对变化,契约规定的具体程度取决于通过法院强制执行的收益与明确规定契约条款的隐形成本之间的权衡比较。在一个僵化的不完全契约中,条款规定得越详细,谈判成本就越高。为规避谈判成本,交易者可能有意地对某些履约要素不做说明,看问题是否发生再做定夺。克莱因认为,交易者可以通过自我执行机制来确保履行契约。自我执行机制通过建立契约共识,对不履行那些未明确写明的契约共识行为实施终止契约关系的制裁,确保各交易方按照共识原则履行契约。[③]

对契约不完全引发的问题,可以在委托—代理模型中引入自我执行机制,让交

① 克莱因.不完全契约在自我执行交易中的作用[M]//布鲁索, 格拉尚. 契约经济学:理论和应用. 王秋石,等译. 北京:中国人民大学出版社, 2011:48-57.

② 克莱因.不完全契约在自我执行交易中的作用[M]//布鲁索, 格拉尚. 契约经济学:理论和应用. 王秋石,等译. 北京:中国人民大学出版社, 2011:49-50.

③ 克莱因.不完全契约在自我执行交易中的作用[M]//布鲁索, 格拉尚. 契约经济学:理论和应用. 王秋石,等译. 北京:中国人民大学出版社, 2011:50.

易者通过自我执行机制来确保契约执行。自我执行机制强调对未明确写明的条款依据签约双方的共识来执行,通过对不履行未明确写明的契约共识的签约方实施终止业务关系的制裁威胁,构建自我执行机制。签约方可以对比不按合同共识履行义务所取得的短期收益与被终止合同所失去的未来预期收益的现值,如果存在 $W_1 < W_2$,则可以对交易者形成激励约束,保证契约履行。其中,W_1 为交易者不按合同共识履行义务所获得的短期收益,W_2 为由此被终止合同所失去的未来收益的现值。

通过降低 W_1 或者提高 W_2,都有利于自我执行机制的运行。实际上,可以通过对契约进行详细说明来减少 W_1,将某些契约要素定义得更清楚,W_1 值也就越小。W_1 值变小,相应的 W_2 也就越加宝贵,也可以在契约中对按照共识履约设置激励条款增加 W_2,上述措施均有利于契约的自我执行。

按照斯特凡娜·索西耶的观点,交易成本理论强调契约的适应性作用,不完全契约理论强调契约的激励作用。[①] 交易成本经济学认为,契约关系是基于交易双方的有限理性,契约关系是成本最小化过程的结果,一方面,当事人的意愿能够包含在契约内;另一方面,当事人的意愿能够适应那些没有被预期到的交易。

在契约当事人之间存在信息不对称时,有如下关于契约选择的几个命题。

命题 7-1:在特定交易中可获得的预期收益越多,当事人就越希望契约是长期且完全的,从而尽可能地避免再谈判。

命题 7-2:交易越不确定,当事人就越希望契约是短期且不完全的,从而避免陷入不利的长期契约中。

上述命题和完全契约理论的命题有很大差别,不完全契约更多地强调当事人之间的信息不对称和经济人的有限理性,有限理性使当事人明白,他们可能没有将某些未来偶发事件考虑周全,且可能陷入某个对其不利的不完全契约中。[②]

关于如何比较契约的"更完全性",索西耶认为,如果一个契约对于交易及其实现手段进行了更精确的定义,那么它就比其他契约更完全。[③]

关于契约不完全的原因有两个,一是法院缺乏对契约涉及的相关状态进行证实

① 索西耶.不完全契约理论与交易成本经济学:一个检验[M]//科斯,诺思,威廉姆斯,等.制度、契约与组织:从新制度经济学角度的透视.刘刚,等译.北京:经济科学出版社,2003:442.

② 索西耶.不完全契约理论与交易成本经济学:一个检验[M]//科斯,诺思,威廉姆斯,等.制度、契约与组织:从新制度经济学角度的透视.刘刚,等译.北京:经济科学出版社,2003:448.

③ 索西耶.不完全契约理论与交易成本经济学:一个检验[M]//科斯,诺思,威廉姆斯,等.制度、契约与组织:从新制度经济学角度的透视.刘刚,等译.北京:经济科学出版社,2003:453.

的能力，二是交易双方缺乏阻止事后重新谈判的能力。[①]

布鲁索和法里斯对 ADR 模型进行分析后认为，按照 ADR 的分析，如果契约在初始时能够创造出一个重新谈判框架，该框架通过实施两个条件（只给予交易一方讨价还价的权利，若重新谈判失败保证维持现状），以提供对契约所涉投资的激励，具备这两个条件的框架将能够充分约束企图阻止解决被契约套牢问题的谈判。因此，法院对契约涉及相关状态的不可证实性导致的契约套牢问题是可以解决的。[②]

ADR 模型表明不完全契约带来的问题在很大程度上是可以解决的，简单理解就是：ADR 模型显示，如果契约事先能够在放宽时间限制和针对该事项在特定绩效问题上有所规定，那么当契约不完全问题出现时，问题是可以解决的。ADR 模型丰富和扩大了在契约不完全问题出现时可以解决问题的方案集合。

回到国企负责人激励机制优化的问题上，在自我执行机制和 ADR 模型框架下，一是可以在国有企业代理人的合同中加入引导性条款，并在履约考核中要求执行者展示对上述引导性条款的执行情况（软约束）。二是按照 ADR 模型指出的解决不完全契约问题的思路，在契约中给予放宽时间限制加特定报酬的安排，对国企代理人在未来某个时间对"不完全契约条款"再进行考核，并规定该类考核对应的特定报酬。这是在不完全契约理论框架下，考虑到不完全契约带来的具体问题，能够对代理人提供更加优化的激励契约条款的主要思路。

自我执行机制下优化激励机制的关键是契约要明确 W_1 和 W_2，否则契约考核的激励效果有限。

7.3　构建激励契约容错机制化解不完全契约问题

基于委托—代理理论构建的激励相容机制通过签订符合委托人利益最大化的契约形式得以实现，这里并没有过多考虑契约的不完全性。在标准的委托—代理模型中，最优合同可以明确规定未来所有状态下所有各方的责任，这种合同是完全的，

① 布鲁索，法里斯.不完全契约和治理结构：不完全契约理论和新制度经济学是替代还是互补？[M]//科斯，诺思，威廉姆斯，等. 制度、契约与组织：从新制度经济学角度的透视. 刘刚，等译.北京：经济科学出版社，2003：471.

② 布鲁索，法里斯.不完全契约和治理结构：不完全契约理论和新制度经济学是替代还是互补？[M]//科斯，诺思，威廉姆斯，等. 制度、契约与组织：从新制度经济学角度的透视. 刘刚，等译.北京：经济科学出版社，2003：472.

合同执行过程中，合同各方不需要对合同再进行修订或重新协商。完全契约隐含的意思是，合同各方需要进行修改的所有考虑在签订合同之初就已经被预期到并且已经被纳入最初的合同之中。但在不完全契约理论视角下，受环境条件约束，设计完全契约是不可能的或者是低效率的，有必要创造出新的机制来完善不完全契约。在不完全契约理论看来，委托—代理遗漏了一项重要内容：没有认识到合同本身具有成本。①

不完全契约理论希望解决的问题是，当各方出现冲突但合同上没有规定解决办法时，应该如何协商才能解决这一问题？这个问题也可以从不同的角度去描述，比如，针对契约不完全的地方应该提供何种补救机制，或者如何才能订立一个尽量完美的契约？不完全契约理论尝试回答这些问题。

哈特等人认为，可以通过重复博弈理论寻找化解不完全契约问题的思路。声誉在使契约完善的过程中起到重要作用，当事人有理由为了建立作为一个正直、可靠的交易者的声誉而采取合情合理的行为，即使他并没有责任这样做。这类声誉效应有时被称为契约的内部履行。这是因为，如果契约的外部人观察到契约的某个当事人的不合理行为，未来将不愿意与其打交道，在这种情况下，能够观察到这种行为的人越多，就越可能证实这种行为。② 声誉对不完全契约问题的出现起到约束作用。

而在不完全契约理论看来，在现实中，合同有时是不完全的。首先，在复杂的现实世界中，人们很难想得太远，无法为可能发生的各种情况都作出计划；其次，即使能够作出个别计划，也存在缔约各方无法达成协议的情况，缔约各方可能无法进行完全的沟通理解以描述清楚各种情况；最后，即使签约各方能够对将来进行计划和协商，他们也很难约定好将来出现纠纷时，像法院这样的外部权威能够真正明确所发生的情况并强制执行合同。③ 综上，现实中人们缔结的合同是不完全的，合同中包含缺口和遗漏，不能考虑到所有可能情况下缔约双方的责任，而且，合同一般是有期限的，一旦出现合同中未能清楚约定的事项，缔约双方有可能陷入争执且法院也无法给出合理判决并要求强制执行。在这样的条件下，合同只能是

---

① 哈特. 企业、合同与财务结构[M]. 费方域，译. 上海：格致出版社、上海三联书店、上海人民出版社，2006：24.

② 哈特. 企业、合同与财务结构[M]. 费方域，译. 上海：格致出版社、上海三联书店、上海人民出版社，2006：72.

③ 哈特. 企业、合同与财务结构[M]. 费方域，译. 上海：格致出版社、上海三联书店、上海人民出版社，2006：26.

不完全的。

可以进一步思考合同不完全的问题。合同不完全问题之所以出现，是因为合同的执行需要一定的周期，在这样较长的时间内，对执行合同有影响的变量可能出现变化，而在签订合同之初无法预测这种变化，因此出现合同条款没有完全覆盖的问题，造成合同不能顺利执行，同时，重新修订合同有成本，有时这种重修成本会高得惊人，合同不完全的问题可能最终导致合同终止。即使影响合同的变量在签订合同之初就有所预计，即使这些变量在最初可以被观察到，合同一般也无法面面俱到，如果合同考虑过多出现概率较小的影响变量，将使合同内容过于庞杂，执行成本过高，从而无法顺利签署，所以，现实中的契约是不完全的，可以通过设置弹性条款来处理不完全契约的问题，也就是为契约参与方建立容错机制。

第8章　多目标考核下国有企业负责人激励机制优化问题

国有企业除了要搞好生产经营，还担负了较多的社会职能，比如，国企负责人的约束性指标除了经营业绩之外，往往还有稳就业、支持政府的发展目标等社会贡献指标。国企负责人面对多目标考核压力，需要合理分配工作时间和努力。那么如何合理评估国企负责人在多目标考核下的业绩？多目标考核契约应该如何实现最优设计？

国企负责人的业绩考核的内涵界定为：确定考核目标因素，制定国企负责人业绩考核档次所需要达到的考核目标标准，考核目标因素可以只有经营业绩一项，此时业绩与考核结果之间可用单因素模型建立联系。如果考核目标有多项，需要制定多目标考核契约。多目标考核契约下，国企负责人业绩考核档次取决于多个考核目标分别要达到的标准，国企负责人的业绩评价基于多个目标任务的完成情况，这多个目标因素都具有随机波动特征，且其中某些目标因素之间未必相互独立而是具有一定的相关性，业绩考核契约可通过多因素模型将多考核目标与业绩考核等级建立联系，可应用多因素模型研究在此种情况下如何科学地对国企负责人进行业绩评价及如何优化契约条款等问题。

本章首先应用单因素模型构建单一考核目标与业绩评价的关系模型，对于单一考核目标，考虑单目标因素的随机波动特征后，应用单因素模型和维纳随机过程追踪考核目标因素的随机波动性给国企负责人业绩评价带来的影响，研究考核因素随机波动给契约的完全性带来的问题，完善契约设计。其次，进一步应用多因素模型研究多目标考核下如何完善契约设计。

8.1　考核变量的随机波动性对国企负责人业绩的影响

从理论上研究考核变量的波动性对国企负责人最终业绩的影响，需要研究考核变量波动性随时间的变化情况，以及研究考核变量波动性对国企负责人业绩的影响。市场中的风险因素具有随机性特征，对这些风险变量的研究需要用随机过程去描述。在单一考核因素下，可以引入一般维纳过程（generalized Wiener process）研究考核变量的随机波动性对国企负责人业绩的影响。

8.1.1　单因素模型

单因素模型假定业绩收益率受到某个单一风险因素（比如，原材料或产品市场变化，产业或金融政策变化等）影响，一般采用如下线性函数形式：

$$r = a + bF + \varepsilon \tag{8-1}$$

式中，a 是常数；F 是引起业绩变化的风险因素；b 是业绩变化率受风险因素 F 影响的灵敏度，即业绩与风险因素的相关性系数；ε 是随机误差项。①

单因素模型下受到风险因素 F 影响的期望业绩收益率为：

$$E(r) = a + bE(F) \tag{8-2}$$

考虑到风险因素的随机波动特征，我们用最基本的布朗运动来考察风险因素的随机波动特性对业绩考核的影响，应用描述布朗运动随机特征的一般维纳过程构建模型，研究风险因素的不确定性对国企负责人业绩考核契约的影响。

该部分需要明确几个概念：(1)比较有把握完成的业绩目标，其数学特征是业绩考核因素的波动性较小，考核因素的方差较小，稳定性高；(2)波动性大的业绩目标因素意味着该业绩变量的分布函数比较发散，方差大，完成任务没把握。优化对国企负责人的激励机制需解决的关键问题在于对风险与报酬制定的激励政策和对风险因素带来的不确定性制定的补偿政策。

---

① 博迪，凯恩，马库斯. 投资学[M]. 朱宝宪，等译. 北京：机械工业出版社，2000：241-243.

8.1.2 风险因素对国企负责人业绩考核的影响

风险因素的随机波动会对国企负责人业绩考核造成持续影响，这种影响的过程和结果以及如何通过契约管理波动风险优化激励机制，是需要我们认真研究的问题。

1.描述布朗运动的一般维纳过程

描述布朗运动的一般维纳过程被认为是一个比较成功的风险因素模型，它捕捉到了风险因素随机运动的最主要特征：随机变量的时间相关性及随机波动性。一般维纳过程可描述如下[①]：

当某风险因素 f 的时间及波动过程满足如下等式

$$df=\mu dt+\sigma dz \tag{8-3}$$

式(8-3)中，$dz=\varepsilon\sqrt{dt}$，ε 是一个服从标准正态分布的随机变量，μ、σ 为常数。称风险变量 S 所满足的随机过程为一般维纳过程。

一般维纳过程中假设波动率 σ 为常数，现实中情况更为复杂，于是人们对一般维纳过程进行了拓展，μ、σ 演变成为 $\mu(t)$、$\sigma(t)$：

$$df=\mu(s,t)dt+\sigma(s,t)dz \tag{8-4}$$

一般维纳过程将演变为伊藤过程(ITO process)。[②]

2.考核因素随机波动下的研究假设

国有企业负责人对能否达到契约对业绩考核的要求是随着年度工作进程的推进而逐渐获知的。设某个时间进程 $t=t_{\text{main}}$，国企负责人对能否完成考核目标的认知达到接近真实结果的某个比例，比如 80%，定义这个时间过程为随机变量波动的主流过程。当考核时间越来越接近考核期末，国企负责人对考核业绩的了解越来越接近真实数据，直至考核期末，考核目标变量的波动性消失。

业绩波动信息从 $t=T$ 开始传递出来，业绩波动信息传递的主流过程持续

---

① 邵宇. 微观金融学及其数学基础[M]. 北京：清华大学出版社，2003：451.

② 林元烈. 应用随机过程[M]. 北京：清华大学出版社，2002：293.

时间为$[T,t_{main}]$。$t>t_{main}$后，信息传递进入尾声，信息传播强度变小并逐渐趋于零，对波动率的影响逐渐消失。在$[T,t_{main}]$区间，根据获知的信息，国企负责人如果判断不能完成契约要求的目标任务，那么将调整自己的努力程度以减少利益受损，从而引起业绩考核因素的波动率变化，$t>t_{main}$后业绩考核成绩基本明朗，国企负责人不再调整努力程度，考核因素的波动率重回常数。

3.三种典型情形下国企负责人的激励契约设计

第一种：考核契约为一年内完成某个固定额度为 D 的工作任务。

这意味着为考核变量设置一个门槛，围绕国企负责人，契约需要对以下两种情况明确激励措施：年终恰好能够完成考核任务，完成的工作任务大于或者小于该固定额度。一般来讲，完成工作任务具有一定的随机波动风险，有不可预测风险干扰，假设随机风险遵守布朗运动，我们可以通过一般维纳过程进行进一步研究。

起始时，假设式(8-3)中的 μ、σ 分别被替换为新变量 M、Σ，M、Σ 均为常数，由式(8-3)，固定额度任务型契约考核目标波动过程满足布朗运动，可用一般维纳过程表达为：

$$\int dS=\int(M dt+\Sigma dz) \tag{8-5}$$

上式两边各取其期望值，根据布朗运动的性质，可得出：

$$E(S)=E(M\Delta t)=D \tag{8-6}$$

D 为契约所要求的任务值，为常数。M 遵循契约的规定，从上式可知，合格者考核变量的期望值为契约所规定。

如果 M、Σ 随时间变化，成为 $M(t)$、$\Sigma(t)$，一般维纳过程演变为伊藤随机过程①：

$$\int dS=\int[M(t,S)dt+\Sigma(t,S)dz] \tag{8-7}$$

积分变为复杂形式，两边取期望值，期望值也演变为复杂形式，出现契约无法准确界定的问题。

考核变量为固定额度的契约，其激励效率不高。依据上述分析，如果额度高于国企负责人预期，完成难度较大，国企负责人可能采取某些应对措施以减

① 马利亚里斯，布罗克. 经济学和金融学中的随机方法[M]. 陈守东，等译. 上海：上海人民出版社，2004:54.

小自身损失，使考核变量波动率增大，可能会出现契约没有准确界定的情况，降低激励效果。如果额度定得过低，契约的激励效率同样会下降，当市场或者考核对象出现复杂局面时，固定额度的契约难以应对复杂变化，这样的契约无法带来持续增长，激励效率较低。

第二种：考核契约采取递进增长模式。

规定下一个考核周期完成的工作量比本周期增长某一固定比例，比如每年都要比前一年增长 10%，这类契约本质上与固定额度契约是一样的，看起来每年的业绩要求都在增长，但落实到每年的任务量都是一个固定额度。这类契约存在的问题与固定额度类也是一样的，就是多高的增长率才是符合企业和国企负责人的最优值？契约要怎样设计才能达到最优，既能激发国企负责人的工作主动性，又不至于过高导致无法完成，也不至于过低出现激励不足的问题。递进增长契约的激励机制存在的问题与固定额度模式相似，难以应对风险因素随机波动对业绩的影响。

第三种：相较于前两种假设，第三种假设采用自我激励型机制。

假设与国企负责人签订的契约不仅仅是完成某一工作定额，而是鼓励多做贡献，对超额完成业绩考核的负责人会给予更多的奖励，干的越多奖励越多，超额完成业绩越多，奖励越多，采取业绩翻倍奖励同步翻倍等重视贡献、重视创新的激励措施。契约对勇于创新、干劲更足的国企负责人给予更多激励，鼓励国企负责人不满足于仅完成固定业绩额度，而是愿意付出更多努力，创造业绩新纪录。

假设负责人带领团队努力工作有个干中学的过程，越干越熟练，越干越有信心，考核业绩有较好增长时，负责人和团队希望业绩有更多增长，翻倍增长，在拥有一个好的激励契约的情况下，假设国企负责人不是四平八稳地每天完成固定额度的工作，而是每天让业绩增长率保持为业绩目标的一个固定比例，形成干得越好越有信心、干得越多激励越大的局面，推动业绩复利式增长。这样，我们可以假设国企负责人考核变量的相对增量遵循一般维纳过程。

金融经济学中，复利型增长通常被定义为风险资产价格或价格的增长率遵循一般维纳过程。同理，相对于考核变量的绝对值大小，我们认为考核变量的相对增量（即增长率）更能代表国企负责人的激励意愿，即国企负责人关心考核变量的相对增量而并不介意考核变量的绝对值，因此本章假设在国企负责人推测最终业绩信息并采取应对策略之前，考核变量的增长率遵循一般维纳过程。

第三种情形下，国企负责人采取应对措施对契约的影响有如下分析。

国企负责人推知业绩变量的波动信息后会采取应对措施，该措施对考核变量相对增量的波动率产生影响，使波动率随时间增加。考核变量受风险因素影响的变化情况将影响国企负责人的努力程度，并进一步对考核变量的波动率产生影响。国企负责人提升或降低努力程度，都会使考核变量波动率随时间增加。

假设国企负责人采取应对措施之前考核变量的相对增量遵循一般维纳过程，考核变量相对增量的波动率为常数。我们认为国企负责人的应对措施只对一般维纳过程中考核变量相对增量的瞬时波动率 Σ 产生影响，并使其随时间增加，这样，一般维纳过程演化为伊藤（ITO）过程。考核变量随机波动对契约的影响可进行如下推演：

国企负责人业绩考核结果由契约所规定。考核变量具有随机波动性，如果考核变量增长符合预期，国企负责人不会调整其努力水平，但如果考核变量出现不符合国企负责人预期的随机波动，且负责人预期该波动最终可能会影响其业绩考核结果，那么其可能会采取某些应对措施以减少自身损失。

依前面假设，我们认为国企负责人业绩变量的相对增量即业绩增长率满足一般维纳过程：

$$\frac{\mathrm{d}S}{S}=M\mathrm{d}t+\Sigma\mathrm{d}z \tag{8-8}$$

其中，M 为 S 的期望增长率，Σ 为业绩增长率的波动率，两者均为常数。由式（8-8）可见，业绩增长率$\frac{\mathrm{d}S}{S}$受两个因素影响，一是时间，另一个是业绩变化的不确定性。

对式（8-8）两边各取其期望值，因 $\mathrm{d}z$ 为正态分布，$E(\Sigma \cdot \mathrm{d}z)=0$，有

$$E\left(\frac{\mathrm{d}S}{S}\right)=E(M\mathrm{d}t) \tag{8-9}$$

式（8-9）表明，在自我激励型契约下，业绩增长率的期望值呈现随时间稳定增长的特征，模型表明，干的越多奖励越多、超额完成业绩越多奖励越多的政策会带来业绩随时间的持续增长，相较于定额式激励，超越自我的奖励模式使激励机制得到优化。

我们进一步将式(8-8)可进一步改写为：

$$\mathrm{dln}S = M\mathrm{d}t + \Sigma \mathrm{d}z \tag{8-10}$$

得到

$$E(\mathrm{dln}S) = E(M\mathrm{d}t) \tag{8-11}$$

当业绩增长预期不再稳定，业绩波动率 Σ 从常数演变为随时间波动的 $\Sigma(S,t)$ 时，一般维纳过程演变成更普通的形式：

$$\frac{\mathrm{d}S}{\mathrm{d}t} = M(S,t)\mathrm{d}t + \Sigma(S,t)\mathrm{d}z \tag{8-12}$$

通常将这种过程称为维纳过程驱动的伊藤过程。[①]

若业绩变量 S 的波动性满足式(8-7)，由伊藤引理[②]，可以证明 S 的函数 $\ln S$ 满足下列关系式：

$$\mathrm{dln}S = \left(M - \frac{1}{2}\Sigma^2\right)\mathrm{d}t + \Sigma \mathrm{d}z \text{③} \tag{8-13}$$

等式两边各取期望值：

$$E(\mathrm{dln}S) = E\left[\left(M - \frac{1}{2}\Sigma^2\right)\mathrm{d}t\right] + E\left[(\Sigma \cdot \mathrm{d}z)\right] \tag{8-14}$$

如果不考虑 $\Sigma(s,t)$ 的随机性，$\Sigma(s,t) \to \Sigma(t)$，上式可简化为：

$$E(\mathrm{dln}S) = E\left[\left(\mathrm{M} - \frac{1}{2}\Sigma^2\right)\mathrm{d}t\right] \tag{8-15}$$

比较式(8-11)和式(8-15)可以看出，波动率 Σ 由常数转变为随时间变化的 $\Sigma(t)$ 后，$\ln S$ 的期望值减小了，S 的期望值也随之减小了，这意味着波动率出现随时间变化的趋势后国企负责人的预期收益将受损。如果考核变量增长符合预期，国企负责人不会调整其努力水平，但如果考核变量出现不符合国企负责人预期的随机波动，并可能会影响国企负责人的业绩考核结果，那么国企负责人可能会采取某些应对措施，保护自身利益，减少损失，与国企负责人签订的契约面临违约风险，基于契约的工作安排也将难以顺利完成。

通过上面的分析我们可以初步得出结论，契约条款要重点关注对业绩的合

---

① 林元烈. 应用随机过程[M]. 北京：清华大学出版社. 2002：293.

② 马利亚里斯，布罗克. 经济学和金融学中的随机方法[M]. 陈守东，等译. 上海：上海人民出版社，2004：54-55.

③ 沃特沙姆，帕拉莫尔. 金融数量方法[M]. 陈工孟，陈守东，译. 上海：上海人民出版社，2004：295-296.

理界定，降低对业绩预期的不确定性至关重要，而业绩预期一旦出现计划外风险，要考虑对国企负责人执行契约行为给予补偿，以抵御外部风险对契约执行的干扰。

8.1.3　考核变量随机波动引发的契约收益补偿问题

考核变量的随机波动性会导致国企负责人利益受损，国企负责人具有内部信息优势能更早获知利益受损情况，将会采取应对措施减少自身利益损失。国企负责人采取应对措施增大了考核变量的波动率，使考核变量增长期望值降低，处于信息劣势的其他契约相关方利益因此受损。

1.对补偿值大小的估算

为避免考核变量出现更大的波动，需事先在契约条款中约定对考核变量的波动风险所造成的国企负责人利益损失给予相应补偿。如果能事先对随机性导致国企负责人利益受损进行相应的补偿安排，国企负责人不需要采取进一步的应对措施，也避免了应对措施对其他契约相关方的负面影响，保护契约各方的期望收益不受考核变量随机波动风险的影响。

上述补偿安排需要在初始契约中对考核变量的波动情况进行约定，如果问题发生是因为考核变量受到偶发因素影响而出现不利的随机波动，该不利波动不是因为负责人努力程度降低所引起的，那么制定契约时需要约定某些随机波动出现时给予国企负责人相应补偿。

比较式(8-11)和式(8-15)，可以看出补偿值大小约为：

$$E\left(\frac{1}{2}\int \Sigma^2(t)\,\mathrm{d}t\right) \tag{8-16}$$

补偿值大小与国企负责人采取应对措施所引起业绩增长率的波动率变化相一致，其中隐含的意思就是，如果契约能事先约定对随机风险的补偿，国企负责人将不需要采取应对措施。

2.对优化契约激励问题的探讨

由式(8-16)可知，补偿值大小与应对措施持续的时间有关，应对措施实施过程中不同时间点所需支付的补偿不同。该问题的起因在于应对措施使业绩复利式增长的波动率随时间增大，波动率增大导致业绩变量的期望增长率降低，引发补偿问题。补偿随波动率增大而增加，是时间的函数。

如果应对措施开始的第一个单位时间就支付合理的补偿，使采取应对措施后第一个单位时间内的业绩增长率期望值与传播前相等，波动率将不会发生变化，下一个单位时间所需支付的补偿仅与该时间段内应对措施的新进程有关，不涉及前一时间段内遗留的波动率增量问题，此时的补偿与前一个单位时间相比将保持不变，补偿不再随时间增加。因此合理的监管补偿是维持业绩增长模式平稳进行，事前约定补偿随机风险是减少契约各方损失的双优选。

上述研究结论表明，如果监管方不希望国企负责人采取变通措施应对考核变量波动导致的利益损失，则需要在签订契约时考虑意外情况引发的契约不完全性问题，要对因契约不完全引发的国企负责人利益受损进行补偿，这个补偿是契约管理中应该明确的激励政策安排。

8.2 多目标考核下国企负责人激励机制优化的无套利原则

国有企业除了需要完成正常企业的生产任务外，还承担了较多的其他职能。国企负责人要领导国有企业完成多个目标任务，评估国企负责人的工作业绩需要进行多目标考核。一般通过国企监管部门与国企负责人签订契约的方式落实对国企负责人进行多目标考核的具体要求，如何合理制定业绩考核标准、完善契约设计是优化激励机制的主要内容。

8.2.1 多目标考核下国企负责人业绩评价的多因素模型

国有企业负责人的多目标考核评价问题可以参考金融市场中的多因素模型。多因素模型在资本市场及多个其他领域已有较成熟的应用，资本市场中，影响证券价格的风险因素往往有多个，这时可用多因素思路把这些风险因素考虑进来，构建一个多因素线性模型，即某个风险证券的回报率是多个风险因素 $\widetilde{F}_i$ 的线性函数。借用上述风险分析思路，本章给出用多因素模型研究国有企业负责人多目标考核下的业绩考核及其激励问题。

多因素模型假设某目标变量受多个基本风险因素的影响，沿用同样的思路，可认为某目标变量的增长率与多个基本风险因素的关系如下：

$$r_i = a_i + b_{i1}F_1 + b_{i2}F_2 + \cdots + b_{ik}F_k + \varepsilon_i \text{①} \tag{8-17}$$

式中，$E(F_k)=0, k=1,2,\cdots,K$；$E(\varepsilon_i)=0$。a_i 代表所有基本风险因素为零时的目标变量增长率的期望水平，各个 F 代表风险因素影响的实际水平，而相应的 b_i 是目标因变量与风险因素 i 的相关系数。较高的 b_i 表明目标变量变化率对某个因素 i 具有较高的敏感度，或者说变化率与该风险因素关联度较高。从不同目标变量与同一因素 $\widetilde{F}_i$ 相关联的参数 b_i 可比较不同目标变量对该因素变化的反应程度，并可因此得出某目标变量对该因素风险的评价。对不同的目标变量，多因素模型要求 ε_i 和 ε_j 之间的相关系数为零。该假设意味着多个目标变量收益率一起变动的原因是模型中的共同风险因素波动影响，某个目标变量收益率受风险波动影响而产生的变化对其他目标变量无影响。

国企负责人多目标考核的模型形式与式(8-17)相同，r_i 为业绩变化率。由式(8-17)我们可看到最终业绩取决于多个考核因素的增长情况，如果调整多个考核因素的组合中个别因素所占权重，可以改变多因素组合与最终业绩的相关性，可能会出现使最终业绩变化与某些考核因素的相关系数为 1 或为 0 的情况，出现最终业绩变化完全取决于某一个或某几个考核因素的变化，或者与某一个或某几个考核因素不相关的结果。

有一点应注意，在多因素模型中并没有对多个风险因素之间的相关性作出限制。如果风险因素不相关，在应用统计学等工具对模型进行处理时会有较大方便，使得我们可以简化计算。从数学上看，对于任意一组线性相关的指数，总是可以将其转换为一组不相关的指数，转换后多因素模型中风险因素的内涵变了，但式(8-17)的形式未变。

8.2.2　多目标考核契约的无套利原则

在金融学中套利被定义为在两个不同的市场，以有利的价格同时买进和卖

---

① 博迪，凯恩，马库斯. 投资学[M]. 朱宝宪，等译. 北京：机械工业出版社，2000：253-255.

出同种或本质相同的证券的行为。20世纪70年代末，经济学家斯蒂芬·罗斯基于资本市场提出了套利定价理论，套利定价理论认为市场风险有多种来源，未预测到的多种经济变量因子在同时影响着某风险资产的收益，当市场达到均衡时，两种具有相同风险的投资组合不能以不同的预期回报率出售。①

1.多目标契约考核的无套利假设与无套利机制

根据金融学套利定价理论思想，在多目标考核契约问题上存在同样的无套利机制。多目标考核契约中，各个目标之间不能有目标歧视，多个考核目标的地位是平等的；如果存在不同部门或不同层级对基层干部的考核监督，不同部门或不同层级对同一目标的考核结果也应该是平等的，不能有所偏废。这样，我们可以参考金融学的套利行为，在多目标考核和多层级考核两个维度上定义契约套利行为：

套利行为一：不同目标因素之间具有相关性，对不同目标因素的考核结果可以相互替代。套利行为二：在不同管理部门或层级制定的契约中，对相同目标因素的考核出现不同结果，被考核者可以选择对自己有利的考核结果。

契约所界定的业绩考核应该能展示业绩变化过程和最终结果，用多因素模型从理论上讲可以趋近于形成完全性契约，或者说可以应用多因素模型推导出逼近完全性契约的契约条件。

多因素模型构建完全契约应满足如下基本条件：(1)契约双方有相同的理念；(2)契约双方都是风险回避者，同时各自追求效用最大化；(3)信息传递是完全透明的，市场内无摩擦；(4)允许业绩出现亏损或考核目标有损失，且无亏损限制。

在以上假设下，设 $x_p=(x_1,x_2,\cdots,x_n)$ 是多目标考核因素组合，契约内部的套利机会为零，业绩收益率对所有考核目标风险因素免疫，即 $\sum_{i=1}^{n}\sum_{j=1}^{k}x_i b_{ij}=0$，对所有非风险因素免疫，即 $\sum_{i=1}^{n}\sum_{j=1}^{n}x_i\varepsilon_{ij}=0$ 的情况下，多因素模型下该契约应有如下关系：在市场均衡时，该契约是完全性契约，基于考核变量的收益率为确定值，等于无风险(考核)收益率 r_f。

---

① 博迪，凯恩，马库斯. 投资学[M]. 朱宝宪，等译. 北京：机械工业出版社，2000：262-269.

均衡时，被考核者 i 的预期收益率可表示为：

$$E(r_i)=\lambda_0+\lambda_1 b_{i1}+\lambda_2 b_{i2}+\cdots+\lambda_k b_{ik} \tag{8-18}$$

其中，λ_0 代表被考核者 i 的系统风险为零时的业绩预期收益率，λ_i 代表因素 i 的风险溢价。

$$\lambda_i=E(r_{F_i})-r_f \tag{8-19}$$

b_{ik} 的定义与式(8-17)相同，是被考核者 i 的业绩相对于考核因素 F_k 变化的相关系数。λ_i 是大于零的常数，它等于均衡时式(8-18)中当 λ_i 的系数 $b_{ik}=1$ 且其他 $b_{ij}=0$ 时的多目标考核的期望收益率与契约规定的基准收益率 r_f（类似市场无风险收益率）之差。①

此处的契约无套利模型提供了一种新的、不同于以往的确定被考核业绩的方法。契约无套利以一律标准为基础。契约如果是完全性的，契约所制定的多目标考核因素应该遵循无套利原则：多目标因素之间无相互替代，契约确定的各目标因素的考核收益率之间无套利。

同时，契约无套利原则还表明，与被考核者相关的不同考核层级制定的各类完全性契约之间无套利。从不同考核层级维度看，不同层级制定的完全性契约对相同的被考核目标的激励与约束应该相同。理论上，不同层级的考核契约，如果契约是完备的，则不应该出现不同的激励结果，因为不同层级的考核一旦出现这种风险相同而收益率不等的契约，被考核者就可以利用契约套利，给出更多利益的契约被遵守，给出不利结果的契约被废弃。被考核者可以通过废弃不利结果的契约，同时遵守有利结果的契约，无须承担风险就可以获得有利契约给予的利益。这在完全契约条件下是不可能实现的。

以上可归纳为多目标考核的无套利原则。

2.无套利机制构建应注意的问题

如果契约对多个目标的界定不符合多目标之间完全不相关的原则，部分考核目标之间具有一定的相关性，要完成契约，具有相关性的考核因素所需要的努力程度会低于完全独立的考核因素，如果投入相同的努力成本，具有相关性的考核因素，其收益率会高于完全不相关的考核因素，出现套利机会。如果契

① 埃尔顿，格鲁伯，布朗，等．现代投资组合理论和投资分析[M]．向东，译．北京：中国人民大学出版社，2006：346-357.

约对超额完成考核目标有奖励,有可能使得有相关性的考核因素被投入过多资源,其他独立因素获得的资源相对偏少,偏离了契约的初衷。即使契约没有规定超额奖励,在相同成本下部分考核因素之间存在相关性的契约,其整体收益率将高于市场无风险收益率,成为可套利契约,造成契约提供方利益受损。

从理论上讲,可以通过研究多目标考核因素之间的相关性,对多因素进行线性组合,设计出包含原考核因素但相互间完全不相关的新考核目标因素,基于新考核因素设计契约可以实现无套利原则;或者契约条款要考虑多因素之间的相关性带来的成本降低,使契约激励收益满足无套利原则。

用多因素模型研究国有企业负责人多目标考核问题,应重点关注以下问题。

第一,契约应注重使多目标考核因素之间的相关性为零或尽最大可能减少多考核目标之间的相关性,通过在多因素的权重、最低达标要求等各方面做好契约安排,防止考核因素之间出现相互替代问题,防止出现套利机会。

第二,对于多目标考核时考核指标的设计和评判标准,无套利原则要求不同层级上对相同目标的考核结果应具有较高的一致性,否则会出现套利选择。如果不同层级的考核结果对被考核者的重要性不同,则较弱层级的考核结果可能被忽略。

第三,多目标考核对考核结果的影响权重应合理考量。要全面考虑完成任务的难易程度、支付的努力成本,否则被考核者将优先选择成本低、权重大的目标。

第四,如果多个目标之间具有相关性(正、负相关性),则利用这种相关性,被考核者可能有机会自行设计完成任务的路径,工作高度集中于某一个(或几个)指标而另一个(或几个)相关指标只需少于正常指标的工作量,或者指标间出现“跷跷板”现象。考核目标之间若具有较大的相关性,会出现考核目标间的相互替代问题或者某些考核目标因素无法完成的问题,设计契约时要避免出现此类问题。

3.基于无套利原则完善考核契约

设因素项 F_k 是国有企业监管部门制定的第 k 个考核目标因素的实际结果相对于预期结果的增量(正或负),多因素模型对因素增量 F_k 要求其均值为零。

正常情况下，这些因素增量的期望值应该为零，我们可理解为：市场中有很多因素影响被考核目标的变化，如果风险因素实际结果相对于预期值的增量期望值不为零，签订契约时就会被考虑进契约的初始条件，在模型中将其合并为常数 a_i。因素部分只考虑那些期望值为零的风险因素增量的随机波动性问题，在被考核者的干预下可能会出现正增量或者负增量。

在多因素模型构成的契约模型中，因素之间应该是不相关的。如果因素之间不满足不相关条件，可通过因素之间的线性组合构建新因素使其满足不相关条件，即 $\mathrm{Cov}(F_i, F_j)=0$。

在对风险因素的研究中，一般是考察业绩变量在观察期内因风险因素影响导致的实际收益与预期收益之差，即超额收益分析。超额收益分析的实质是对预测误差的分析，通过设立基期，使用基期数据作为收益比较的基础，并认为预期收益即考核持续期内的预测收益，随后建立某种形式的数学模型。从业绩变量与多目标考核因素之间的相关性入手构建多个考核因素影响下的业绩增长的多因素模型。

进一步应用回归分析方法估计业绩变量（等级）与影响业绩的考核因素之间的相关系数。构建业绩与考核因素的多因素模型，使用回归分析估计参数，分析业绩变量与多个考核因素之间的关系。

多因素模型研究中首先要解决的是契约条款对考核目标因素的选取问题。政府管理部门可以制定国有企业经营和社会发展目标，但这些目标如果要应用多因素模型进行相关研究，还要对目标进行数学处理。理论上需要验证选择的因素是否满足相互之间的独立性，需要确定这些特定因素 F_i 及业绩与因素之间的相关系数 b_{ij}，使得残差收益（去除特定因素影响后的收益）之间的协方差尽可能小。

有些情况下需要应用因素分析法确定考核因素。如果多个因素的选取完全取决于契约界定，契约应如何选取考核因素？这就需要对构建的多因素模型进行具体的因素分析。假设已知业绩随时间的变化值，也知道可能影响业绩的多个因素随时间的变化情况，那就可以通过因素分析法逐步确认多个因素与业绩的关系，通过变换假设的因素数目重复这一分析过程，得到在 $j, j+1, \cdots, j+k$ 个因素情况下多因素模型的解。当增加下一个因素对协方差矩阵的解释在统计上显著低于某一水平时，就可以停止分析过程了。关键是需要对模型中应该有多少因素作出估计，并对每一个因素 F_i 进行定义。每一个 F_i 都是一个指数，究竟在残差收益小于多少时停止选取因素，取决于契约制定者的选择，理论上对此没有严格规定，从数据中选取多少因素是主观决定的。[①]

8.3 完善多目标考核激励契约设计的几点思考

前文对多因素模型的风险因素做了较多讨论，用多因素模型研究契约设计需要解决两个关键问题。一是确定根据契约条款建立的多因素模型涉及哪些风险因素变量，以及这些风险因素变量引起的业绩变化，需要确定契约条款涉及的多个考核目标变量与业绩变量的相关系数，即各考核目标因素对最终业绩考核等级的贡献度。二是契约条款需要对多个考核变量之间的相关性及各个考核变量在国企负责人最终业绩考核中的权重进行界定，各考核因素的权重都为 1 是最简单的情况，但大多数情况下，不同的考核变量，完成任务的难度不同，重要性也有所不同，这样就需要对各考核目标变量进行相应的数学处理，以满足多因素模型契约的无套利原则。

前面几节已对各种风险因素变量做了较详细的研究，确定契约条款约定的多考核目标变量之间的相关性系数，契约条款要明确与业绩分别具有正、负相关性关系的那些目标变量的契约约束条件，构建相关系数为零的多个考核因素是防止利用契约条款套利的重要问题。

8.3.1 激励契约多个考核变量之间的相关性问题

线性回归分析主要研究变量之间的因果关系。线性回归模型就是预先设定的多因素模型。对于被考核者 i，式(8-17)表达了契约中各变量间的关系。应注意，在多因素模型假设中，并未对风险因素之间的相关性从理论上加以限制，但做回归分析时，我们要求风险因素自变量之间必须不存在线性关系，否则可能存在自变量的共线性问题，最小二乘法对此不适用。

---

① 埃尔顿，格鲁伯，布朗，等. 现代投资组合理论和投资分析[M]. 向东，译. 北京：中国人民大学出版社，2006：352-356.

若数据采集期间只有 F_1 的变化不为零，其他风险因素均保持不变或为零，则模型简化为：

$$r_i = a_0 + b_{i1} F_1 + \varepsilon_i \tag{8-20}$$

理论上 F_1 是随机变量，但在回归方程中出现的是采集到的 F_1 的观测值，因此是确定性变量。若存在多个风险因子，还需假定解释变量之间不存在严格的线性关系，误差项 ε_i 服从正态分布。在满足上面假设的基础上，可用最小二乘法估计式(8-20)的参数。

在得到系列样本观测数据(r_{ij}, F_{1j})，$j=1,2,\cdots,k$ 后，由最小二乘法可以找到拟合样本数据的参数 b_{ik} 和 a_0。样本点的回归残差：$e_j = r_{ij} - (a + b_{i1} F_{1j})$，残差平方和：$\sum_j e_j^2 = \sum_j [r_{ij} - (a + b_{i1} F_{1j})]^2$，对此残差平方和做最小二乘法估计，得到线性回归模型的参数估计值。

令 $\bar{r}_i$，$\bar{F}_1$ 代表 r_i、F_1 两个变量样本均值，则 b_{i1} 及 a_0 的最小二乘法估计为：

$$b_{i1} = \frac{\sum_j (r_{ij} - \bar{r}_i)(F_{1j} - \bar{F}_1)}{\sum_j (r_{ij} - \bar{r}_i)^2} = \frac{\sum_i X_i Y_i - n \bar{X} \bar{Y}}{\sum_i X_i^2 - n \bar{X}^2}$$

$$a_0 = \bar{r}_i - b_{i1} \bar{F}_1 \tag{8-21}$$

把样本数据代入上式就可以算出业绩变量 i 与风险因子 F_1 的相关系数。在作出相关性估计后，还需要对系数进行 t 检验。有多个考核因素时，应用式(8-17)刻画的多因素模型，各风险因素的相关性系数 $b_{i1}, b_{i2}, \cdots, b_{ik}$ 在一定的显著水平 a 下若显著地不为零，说明风险因素与业绩有较强的线性关系，风险因素的变化能很好地解释业绩变化。若相关系数不显著，表明风险因素的变化对业绩变化影响不大。在样本数据可大量获得的情形下，用上述方法可以很方便地求出业绩与被考核因素的相关系数。

8.3.2　对约束激励契约不完全性风险的探讨

政府与国企负责人签订考核契约时，契约条款需要对考核因素的不可预知风险有所界定和约束，比如曾经爆出的某国企石油公司员工在原油期货市场爆仓，给企业造成巨额损失等，如果契约对类似风险有约束，可以有效减少风险。

下面从理论上简单探讨如何约束因契约的不完全性造成的风险。

契约中的多目标考核因素是具有波动性风险的随机变量，需要确定考核因素随时间变化的随机过程，某些因素单一方向的变化时间较短，考察期内无法大量采集数据，线性回归分析的方法不再适用。如果这种过程可转化为平稳过程，可以考虑先将上述问题转化为平稳时间序列数据的问题，再考虑使用多元线性回归方法。

在观察期内如果被考核变量的随机波动比较剧烈，设计契约时无法忽略，此时需要考虑如何回避考核变量的风险波动，根据被考核因素波动与业绩变量的相关性，找到与该考核因素风险波动的相关系数互为正、负的其他因素构建对该风险因素的免疫组合，可得到基于组合的新考核因素。本部分讨论应用协整分析的方法，以两个风险因素为一组的形式，找出业绩变量与风险因素变化方向相反的风险因素，可获得针对前述考核变量波动性风险的对冲因素，构建对冲组合，并加入契约条款，达到约束考核目标变量波动性风险的目的。

计量经济学对平稳的时间序列数据有多种处理方法，不过这些方法大多无法处理非平稳时间序列数据。如果进入契约的考核变量是非平稳时间序列数据，在某些情况下，比如时间序列之间存在“协积性”的时候，可考虑应用协积方法将数据转换为平稳序列，这种时间序列数据仍可用回归分析方法处理，方法如下。

首先，定义时间序列的协积性：如果一组时间序列 $X_1, X_2, \cdots, X_n$ 都是同阶单积的[I(d)]，并且存在向量($\beta_1, \beta_2, \cdots, \beta_n$)使加权组合 $\beta_1 X_1 + \cdots + \beta_n X_n$ 为平稳序列[I(0)]，则称这组时间序列为协积的，其中($\beta_1, \beta_2, \cdots, \beta_n$)称为协积向量。

非平稳时间序列本身有导致回归分析失效的可能，但具有协积性的非平稳时间序列各自的非平稳趋势和波动有相互抵消的作用，如果模型中的非平稳时间序列具有协积性，则回归分析仍然可能是有效的，非平稳序列可通过协积演变为平稳序列。

下面的双变量系统是协整的：

$$y_{1t} = \rho y_{2t} + \varepsilon_{1t}$$
$$y_{2t} = y_{2,t-1} + \varepsilon_{2t} \tag{8-22}$$

此处，ε_{1t} 和 ε_{2t} 为互不相关的白噪声过程。

线性组合 $y_t = y_{1t} - \rho y_{2t} = \rho y_{2t} + \varepsilon_{1t} - \rho y_{2t} = \varepsilon_{1t}$，$y_t$ 是平稳过程 $I(0)$，y_{1t} 和 y_{2t} 是协整的。当 ε_{1t} 和 ε_{2t} 互不相关且为独立同分布时，参数 ρ 可以用最小二乘法估计出来：

$$\hat{\rho} = \frac{\sum_{t=1}^{T} y_{1t} y_{2t}}{\sum_{t=1}^{T} y_{2t}^2} \tag{8-23}$$

对协整系统(8-22)的检验，令残差 $\varepsilon_t = y_{1t} - \hat{\rho} y_{2t}$，如果 y_{1t} 和 y_{2t} 之间存在协整关系，残差 ε_t 就是一个 $I(0)$ 过程；如果 y_{1t} 和 y_{2t} 之间没有协整关系，残差 ε_t 就是一个单位根 $I(1)$ 过程，即 y_{1t} 和 y_{2t} 之间是否存在协整关系实际上就对应于 ε_t 是不是一个单位根过程。①

上述数学模型告诉我们，制定契约时，需要考虑条款中所包含的风险因素的随机波动风险，需要考虑契约的不完全性带来的风险问题，并在契约设计中加以约束，约束思路如上述模型所展示的，要针对风险因素的随机性设计对冲机制，分析考核因素风险的非平稳波动，找到可以与考核因素形成协积的时间序列因素，在契约条款中加入与考核因素能形成协整的时间序列因素，构建平稳时间序列，形成相应的约束条件，通过协整方法构建对冲机制约束契约风险，得到优化的激励契约。

① 格兰杰，等. 格兰杰计量经济学文集(第二卷)[M]. 朱小斌，等译. 上海：上海财经大学出版社，2007：122-149.

参考文献

埃尔顿，格鲁伯，布朗，等. 现代投资组合理论和投资分析[M]. 向东，译. 北京：中国人民大学出版社，2006.

博迪，凯恩，马库斯. 投资学[M]. 朱宝宪，等译. 北京：机械工业出版社，2000.

布鲁索，格拉尚. 契约经济学：理论和应用[M]. 王秋石，等译. 北京：中国人民大学出版社，2011.

步丹璐，张晨宇，林腾. 晋升预期降低了国有企业薪酬差距吗？[J]. 会计研究，2017(1)：82-88.

蔡贵龙，柳建华，马新啸. 非国有股东治理与国企高管薪酬激励[J]. 管理世界，2018(5)：137-149.

曾威. 不对称信息下国企高管激励与腐败治理机制研究[J]. 财经问题研究，2013(12)：126-131.

柴刚. 新一轮国企高管限薪令敲定　高管薪酬将不超过在岗职工平均工资7—8倍[N]. 经济观察报，2015-10-31.

陈春华，蒋德权，曹伟. 高管晋升与企业税负[J]. 会计研究，2019(4)：81-88.

陈冬华，陈信元，万华林. 国有企业中的薪酬管制与在职消费[J]. 经济研究，2005(2)：92-101.

陈冬华，梁上坤，蒋德权. 不同市场化进程下高管激励契约的成本与选择：货币薪酬与在职消费[J]. 会计研究，2010(11)：56-64.

陈信元，陈冬华，万华林，等. 地区差异、薪酬管制与高管腐败[J]. 管理世界，2009(11)：130-143.

崔克亮. 中联重科如何搞“混改”[J]. 中国经济报告，2014(9)：69-71.

邓小平.邓小平文选(第一卷)[M].北京：人民出版社，1994.

董斌. 股权结构对上市公司内部治理影响研究[J]. 华中师范大学研究生学报，2016(12)：48-52.

方芳，李实. 中国企业高管薪酬差距研究[J]. 中国社会科学，2015(8)：47-67.

冯根福. 双重委托代理理论：上市公司治理的另一种分析框架[J]. 经济研究，2004(12)：16-25.

格兰杰，等. 格兰杰计量经济学文集(第二卷)[M]. 朱小斌，等译. 上海：上海财经大学出版社，2007.

郭奕阳. 高管薪酬激励、整体上市与公司业绩[J]. 财会通讯，2018(24)：41-48.

国企改革“双百企业”扩围：48 家新增名单在此　有多少上市公司？[N]. 上海证券报，2019-07-31.

国有企业经理层成员任期制和契约化管理有哪 4 个必须抓实抓好的重点环节？[EB/OL].(2021-04-07)[2024-03-01]. http://www.sasac.gov.cn/n4470048/n13461446/n15390485/n15390515/c20296321/content.html.

国资委部署中央企业改革三年行动工作　坚决落实党中央国务院决策部署　切实把国企改革抓到位见实效[EB/OL].(2020-09-30)[2024-03-01]. http://www.sasac.gov.cn/n2588020/n2877938/n2879597/n2879599/c15574813/content.html.

哈特，等. 现代合约理论[M]. 易宪容，等译. 北京：中国社会科学出版社，2011.

哈特. 企业、合同与财务结构[M]. 费方域，译. 上海：格致出版社、上海三联书店、上海人民出版社，2006.

何山，徐光伟，陈泽明. 代理人自利行为下的最优激励契约[J]. 管理工程学报，2013(3)：139-155.

胡一帆，宋敏，郑红亮.所有制结构改革对中国企业绩效的影响[J].中国社会科学，2006(4)：50-64.

黄健柏，徐珊，刘笃池. 公平偏好下纳入股权激励的双重委托代理模型研究[J]. 软科学，2013(5)：124-129.

黄群慧，张艳丽. 国有企业代理阶层的“激励空缺”问题初探[J]. 经济研究，1995(8)：13-15.

黄少安，孙涛. 物质资本主导下人力资本的治理诉求及其实现:关于公司治理理论的进一步思考[J]. 江海学刊，2017(2)：78-85.

黄速建. 中国国有企业混合所有制改革研究[J]. 经济管理，2014(7):1-10.

姜爱林. 国有企业高管薪酬管理若干问题研究[J]. 当代经济管理，2008(5)：9-14.

金太军，袁建军. 政府与企业的交换模式及其演变规律[J]. 中国社会科学，2011(1)：102-118.

克莱尔，温斯顿，格林. 微观经济学(上)[M]. 刘文忻，李绍荣，主译. 北京：中国社会科学出版社，2001.

黎文靖，胡玉明.国企内部薪酬差距激励了谁?[J]. 经济研究，2012(12)：125-136.

李朝芳. 混合所有制改革背景下的国有企业股权激励:理论与实务[J]. 财会月刊，2018(15):65-71.

李春莲. 三峡集团混改提上日程　跑马圈地打造配售电平台[EB/OL]. (2017-05-05)[2024-03-01]. http://www.zqrb.cn/gscy/qiyexinxi/2017-05-05/A1493919386381.html.

李捷. 培育改革尖兵　引领示范全国:国企综合性改革有啥新看点[N]. 人民日报(海外版)，2019-08-02.

李锦. 建立现代化企业制度　推进央企薪酬调整[J]. 北方经济，2014(10)：30-32.

李莉，顾春霞，于嘉懿. 高管政治晋升对国有企业创新投资的影响研究[J]. 科学学研究，2018(2):342-360.

李莉. 政治晋升、管理者权力与国有企业投资创新[J]. 研究与发展管理，2018(4)：65-73.

李培功，沈艺峰. 经理薪酬、轰动报道与媒体的公司治理作用[J]. 管理科学学报，2013(10)：63-80.

李荣. 宝武集团混改新突破：电商平台实施股权开放及员工持股[EB/OL]. (2017-05-31)[2024-03-01]. https://www.cs.com.cn/xwzx/201705/t20170531_5303883.html.

李予阳. 国企改革当用好激励约束机制[N]. 经济日报，2016-08-24(09).

李哲，何佳. 国有上市公司的上市模式、并购类型与绩效[J]. 世界经济，2007(9)：64-73.

李哲，何佳. 中国国有企业的改制上市模式与发行效率[J]. 管理评论，2008(5)：9-14.

厉以宁. "多股制衡"有利于公司治理[J]. 经贸导刊，2001(12)：21.

廖冠民，沈红波. 国有企业的政策性负担：动因、后果及治理[J]. 中国工业经济，2014(6)：96-108.

林浚清，黄祖辉，孙永祥. 高管团队内薪酬差距、公司绩效和治理结构[J]. 经济研究，2003(4)：31-40.

林毅夫，蔡昉，李周. 充分信息与国有企业改革[M]. 上海：格致出版社、上海三联书店、上海人民出版社，2014.

林毅夫，蔡昉，李周. 国有企业改革的核心是创造竞争的环境[J]. 改革，1995(3)：17-28.

林毅夫，李志赟. 政策性负担、道德风险与预算软约束[J]. 经济研究，2004(2)：17-27.

林元烈. 应用随机过程[M]. 北京：清华大学出版社，2002.

刘红霞，王靖宇，汪丽. 晋升激励与国企社会形象管理[J]. 哈尔滨商业大学学报(社会科学版)，2019(1)：3-24.

刘丽靓. 国企混改重点将从"混资本"转向"改机制"[N]. 中国证券报，2021-12-01.

刘青松，肖星. 国有企业高管的晋升激励和薪酬激励[J]. 技术经济，2015(2)：93-100.

刘绍娓，万大艳. 高管薪酬与公司绩效：国有与非国有企业的实证比较研究[J]. 中国软科学，2013(2)：80-101.

卢馨，何雨晴，吴婷. 国企高管政治晋升激励是长久之计吗？[J]. 经济管理，2016(7)：94-106.

陆静. 国企改革“双百行动”工作方案印发　近 400 家企业入围[N]. 中国证券报，2018-08-15.

陆岷峰，汪祖刚. 用改革的手段破解国企高管薪酬[J]. 企业研究，2014(12)：60-63.

罗进辉. 媒体报道与高管薪酬契约有效性[J]. 金融研究，2018(3)：190-206.

马克思. 资本论(第一卷)[M]. 北京：人民出版社，2004.

马利亚里斯，布罗克. 经济学和金融学中的随机方法[M]. 陈守东，李小军，李元，译. 上海：上海人民出版社，2004.

毛道维，蔡雷，任佩瑜. 1999—2002 年中国上市公司 MBO 实证研究[J]. 中国工业经济，2003(10)：74-81.

梅纳尔. 制度、契约与组织[M]. 刘刚，等译. 北京：经济科学出版社，2003.

莫里斯. 詹姆斯·莫里斯论文精选：非对称信息下的激励理论[M]. 张维迎编. 北京：商务印书馆，1997.

秦琦，左晶晶. 企业高管晋升激励研究综述[J]. 经济研究导刊，2020(21)：121-122.

青木昌彦，张春霖. 对内部人控制的控制：转轨经济中公司治理的若干问题[J]. 改革，1994(6)：11-24.

曲亮，黄登峰，郑燕妮. 多样性的董事会能提升国有企业的绩效吗？[J]. 郑州大学学报(哲学社会科学版)，2018(1)：46-51.

权小锋，吴世农，文芳. 管理层权力、私有收益与薪酬操纵[J]. 经济研究，2010(11)：73-87.

任广乾，徐瑞，李妍溪. 国资控股、监事会结构特征与监督有效性[J]. 经济体制改革，2019(2)：156-163.

任天龙，陈志军. 国企高管政治晋升、公司多元化与绩效[J]. 东岳论丛，2017(3)：155-160.

任勇，李晓光. 委托代理理论：模型、对策及评析[J]. 经济问题，2007(7)：13-15.

邵宁. 国有企业改革实录（1998—2008）［M］. 北京：经济科学出版社，2014.

邵宁. 十八届三中全会《决定》与国有企业改革[J]. 现代国企研究，2014(C1)：8-23.

邵宇. 微观金融学及其数学基础[M]. 北京：清华大学出版社，2003.

施东晖，司徒大年. 中国上市公司治理水平及对绩效影响的经验研究[J]. 世界经济，2004(5)：69-79.

石冠儒. 国有企业高层管理者激励机制论略[J]. 山东社会科学，2017(3)：139-142.

宋德舜. 国有控股、最高决策者激励与公司绩效[J]. 中国工业经济，2004(3)：91-98.

宋晶，孟德芳. 国有企业高管薪酬制度改革路径研究[J]. 管理世界，2012(2)：181-182.

宋增基，郭桂玺，张宗益.公司经营者物质报酬、政治激励与经营绩效[J]. 当代经济科学，2011，33(4) ：99-104.

田妮，张宗益. 政治激励和薪酬激励是互补的吗？［J］. 上海经济研究，2012(11)：26-33.

汪海波. 中国国有企业改革的实践进程(1979—2003 年)[J]. 中国经济史研究，2005(3)：103-112.

王曾，符国群，黄丹阳，等. 国有企业 CEO“政治晋升”与“在职消费”关系研究[J]. 管理世界，2014(5)：157-171.

王翠娟. 如何以分类改革原则推进国企改革［N］. 学习时报，2017-04-17(A6).

王垒，刘新民，丁黎黎. 异质委托情境下国企高管自利行为对激励契约的影响分析[J]. 上海经济研究，2015(9)：41-48.

王琳菡. 国有上市公司股权激励实施状况及存在的问题分析[J]. 时代金融，2018(6) ：132-133.

王曙光，王子宇. 股权结构、企业绩效与国企混改：基于 A 股上市国有企业的实证研究[J]. 新视野，2018(6)：47-54.

王曙光，徐余江. 混合所有制经济与国有资产管理模式创新：基于委托—

代理关系视角的研究[J]. 中共中央党校学报，2016,20(6):96-102.

魏锋，刘星. 国有企业内部治理机制对企业技术创新的影响[J]. 重庆大学学报，2004(3)：143-147.

温思美，黄冠佳，李天成. 现代契约理论的演进及其现实意义[J]. 产经评论，2016(6)：5-11.

沃特沙姆，帕拉莫尔. 金融数量方法[M]. 陈工孟，陈守东，译. 上海：上海人民出版社，2004.

习近平.习近平谈治国理政[M]. 北京：外文出版社，2014.

夏凡. 国有企业收入分配要弘扬正向激励导向[N]. 学习时报，2020-01-15(005).

肖星，刘青松，孙鲲鹏，等. 国有企业高管的选聘任命与激励机制及其影响研究[J]. 当代会计评论，2020，13(4)：25-52.

辛清泉，谭伟强. 市场化改革、企业业绩与国有企业经理薪酬[J]. 经济研究，2009(11)：68-81.

徐钧，段会川. 信息不对称、契约化管理与国企负责人激励机制优化：基于委托—代理理论的分析[J]. 山东社会科学，2019(6)：106-111.

徐钧. 多因素模型在中国股市的应用研究[D]. 济南：山东大学，2006.

徐伟，张荣荣，刘阳，等. 分类治理、控股方治理机制与创新红利：基于国有控股上市公司的分析[J]. 南开管理评论，2018(3)：90-102.

徐业坤. 国有企业高管政治晋升研究进展[J]. 中南财经政法大学学报，2019(4)：36-45.

闫妍，刘宜. 2016 年度诺贝尔经济科学奖获得者 Oliver Hart 与 Bengt Holmström 研究工作评述[J]. 管理评论，2016(10)：3-10.

闫永，郭大鹏，任腾飞. 中央企业基业长青之东航重塑：从“烂苹果”到“金苹果”，改革焕发新生[J]. 国资报告，2020(4):68-82.

杨德明，赵璨. 媒体监督、媒体治理与高管薪酬[J]. 经济研究，2012(6)：116-126.

杨佳欣. 从高管到高官　国企系统输出多位 70 后副省长[N]. 时代周报，2020-07-14.

杨瑞龙，王元，聂辉华. “准官员 ”的晋升机制：来自中国央企的证据[J].

管理世界，2013(3)：23-33.

杨世羿. 国有上市公司股权激励行为案例研究[J]. 财会学习，2018(3)：157-163.

叶永卫，等，容错纠错机制何以激励国企创新？[J]. 财经研究，2021(11)：1-16.

余洋，刘国宏. 国有控股上市公司股权激励模式考察[J]. 开放导报，2019(4)：67-70.

张宏亮，王法锦，王殿杰. 薪酬管制与国企高管“夺标”[J]. 经济与管理，2020(11)：67-71.

张洪亮，等，薪酬管制与国企高管“夺标”[J]. 经济与管理，2020(11)：79-86.

张维迎. 国有企业改革出路何在 [J]. 经济社会体制比较，1996(1)：13-19.

张小连. 晋升激励、未吸收冗余与国有企业业绩[J]. 财务与金融，2019(3)：90-95.

张正堂，李欣. 高层管理团队核心成员薪酬差距与企业绩效的关系[J]. 经济管理，2007(2)：16-25.

赵斌斌，钱士茹. 混合所有制是否有利于国有企业绩效提升:基于制造业上市公司的实证研究[J]. 北京邮电大学学报(社会科学版)，2017(1):64-70.

赵宸元，蒲勇健，潘林伟. 链式多重委托—代理关系的激励:基于完全理性与过程性公平偏好模型的比较[J]. 中国管理科学，2017(6):121-131.

郑红亮. 公司治理理论与中国国有企业改革[J]. 经济研究，1998(10)：20-27.

郑志刚，李旭东，许荣，等. 国有企业高管的政治晋升与形象工程:基于 N 省 A 公司的案例研究[J]. 管理世界，2012(10)：146-156.

郑志刚，梁昕雯，吴新春. 经理人产生来源与企业未来绩效改善[J]. 经济研究，2014(4):157-171.

郑志刚. 国企公司治理与混合所有制改革的逻辑和路径[J]. 证券市场导报，2015(6):4-12.

知本咨询，企业管理杂志. 国有企业混合所有制改革研究报告[R]. 北京，2017-10-26.

中国大连高级经理学院中央企业中青班第4期课题组. 国有企业骨干人才中长期激励方法研究[J]. 现代国企研究，2016(12)：16-35.

中国联通:关于混合所有制改革有关情况的专项公告[EB/OL].(2017-08-21)[2024-02-01]. http://stock.stockstar.com/notice/JC2017082100000410.shtml.

中粮集团年底完成18家混改 中国食品或将引入外部资本[EB/OL].(2018-04-03)[2024-03-01]. https://baijiahao.baidu.com/s?id=1596710427094336125&wfr=spider&for=p.

周海燕. 关于国有企业改制上市模式的选择问题探析[J]. 中国商论，2019(7)：45-46.

周军，张钦然. 中国国有上市公司股权制衡度、管理层激励与公司绩效的实证分析[J]. 中国人力资源开发，2019(3)：133-144.

周其仁. 市场里的企业:一个人力资本与非人力资本的特别合约[J]. 经济研究，1996(6)：71-80.

周权雄，朱卫平. 国企锦标赛激励效应与制约因素研究[J]. 经济学(季刊)，2010(2)：571-596.

BRENNAN M J, SUBRAHMANYAM A. Market microstructure and asset pricing: On the compensation for illiquidity in stock returns[J]. Journal of Financial Economics, 1996(41):441-464.

DONALDSON L, DAVIS J. Stewardship theory or agency theory: CEO governance and shareholder returns[J]. Australian Journal of Management, 1991, 16(1): 49-64.

FAMA E F. Agency problems and the theory of the firm[J]. Journal of Political Economy, 1980, 88(2): 288-307.

GENNAIOLI N, SHLEIFER A, VISHNY R.Money doctors[J]. Journal of Finance, 2015, 70(1): 91-114.

GROSSMAN S J, HART O D. The costs and benefits of ownership: A theory of vertical integration[J]. Journal of Political Economy, 1986(94): 691-719.

HARRIS M, HOLMSTRÖM B. A theory of wage dynamics[J]. Review

of Economic Studies, 1982, 49(3) : 315-333.

LAZEAR E P, ROSEN S. Rank-order tournaments as optimum labor contracts[J]. Journal of Political Economy, 1981, 89(5) : 841-864.

SHLEIFER A, VISHNY R W. A survey of corporate governance[J]. Journal of Finance, 1998, 52(2):737-783.

TIROLE J. Incomplete contracts: Where do we stand? [J]. Econometrica, 1999, 67(4): 741-781.